W0074908

MIX
Papier aus verantwortungsvollen Quellen
FSC® C006701

2. Auflage 2015

© Conbook Medien GmbH, Meerbusch, 2012, 2015
Alle Rechte vorbehalten.

www.conbook-verlag.de
www.fettnaepfchenfuehrer.de

Projektleitung und Lektorat: Julia Kaufhold
Einbandgestaltung und Satz: David Janik unter Verwendung
eines Motivs © ilumus photography/Bigstock.com
Druck und Verarbeitung: Ebner & Spiegel GmbH, Ulm

Printed in Germany

ISBN 978-3-943176-03-2

FETTNÄPFCHENFÜHRER

MEXIKO
Vom guten Ton im Land der Mariachi

Sara Mehlmer und Büb Käzmann

Breitkrempige Sombreros, Volksmusik schmetternde Mariachi, buntes Gewusel auf überfüllten Straßen, Stufenpyramiden und weiße Sandstrände ... Obwohl weit weg, weckt Mexiko eine Fülle von Assoziationen. Nicht alle sind positiv – Medienberichte können zuweilen den Eindruck erwecken, das Land sei vor allem Schauplatz von Drogenhandel und Bandenkriegen.

Jenseits der Klischees und Verallgemeinerungen zeigt sich Mexiko vor allem als ein Land voller Vielfalt und Gegensätze, das jederzeit und überall kleine und große Fettnäpfchen bereitstellt. Ob es darum geht, wer die Mariachi bezahlt, warum in den Parks so viele Pärchen wild knutschen oder weshalb man sich über einen zuckrigen Skelettschädel mit dem eigenen Namen freuen sollte – Mexiko funktioniert in vielen Lebensbereichen anders, als man es erwarten würde.

Machen Sie sich bereit, mit Studentin Lily und ihrem Onkel Anton in die Tiefen des Landes und mexikanischen Miteinanders einzutauchen. Am Ende werden Sie den beiden mit einem breiten Grinsen zustimmen: *¡Viva México!*

Sara Mehlmer, Jahrgang 1985, studierte Geschichte, Deutsch und Spanisch in Mainz und Valencia. Ihre Liebe zu Mexiko entdeckte sie beim Arbeiten – an einer Schule sowie in einem Naturschutzprojekt – und bei Reisen im Land, wobei sie nicht nur aufregende Orte und interessante Menschen kennenlernte, sondern auch immer wieder Gelegenheit hatte, in diverse Fettnäpfchen zu treten.

Büb Käzmann alias Markus Höffer-Mehlmer, Jahrgang 1958, hat als Jugendpfleger, Bildungsreferent, Hochschuldozent, Hausmann und Vater von Mit-Autorin Sara Mehlmer sowie ihrer Schwester Eva gearbeitet. Er hat über Sozialpolitik und Sozialarbeit in Spanien promoviert und ist Mainzer mit Kölner Migrationshintergrund und langen Verbindungen zu Mexiko und Spanien. Inzwischen arbeitet er als Publizist und als Kabarettist in wechselnden Rollen als »einziges Ein-Mann-Kabarett-Kollektiv der Welt«.

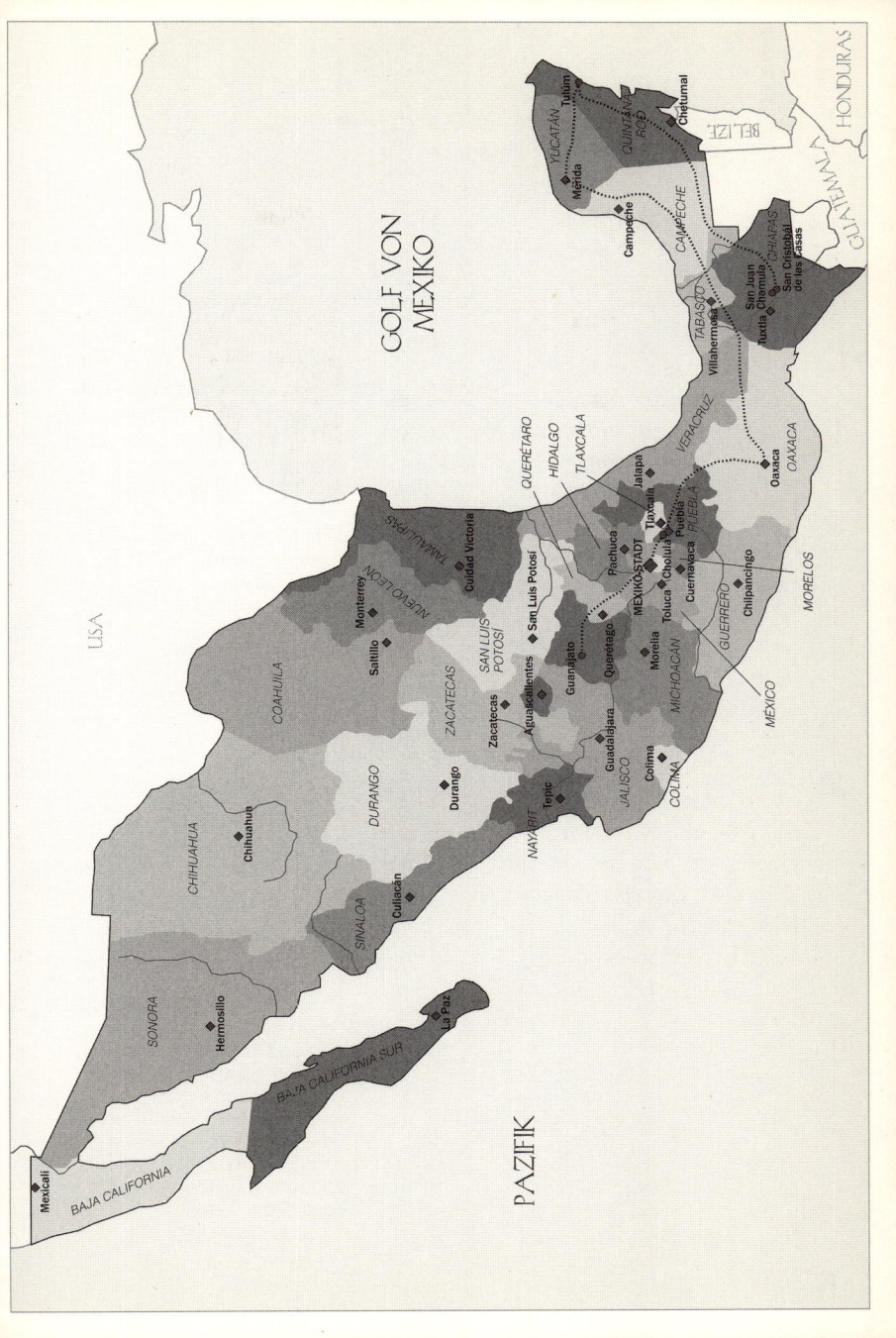

Inhalt

Inhalt

Inhalt

Vorwort

Mexiko ist bei Deutschen ein beliebtes Fernreiseziel. Auch diejenigen, die noch nie dort waren, verbinden eine Menge Vorstellungen mit diesem Land, wo sich in den Mittagsstunden schlafende Männer die Sombreros tief in die Stirn ziehen, wo man sich von Tequila, Maisfladen und scharfen Soßen ernährt, dem Land der Menschen opfernden Hochkulturen, die großartige Pyramiden bauten und hochkomplizierte Kalender anfertigten – die Liste der Assoziationen ist lang.

Eine Redewendung sagt: »Willst du jemanden kennenlernen, geh in seine Küche«. Im Falle der mexikanischen Küche ist das ein sowohl schmackhaftes als auch aufschlussreiches Kennenlernen. Hier treffen Sie auf eine bunte Fülle an Einflüssen, an Zutaten und an Rezepten aus den verschiedenen indigenen Kulturen, aus der spanischen, aber auch aus der arabischen und französischen Küche, die zu einem unverwechselbaren Gesamtgenuss komponiert werden.

In ähnlicher Weise gilt das auch fürs Leben und Zusammenleben in Mexiko, das durch die Mischung unterschiedlicher Einflüsse seine charakteristische Prägung bekommt. Kein Wunder, dass man als Nicht-Mexikaner da hin und wieder irritiert ist oder sich, meist ohne es zu wollen, danebenbenimmt.

»Ins Fettnäpfchen treten« – diese etwas eigenartige deutsche Redewendung hat eine lange Tradition. Nicht eindeutig geklärt ist allerdings, wie eigentlich das Fett ins Näpfchen kam: Manche sagen, es sei in früheren Zeiten vom Räucherfleisch heruntergetropft und in kleinen Näpfen aufgefangen worden. Andere meinen, ein Napf mit Talg habe neben der Feuerstelle bereitgestanden, um damit die Stiefel nach dem Trocknen am Herd zu schmieren. Wo auch immer das Fett herkam, wenn jemand ins Näpfchen trat, hatte das unangenehme Folgen – für den Boden, aber auch für denjenigen, dem das Missgeschick passiert war.

Im Spanischen benutzt man ein ähnliches Bild: *meter la pata* – wörtlich: mit der Pfote hineingeraten. Wir verfolgen in diesem Buch, wie unsere Heldin Lily und ihr Onkel Anton nebst Freunden, Kollegen und Bekannten ihre Pfoten in allerlei Näpfe stecken, sich also blamieren oder etwas Peinliches tun. Was hinter dem Tritt ins Fett steckt, erklären wir im Anschluss an jede Episode unter der Überschrift »Reingetreten«. Wie man das Reintreten verhindert unter »Umgangen«.

1 Zwischen Holzklasse und Aircondition
Busfahren in Mexiko

»Wieso dauert das bloß so lange? Ob die unsere Koffer vergessen haben? Ich hab ja gleich gesagt, dass ihr noch Ersatzkleidung im Handgepäck mitnehmen sollt!«

Lily blickt interessiert zu der Vierergruppe, wahrscheinlich eine Familie, die ein paar Meter neben ihr am Kofferband steht. Die Mutter trägt eine mit Haarspray betonfest fixierte Kurzhaarfrisur, die etwas zu kurze Outdoorhose des Vaters ermöglicht den Blick auf strahlend weiße Socken in braunen Ledersandalen. Tochter und Sohn stehen etwas abseits, das Mädchen verdreht die Augen. Ihr Bruder grinst. »Da kommt doch schon der erste Koffer, Papa.«

Kaum ausgesprochen springt der Vater zum Band, greift sich das in mehrere Lagen Plastikfolie eingewickelte Hartschalenmonster und hievt es auf den Wagen. »Was für ein Glück! In dem hier sind das Moskitospray und mein Schweizer Messer. Ist ja auch wirklich blöd, dass man das nicht im Handgepäck mitnehmen darf«, schimpft er vor sich hin.

Musterdeutsche. Lily schmunzelt – und hofft, dass niemand sie mit diesen Landsleuten in Verbindung bringt.

Kurz darauf scheinen alle Koffer der Familie da zu sein, und die Gruppe marschiert mit einem hoch beladenen Gepäckwagen in Richtung Ausgang. »Ich hoffe nur, dass der Chauffeur vom Hotel auch wirklich da ist, um uns abzuholen.

In diesem Land kann man schließlich nicht vorsichtig genug sein. Ich hab mich ja nicht umsonst schlau gemacht. Also, mit dem Bus fahren wir auf keinen Fall, das ist viel zu gefährlich. Da gibt es nur Unfälle, es wird geklaut, und am Ende kommen wir nicht ...« Der Rest geht in einer scheppernden Lautsprecherdurchsage unter.

Lily schüttelt den Kopf. Nach einem entspannten Familienurlaub sah das nicht aus.

Da trägt das Gepäckband auch schon ihren vollgepackten Rucksack heran, und ihre Gedanken wenden sich anderen Dingen zu. Ein bisschen aufgeregt ist sie schon. Ein Jahr Mexiko, und das ganz alleine! Zu Hause ist sie sich immer endlos mutig vorgekommen und hat auf Bemerkungen wie »Bist du sicher, dass du alleine als Frau in so ein Land fahren willst?« nur die Augen verdreht. Nur ihr Onkel Anton hat sie immer darin bestärkt, hierher zu fahren. Vielleicht hatte das auch etwas mit jener Mexikanerin zu tun, die mal für einige Wochen im Rahmen eines Kongresses in seiner Firma gearbeitet und von der Anton auffällig oft erzählt hatte? Als feststand, dass Lily tatsächlich nach Mexiko gehen würde, war er hellauf begeistert und buchte sogleich auch für sich einen Flug, um seine Nichte – und wohl auch seine Geschäftsfreundin, wie Lily ihn mit einem Grinsen aufzog – zu besuchen.

Doch das alles kommt Lily jetzt plötzlich sehr weit weg vor, und als sie mit ihrem Rucksack den Zoll passiert, ist da kurz der Gedanke: Was mache ich eigentlich hier?

Was hat der Mann vorhin noch gesagt über den Chauffeur vom Hotel und darüber, dass Busfahren so riskant sei? Über die Gefahren des Busfahrens hat sich Lily nun wirklich noch keine Gedanken gemacht. Eigentlich hat sie sich sogar darauf gefreut: klapprige, bunte Wagen voller Menschen und Tiere, die von ihren Besitzern zum Verkauf auf den nächsten Markt gebracht werden. Laut, bunt und voller Leben – so stellte sie sich die mexikanischen Busse vor, nachdem sie Fotos einer Bekannten gesehen hatte, die in Guatemala mit den sogenannten *Chicken Buses* unterwegs gewesen war. Die verdanken ihren Namen dem Anteil an gefiederten Fahrgästen. Dass diese Art des Reisens gefährlich sein könnte – das ist ihr nicht in den Sinn gekommen. Wieso auch, wenn doch die Einheimischen selbst mit diesen Bussen fahren? Doch jetzt hat Lily ein mulmiges Gefühl im Bauch bei dem Gedanken daran, mit einem überfüllten, klapprigen Gefährt die zweieinhalb Stunden Wegstrecke nach Puebla zurückzulegen. Aber was bleibt ihr anderes übrig? Schließlich wartet draußen kein Chauffeur auf sie.

Sie marschiert in die Richtung, die das Schild mit der Aufschrift »*Terminal terrestre*« (Bodenterminal) ihr weist, und nachdem sie treppauf und treppab den Hinweisen gefolgt ist und sich schon etwas verloren vorkommt, steht sie schließlich vor einem Schalter der Buslinie *Estrella Roja*, die, zumindest der Anzeige nach zu schließen, Tickets nach Puebla verkauft. Nach einem gestotterten »*Un billete para el autobus a Puebla, por favor*« hält sie das Ticket in der Hand und folgt mit klopfendem Herzen der Wegbeschreibung der netten Frau am Schalter – in der Hoffnung, sie richtig verstanden zu haben.

Draußen schlägt Lily ein Schwall heißer, feuchter Luft entgegen, und sie blickt sich irritiert um. Sie hatte an einen staubigen Platz gedacht, auf dem ein paar aufregend rostige Busse stehen und an Busfahrer, die mit in die Stirn gezogenem Sombrero und hochgelegten Beinen auf dem Fahrersitz ihre Siesta halten. Das hier gleicht eher einem hochmodernen Bahnhof, mit Leuchtanzeigen und Durchsagen. Ein bisschen enttäuscht ist Lily schon – wirklich »mexikanisch« sieht es hier nicht aus.

Und das soll der Bus sein? Vorsichtshalber wirft sie noch einmal einen Blick auf ihr Ticket. Doch, die Nummer stimmt. Und vorne im Bus prangt auch eine Digitalanzeige mit der Aufschrift »Puebla«. Der Busfahrer ruft ihr fragend »¿Puebla?« zu und nimmt ihr, kaum dass sie zustimmend genickt hat, das Ticket und den Rucksack ab. Dann reißt er Ersteres ein und verstaut Letzteren im geräumigen Gepäckbereich unter dem Fahrgastraum.

Lily besteigt den großen Reisebus. Ein kühler Luftzug weht ihr entgegen. Klimaanlagen gibt es also auch! Sie lässt sich in einen der bequemen Polstersitze fallen, wickelt ihren Schal enger um den Hals – es ist fast ein bisschen kühl nach der feuchten Hitze draußen – und lehnt sich zurück. Ihr Blick fällt auf einen Fernseher, in dem irgendein Hollywoodstreifen läuft. Kurz nachdem der Bus losgefahren ist, schläft Lily, eingelullt von dem leisen Schnurren des Motors und den Gesprächsfetzen, die aus den Fernsehern dringen, schon tief und fest und wacht erst auf, als der Bus in die Haltebucht einfährt. *¡Bienvenido a Puebla!*

Über Land mit Bus und Bahn: Reisen in Mexiko

Der Bus ist ohne Zweifel das Verkehrsmittel Nummer eins. Gerade für Überlandfahrten gibt es zahlreiche Angebote verschiedener Buslinien. Dabei wird unterschieden zwischen Erste-Klasse-Bussen, die mit Klimaanlage, verstellbaren Sitzen, Toilette und Fernsehern ausgestattet sind und den direktesten und damit schnellsten Weg zwischen großen Städten zurücklegen, und Zweite-Klasse-Bussen, bei denen es sich meist um ältere und nicht so komfortable Exemplare handelt, die für gewöhnlich um einiges länger brauchen, da sie auch in kleineren Ortschaften halten. Busfahrten in Mexiko sind vergleichsweise günstig. Für eine Strecke von 100 km zahlt man in der ersten Klasse etwa zehn Euro, in der zweiten Klasse entsprechend weniger.

Anders als z.B. in Deutschland wird der Zug hingegen als Personentransportmittel kaum genutzt. Zwar verfügt Mexiko seit Mitte des 19. Jahrhunderts über ein Schienennetz, dieses ist jedoch mittlerweile zum Großteil veraltet und zudem nicht ausreichend ausgebaut.

Zu Beginn des 20. Jahrhunderts spielte der Zugverkehr noch eine entscheidende Rolle. Während der Mexikanischen Revolution (1910–1920) wurden die Züge zur Truppen- und Materialbeförderung genutzt, gleichzeitig kam es jedoch in dieser Zeit auch zur Zerstörung zahlreicher Brücken und Schienenstrecken, von der sich das mexikanische Bahnwesen bis heute nicht vollständig erholt hat. Während des 2. Weltkrieges war der Zug das Transportmittel Nummer eins, um Güter in die USA zu schaffen, zumal der Wasserweg aufgrund des U-Boot-Krieges zu unsicher war. Mitte der 90er-Jahre des 20. Jahrhunderts wurde das mexikanische Bahnwesen schließlich privatisiert; die Strecken werden heute hauptsächlich von Güterzügen genutzt.

Nur einige wenige Linien sind touristisch aufbereitet, darunter vor allem die Strecke durch die Kupferschlucht *(barranca del cobre)* im Norden Mexikos, der *expreso maya* (der Maya-Express), der im Süden des Landes die Städte Mérida, Campeche und Palenque verbindet und die Besichtigung bedeutender Mayastätten ermöglicht, sowie der *expreso de la independencia* (der Unabhängigkeitsexpress), dessen Route »klassische« Kolonialstädte im mexikanischen Inland umfasst, u.a. Querétaro, Guanajuato und San Miguel de Allende. Auch der Tequila-Express von Guadalajara nach Tequila, der die Besichtigung einer Tequila-Brennerei und einer Agavenplantage beinhaltet, ist einer dieser Touristenzüge. Die Fahrpreise sind meist recht hoch, da sie üblicherweise Unterkunft und Verpflegung für die Dauer der Reise einschließen.

Hektisch springt Lily auf. Nicht dass der Bus einfach weiterfährt! Nachdem der Busfahrer ihr den Rucksack aus dem

Gepäckraum geholt und ihr den Weg zu den *camiones*, den Stadtbussen, in Richtung Cholula gewiesen hat, macht sie sich voller Zuversicht auf den Weg. Busfahren in Mexiko? Kein Problem! Sie niest – und holt sich vorsichtshalber für die Weiterfahrt einen Pullover aus dem Rucksack.

Die *camiones* sehen da schon ein bisschen anders, irgendwie mexikanischer aus. Der Fahrer – nicht mit Sombrero auf dem Kopf, aber mit Zigarette im Mundwinkel – steht vor dem Bus und hält ein Schwätzchen mit einem Kollegen, und als Lily einsteigt, ist sie nach dem Luxus mit Fernseher und verstellbaren Sitzen fast schon überrascht von der spartanischen Ausstattung: einfache Hartplastiksitze, auf denen bereits ein paar Fahrgäste Platz genommen haben, und ein mit Heiligenbildchen, Rosenkränzen und Plastikblumen geschmückter Fahrerbereich, aus dessen Radio scheppernde Musik ertönt. Der Pullover ist hier vollkommen überflüssig, merkt Lily schnell. Schon jetzt läuft ihr ein Schweißrinnsal den Rücken hinunter. Sie setzt sich auf einen der harten Plastiksitze und beobachtet skeptisch den Busfahrer, der nun seine Pause beendet hat, auf seinem durchgesessenen Sitz Platz nimmt und, offensichtlich voller Vorfreude, auf und ab zu wippen beginnt, wobei die Federn des Sitzes ein leidendes Quietschen von sich geben. Er gibt Gas, und nach kurzer Zeit ist Lily klar, was der Sinn des »Altars« über dem Amaturenbrett sein muss – bei dem Fahrstil würde selbst der überzeugteste Atheist in Versuchung kommen zu beten.

Bei jedem Schlagloch hüpft der Bus in die Höhe, um danach mit Ächzen und Klappern wieder zu landen und die nächste Unebenheit in Angriff zu nehmen. Der Busfahrer drückt stoisch aufs Gaspedal und lässt sich von den Luftsprüngen seines

Gefährts in keiner Weise beirren. Dann, in voller Fahrt, steigt er plötzlich in die Bremsen. Lily kann sich gerade noch mit der Hand am Sitz vor ihr abstützen und so einen Zusammenstoß zwischen Kopf und Hartplastik vermeiden. Ein Unfall?

Nein, nur ein weiterer Passagier, der winkend auf sich aufmerksam gemacht hat und der nun, da der Bus, kaum dass er eingestiegen ist, wieder volle Fahrt aufgenommen hat, durch den Gang wankt, in der Hoffnung auf einen freien Sitzplatz. Lily schiebt ihren Reiserucksack noch ein bisschen tiefer unter ihren Sitz, rückt zur Seite und erntet einen dankbaren Blick. Mit einem Seufzer lässt sich der ältere Mann neben ihr fallen.

»¿Adónde vas?« (Wohin fährst du?), fragt er sie und lächelt.

»A Cholula«, antwortet Lily und fügt, um ihr Spanisch ein bisschen zu trainieren, hinzu: »Vivo en un piso compartido cerca de la universidad.« (Ich wohne in einer WG in der Nähe der Universität.)

Ihr Sitznachbar nickt wohlwollend, vertieft sich dann aber – zu Lilys Enttäuschung, sie hätte sich gerne noch ein bisschen unterhalten – in seine Zeitung.

Nach zwanzig Minuten und vielen weiteren ruckartigen Stopps schaut der Mann plötzlich auf und meint: »Musst du nicht aussteigen? Wir sind schon fast an der Uni vorbei.«

Lily fährt der Schreck in die Glieder. Gerade noch hat sie sich gefragt, warum es hier keine Haltestellenschilder gibt.

Ihr Sitznachbar scheint ihren Schreck bemerkt zu haben und ruft dem Fahrer zu: »¿Puede parar, por favor?« (Können Sie bitte halten?), woraufhin dieser wieder einmal eine Vollbremsung hinlegt und der Bus zitternd und scheppernd zum Stehen kommt.

Lily greift hektisch nach ihrem Rucksack und hat kaum noch Zeit, ihrem Sitznachbarn zu danken und auszusteigen, da setzt sich der Bus auch schon wieder klappernd in Bewegung.

Reingetreten

Zunächst einmal ist die Furcht vor den mexikanischen Überlandbussen, wie Lily schnell bemerkt hat, unbegründet, und man sollte sich von Panikmachern wie hier dem deutschen Familienvater nicht anstecken lassen. Zwar gibt es Gegenden bzw. Strecken, vor allem im Norden des Landes, die man bei Nacht aufgrund möglicher Überfälle meiden sollte, allgemein ist das Reisen mit Überlandbussen jedoch eine sehr sichere, günstige und bequeme Angelegenheit. Vor allem die Luxus- und Erste-Klasse-Busse (*lujo* oder *primera clase*) entsprechen einem hohen Standard. Allerdings sind die Klimaanlagen – so angenehm diese Einrichtung an schwülheißen Tagen auch sein mag – häufig so niedrig eingestellt, dass der abrupte Wechsel von 35 Grad draußen zu 18 Grad im Bus zu hartnäckigen Erkältungen führen kann, wenn man sich nicht entsprechend mit Schal und Pullover wappnet.

Etwas anders sieht es mit dem öffentlichen Nahverkehr aus, vor allem in kleineren Ortschaften. Zwar trifft man auch hier nur in den seltensten Fällen auf tierische Passagiere, die per Bus zum nächsten Markt gebracht werden, doch die Ausstattung entspricht bei Weitem nicht dem Luxus in den Überlandbussen. Meist handelt es sich um ältere Modelle, die von ihren Fahrern in oft wagemutigem Tempo über mangelhafte Straßen gejagt werden – was nicht unbedingt zum Wohlbefinden der Passagiere beiträgt. Dennoch ist der Bus das günstigste (eine Fahrt kostet um die sechs Pesos, also etwa 0,35 Euro) und sicherlich auch das interessantere Verkehrsmittel in mexikanischen Städten. Man bekommt immer etwas zu sehen, kommt ins Gespräch mit anderen Passagieren und auch der oft etwas ruppige Fahrstil ist ein Erlebnis für sich.

Das Aussteigen ist häufig ebenso aufregend wie die Fahrt selbst: Es gibt zwar einige feste Haltestellen, die jedoch in vielen Fällen, insbesondere in kleineren Orten wie Cholula, nicht beschildert sind. Der Bus hält außerdem auf Anfrage der Passagiere, die diese entweder direkt an den Fahrer richten oder per Knopfdruck kundtun. Da Lily sich noch nicht in Cholula auskennt, weiß sie natürlich auch nicht, wann sie aussteigen bzw. dem Fahrer Bescheid geben soll – wenn der nette Sitznachbar nicht gewesen wäre, wäre sie womöglich wer weiß wo gelandet.

Umgangen

Für das Reisen in klimatisierten Überlandbussen gilt, unbedingt warme Sachen (Schal, Jacke etc.) im Handgepäck zu haben, auch wenn die Außentemperaturen jeden Gedanken an ein weiteres Kleidungsstück absurd erscheinen lassen. Auch Wasser und etwas zu essen sollte man mitnehmen. Zwar gibt es immer wieder die Möglichkeit, von einem der Verkäufer, die im Bus ihre Waren feilbieten, Kleinigkeiten zu erstehen, aber besser ist es, sich nicht darauf zu verlassen und selbst vorzusorgen – zumal die belegten Brötchen der Händler im Bus oft keinen besonders vertrauenerweckenden Eindruck machen.

Beim Reisen mit öffentlichen Verkehrsmitteln in mexikanischen Städten sollte man es generell entspannt angehen. Gerade in kleineren Städten gibt es oft nur wenige Haltestellenschilder, und auch Fahrpläne sucht man normalerweise vergeblich. Das bedeutet: Zeit mitbringen! Man stellt sich an die Straße, die der jeweilige Bus üblicherweise befährt, und wartet, bis einer kommt, dem man durch Winken den Wunsch mitzufahren deutlich macht. Als Neuling sollte man sich am besten in die Nähe des Fahrers setzen und ihn schon beim Einsteigen bitten, an der gewünschten Station Bescheid zu sagen und zu halten. Ansonsten helfen auch die übrigen Passagiere meistens gerne weiter.

Normalerweise sind die öffentlichen Verkehrsmittel sicher, auch wenn man natürlich gerade in überfüllten Bussen zur Rushhour, der liebsten Zeit der Taschendiebe, besonders auf sein Gepäck achten sollte (was übrigens in europäischen Städten nicht anders ist). Ein Unterschied besteht auch hier zwischen Groß- und Kleinstädten. Während die größte Gefahr der öffentlichen Verkehrsmittel in Cholula vermutlich in den teilweise schlechten Straßenverhältnissen liegt, ist in Groß- und Riesenstädten wie Mexiko-Stadt etwas mehr Vorsicht vor Taschendieben ratsam.

2 ¡Hola guapa!

Wenn frau unterwegs ist

Schon um sieben Uhr morgens ist Lily hellwach und kann nicht mehr einschlafen, und das, obwohl sie gestern noch bis spät in die Nacht mit ihren beiden neuen Mitbewohnern Simon und Héctor zusammengesessen hat. Über Simon ist sie überhaupt erst an die Wohnung gekommen, sie kennt ihn von der Kölner Uni und wusste, dass er bereits seit einem Semester in Cholula studiert. Per Mail und Skype hat er ihr wertvolle Tipps für ihren eigenen Aufenthalt gegeben, und schließlich stellte sich heraus, dass ein Zimmer in seiner Wohngemeinschaft frei werden würde.

Die beiden Jungs sind wirklich ein Glücksgriff: Sie haben extra für sie mexikanisch gekocht, um sie auf ihre neue Heimat einzustimmen, und Héctor hat spät nachts sogar noch die Gitarre ausgepackt und ein paar mexikanische Klassiker gespielt. Ein wirklich netter Kerl, dieser Héctor, denkt Lily, während sie sich im Bett räkelt und Pläne für ihren ersten Tag in Cholula schmiedet. Zum Markt muss sie auf jeden Fall! Simon hat ihr gestern Abend schon begeistert davon erzählt, während Héctor nur über *los alemanes* schmunzeln konnte, die beim bloßen Anblick von Bergen frischer Mangos völlig aus dem Häuschen gerieten.

Lilys Magen meldet sich – klar, in Deutschland wäre schon längst Zeit fürs Mittagessen, kein Wunder also, dass es sie nach einem deftigen Imbiss gelüstet. Als der Hunger immer größer wird, steht sie schließlich auf und zieht sich an. Es ist vollkommen ruhig in der Wohnung, die anderen beiden schlafen offenbar noch und draußen wird es gerade hell. Lily verlässt leise, um ihre neuen Mitbewohner nicht zu wecken, die Wohnung. Was hat Simon noch gesagt? »Einfach links und dann immer geradeaus und schon bist du in der Innenstadt. Da fragst du dann nach dem Markt.« Na, das sollte ja wohl nicht so schwierig sein.

Die staubige Straße liegt ruhig in der Morgensonne, noch ist es empfindlich kühl und Lily fröstelt. Selbst schuld, denkt sie, sie hätte ja auch nicht unbedingt den neuen Rock anziehen müssen. In der Ferne zeichnen sich die Silhouetten zweier schneebedeckter Berge vom klaren Morgenhimmel ab. Das werden wohl die beiden Vulkane mit den unaussprechlichen Namen sein, vermutet Lily, einerseits beeindruckt, andererseits aber auch ein bisschen beunruhigt angesichts der Rauchsäule, die aus einem der Gipfel emporsteigt.

Eine heiße Liebe: Popocatépetl und Iztaccihuatl

Der aztekischen Legende nach sind die beiden Vulkane zwischen Mexiko-Stadt und Puebla Zeichen der unsterblichen Liebe zwischen der Prinzessin Iztaccihuatl und dem Soldaten Popocatépetl. Da der König eine Verbindung seiner Tochter mit einem einfachen Soldaten ablehnte, schickte er den jungen Mann in eine Schlacht nach Oaxaca und versprach ihm im Falle seiner siegreichen Rückkehr die Hand der Prinzessin – wobei er darauf spekulierte, dass Popocatépetl niemals heil zurückkehren würde. Um dem Schicksal vorzugreifen, erzählte man Iztaccihuatl, dass ihr Geliebter in der Schlacht gefallen sei, woraufhin die Prinzessin vor Schmerz und Kummer um den Verlust starb. Als Popocatépetl wohlbehalten zurückkehrte und vom Tod der Liebsten erfuhr, trug er ihren Leichnam auf einen Berg, nahm eine Fackel in die

Hand und schwor, seine Geliebte immer zu beschützen und ihr niemals von der Seite zu weichen. Die Götter bedeckten die beiden Liebenden mit Schnee und verwandelten sie in die Vulkane Iztaccihuatl – »die schlafende Frau« –, dessen kurvige Form seinem Namen alle Ehre macht, und Popocatépetl – »den rauchenden Berg« –, der bis heute mit qualmender Fackel Zeugnis seiner unvergänglichen Liebe ablegt und seinem Schmerz hin und wieder mit kleineren Ausbrüchen Ausdruck verleiht.

Ein struppiger Hund beobachtet Lily von einem Balkon aus und kläfft hysterisch, als sie vorbeigeht – allerdings könnte das Bellen auch der streunenden Katze gelten, die sich maunzend um Lilys Aufmerksamkeit bemüht. In der Ferne läuten ein paar Kirchturmglocken, aber ansonsten herrscht eine Stille, wie sie Lily nur von deutschen Sonntagen auf dem Land kennt. Das ändert sich, sobald sie auf die Hauptstraße tritt.

Da hupen Autos, quietschen Bremsen und an einer befahrenen Kreuzung sorgt ein einsamer Verkehrspolizist pfeifend und winkend für Ordnung. An der Straßenecke verkaufen zwei Frauen Essbares aus großen metallenen Töpfen. »*Tamales*« (mit einer Masse aus Mais, Fleisch oder Käse gefüllte Mais- oder Bananenblätter) steht auf einem handgeschriebenen Schild, und eine Gruppe junger Männer steht kauend daneben. Als Lily vorbeigeht, folgen sie ihr mit den Augen. Einer der Männer zieht hörbar Luft ein, ein anderer gibt einen zischenden Laut von sich. Lily geht einen Schritt schneller. Sie spürt die Blicke im Rücken und zieht unauffällig an ihrem Rock – ob der doch zu kurz ist? Ein paar Minuten später hat sie das Ganze schon wieder vergessen und schlendert staunend durch die Innenstadt mit ihren vielen bunten Kolonialbauten und den unzähligen Kirchen.

Zwei ältere Männer sitzen auf einer Bank am *zócalo*, dem Hauptplatz, und blinzeln in die Morgensonne. Als Lily an ihnen vorübergeht, pfeift es plötzlich hinter ihr und ein lautes *»¡Hola güerita! ¡Qué guapa!«* (Hallo Blondchen! Wie hübsch!) ertönt. Lily ist empört. Dass Männer in dem Alter jungen Mädchen hinterherpfeifen, das ist doch echt das Letzte! Sie schleudert einen wütenden Blick auf die beiden, da klingelt ihr Handy.

Wer hat denn jetzt schon meine neue Nummer? Immerhin hat sie die mexikanische SIM-Karte erst gestern Abend eingebaut. Es ist Héctor, der, gerade aufgestanden, auch auf den Markt will. Er verspricht, sie in zwanzig Minuten am *zócalo* abzuholen. Um sich die Wartezeit zu verkürzen, schlendert Lily auf dem Platz herum und setzt sich schließlich auf eine Bank in die Sonne – möglichst weit von den beiden Alten entfernt. Fast ist sie eingedöst, als sie ein lautes *»¡Buenos días, guapa!«* aus dem Dämmerzustand reißt. Verärgert blickt sie auf. Diesmal ist es Héctor, der grinsend vor ihr steht.

»Was ist denn mit dir los?«, will er angesichts ihres missmutigen Gesichtsausdrucks wissen.

»Ach nichts«, entgegnet Lily schnell, »ich hab nur Hunger.«

»Na, wenn's weiter nichts ist. Auf dem Markt finden wir bestimmt was für dich.«

Lily sieht Héctor prüfend von der Seite an. »Hübsche« hat er sie genannt. Soll sie das jetzt aufdringlich finden? Als sie an den zwei Alten vorbeikommen, macht sich Lily auf einen weiteren Kommentar gefasst, doch der bleibt glücklicherweise aus. Jetzt scheint das Leben hier so richtig in Fahrt zu kommen, im wahrsten Sinne des Wortes: Der Verkehr wird immer dichter, das Klappern eines alten Motorrades vermischt sich mit einem verärgerten Hupen und dem Martinshorn eines Notarztwagens zu einem lebhaften Konzert. Je näher sie der grün gestrichenen Markthalle kommen, desto dichter drängen sich die Fußgänger auf den schmalen, teilweise etwas abschüssigen Bürgersteigen. Lily ist ganz froh, dass Héctor neben ihr an der Straßenseite spaziert.

Als sie die Markthalle betreten, schlagen ihnen unzählige Gerüche entgegen. Rechts brutzelt Fleisch auf einem großen Grill, links sitzt eine kleine Frau vor einem Berg duftender überreifer Mangos, ein paar Meter weiter sind mehrere Blumenstände aneinandergereiht und ein Mann ist geschäftig dabei, einen Blumenstrauß für seine Kundin zusammenzustellen. Etwas überfordert folgt Lily Héctor, der anscheinend genau weiß, wo er hin will – obwohl es Lily ein Rätsel ist, wie er sich in diesem Wirrwarr von Gängen und Ständen überhaupt zurechtfinden kann.

»Ich würde vorschlagen, dass wir zuerst was essen und dann einkaufen, ja? Dann müssen wir den Kram nicht die ganze Zeit mitschleppen«, meint Héctor, während er zielstrebig auf die »Fressgasse« zuläuft, wo ein Essensstand neben dem anderen diverse Köstlichkeiten anbietet. Vor den Ständen sind ein paar einfache Holztische und -bänke aufgereiht, an denen bereits ein paar Leute ihr Frühstück genießen. Héctor weist auf einen freien Platz, und Lily und er setzen sich.

»Lass mich mal bestellen«, sagt Héctor und wendet sich an die Verkäuferin: »*Una quesadilla con flor de calabaza y una con huitlacoche, por favor.*«

Quesadilla? Das wird wohl irgendwas mit Käse sein, denkt sich Lily. Mit *flor de calabaza*, Kürbisblüte, und – was war das andere? Sie beschließt, sich einfach überraschen zu lassen und unterdessen das Markttreiben zu genießen. Bis ihr Blick auf den Metzger gegenüber fällt, der gerade mit Innbrunst eine Schweinehälfte mit einem Beil bearbeitet. Es kracht laut. Lilys leerer Magen macht einen kleinen Satz, und sie konzentriert sich lieber auf den Essensstand, an dem die Köchin zwei Fladen auf der heißen Steinplatte vor ihr zusammenklappt, jeweils einmal in der Mitte teilt – »damit *la guapa* von beiden probieren kann« – und auf zwei Plastiktellern serviert. Die *quesadillas* mit den saftigen Kürbisblüten schmecken herrlich und auch die seltsame dunkle Füllung hat einen zwar ungewohnten, aber durchaus interessanten, leicht rauchigen und würzigen Geschmack.

»*Huitlacoche*, das sind Maiskörner, die von einem Pilz befallen sind und sich deshalb schwarz färben – eine Spezialität«, klärt Héctor sie kauend auf.

Wenn sie das vorher gewusst hätte ... Aber es schmeckt.

Als sie fertig sind, zückt Lily ihr Portemonnaie. Doch kaum hat sie angesetzt, nach *la cuenta*, der Rechnung, zu fragen, ist Héctor ihr schon zuvorgekommen. Lily ist das unangenehm, schließlich kann sie ihr Essen ja wohl noch selbst zahlen und muss sich nicht von Héctor aushalten lassen. Aber für den scheint das selbstverständlich zu sein.

Gesättigt schlendern die beiden durch die kühlen Marktgänge und lassen sich von den Verkäufern umwerben, probieren hier ein Stückchen *queso de Oaxaca* (Weichkäse aus Oaxaca), dort eine Scheibe Wassermelone, bis Lily schließlich vor einem Obststand mit überquellenden Auslagen voller Mangos und Ananas stehenbleibt.

Sie will gerade bestellen, da kommt Héctor ihr erneut zuvor.

»Was möchtest du? Ein Kilo Mangos und eine Ananas?« Ohne ihre Antwort abzuwarten, hat er der Verkäuferin schon die Bestellung mitgeteilt, nimmt eine prall gefüllte Tüte entgegen und drückt der Frau ein paar Münzen in die Hand. Lily steht entgeistert daneben.

»Denkst du, ich kann nicht genug Spanisch, um ein bisschen Obst zu bestellen?«, giftet sie ihn an – und erntet einen überraschten und verständnislosen Blick.

Als sie nach der Tüte greifen will, schüttelt Héctor den Kopf: »Lass mal, die ist echt schwer.«

Lily verdreht die Augen und ihre Stimmung bessert sich auch nicht, als sie wieder hinaus in die Sonne treten, um sich auf den Heimweg zu machen, und Héctor die Seite wechselt, um Lily nicht zu nah an der stark befahrenen Straße gehen zu lassen. Was vorhin noch eine nette Geste war, kommt Lily plötzlich vor wie ein weiteres Puzzlestück in der völligen Bevormundung. Den Rest des Weges schweigt sie verbissen, ohne Héctors Bemühungen, ein Gespräch anzufangen, zu beachten.

Als sie zu Hause ankommen und Simon sie mit einem lauten »¡Hola guapa! Qué linda vas!« (Hallo Hübsche! Wie schön du aussiehst!) begrüßt, ist es mit ihrer Geduld vorbei.

»Fängst du jetzt auch noch damit an?«, bricht es aus Lily hervor. »Ich hab echt genug von euch Machos!«

Entgeistert gucken sich Simon und Héctor an.

Reingetreten

Lily ist hier zum ersten Mal mit dem mexikanischen *machismo* in Kontakt gekommen, wenn auch in seiner harmlosen Variante. Der spanische Begriff *macho* meint zunächst zwar rein biologisch betrachtet nichts weiter als »männlich«, wurde jedoch durch die Verbindung von Männlichkeit und Macht dermaßen aufgeladen, dass er als die übersteigerte Zurschaustellung von Männlichkeit zu verstehen ist, einhergehend mit der demonstrativen Vorrangstellung gegenüber dem weiblichen Geschlecht. Formen des *machismo* finden sich nicht nur in Mexiko, sondern auch im übrigen Lateinamerika sowie in den Ländern Südeuropas.

Das Gegenstück zum *machismo* – und zugleich Teil desselben – ist der *marianismo*, der einerseits in Anlehnung an die Muttergottes die Verehrung der Frau als heiliges und schützenswertes Wesen versinnbildlicht, andererseits der Frau selbst gewisse Verhaltensregeln vorschreibt: Zurückhaltung, Tugendhaftigkeit, ein sich Aufopfern für die Familie etc.

Die Rolle der Frau

Die Frau ist in Mexiko traditionell für den häuslichen und familiären Bereich zuständig. Sie sorgt für den Zusammenhalt der Familie, während der Mann die wirtschaftlichen und politischen Bereiche des gesellschaftlichen Lebens ausfüllt. So weit die Tradition. Mittlerweile brechen diese Strukturen zunehmend auf: Immer mehr Frauen, gerade aus dem städtischen Umfeld sowie der Mittel- und Oberschicht, erreichen hohe Bildungsabschlüsse und vergrößern dadurch ihre Chance auf qualifizierte Arbeit und wirtschaftliche Unabhängigkeit. Die Zahl der Studentinnen hat in den letzten Jahren deutlich zugenommen und übertrifft mittlerweile in einigen, v.a. sozial- und kulturwissenschaftlichen Fächern sogar die der männlichen Studenten. Auch die Erwerbstätigkeit bei Frauen steigt, auch wenn sie – ähnlich wie in europäischen Ländern – eine geringere Entlohnung zu erwarten haben als Männer in den gleichen Berufen.

Auch im Sport sind die mexikanischen Frauen immer mehr im Kommen, so z.B. mit ihrer Fußballmannschaft, die sich bereits ein paar Mal für die Weltmeisterschaft qualifizieren konnte. In der Politik gibt es in Mexiko seit den späten 1990er-Jahren eine Frauenquote, die die Parteien dazu verpflichtet, 40 Prozent ihrer Wahllisten für den Kongress mit weiblichen Kandidaten zu besetzen, wenngleich diese Verpflichtung noch nicht erfüllt wird und bisher in keiner Partei der vorgeschriebene Frauenanteil erreicht wurde.

Die klassischen Rollenbilder bedingen sich gegenseitig. Einerseits führt dies zu einer häufig zu beobachtenden Dominanzhaltung der Männer, andererseits zu einem teilweise vielleicht übertrieben anmutenden Beschützerinstinkt gegenüber der Frau. Der mexikanische Autor Octavio Paz schreibt in seinem Buch »Das Labyrinth der Einsamkeit«, wo er sich an eine Analyse des mexikanischen Wesens wagt: Der Respekt, den man der Frau in Mexiko zollt, sei oft nur ein »heuchlerisches Mittel, sie zu unterwerfen und sie am Ausdruck ihrer selbst zu hindern«*. Das mag vielleicht übertrieben klingen, beschreibt aber recht gut die Ambivalenz des *marianismo*, die auch Lily zu spüren bekommt. Héctor hat sich seiner Meinung nach vollkommen korrekt verhalten, indem er Lilys Status als »schützenswertes Wesen« anerkennt. Doch gerade dies ist es, was Lily auf die Palme bringt, da sie den Respekt als Bevormundung auffasst.

Umgangen

Jede Frau, die einmal Spanien, Italien oder irgendein lateinamerikanisches Land bereist hat, kennt es: Das lautstarke Kundtun männlichen Wohlgefallens beim Anblick eines weib-

* Octavio Paz, Das Labyrinth der Einsamkeit, Olten 1970, S. 36.

lichen Wesens. Dies kann im besten Fall dazu führen, dass man sich als Frau positiv seiner Weiblichkeit bewusst wird, aber es kann auch unheimlich nervig und, vor allem für Neulinge wie Lily, unangenehm sein. Meist sind entsprechende Äußerungen harmlos und eher als Anerkennung statt als tatsächliche Anmache zu verstehen. Mit einem *¡Hola guapa!* oder einem *¡Qué linda!* sollte man daher als Frau entspannt umgehen und es einfach als das auffassen, was es ist: ein Kompliment.

In engen Bussen oder Bahnen kommt es allerdings auch hin und wieder zu körperlichen Übergriffen, was selbstverständlich keinesfalls zu tolerieren ist. Normalerweise findet man insbesondere in weiblichen Mitfahrern, denen das Problem vertraut ist, tatkräftige Hilfen. In Mexiko-Stadt gibt es mittlerweile in der U-Bahn eigene Abteile für Frauen und Kinder, und auch eine eigens für Frauen eingerichtete Buslinie wird gerade getestet.

Der *machismo* ist in Mexiko noch immer allgegenwärtig, jedoch sollte man nicht alles auf die Goldwaage legen – sicherlich hat Héctor mit seinem zuvorkommenden Verhalten keineswegs beabsichtigt, Lily in ihrer Freiheit zu beschränken oder ihr Unfähigkeit zu unterstellen. Es hätte genügt, ihn in normalem Tonfall auf sein Verhalten und das eigene damit verbundene Unwohlsein hinzuweisen, statt ihn mit einer wütenden Reaktion vor den Kopf zu stoßen.

3 ¡Viva México!

Nationalstolz im Alltag

Montagmorgen. So richtiger Arbeitseifer hat Lily noch nicht gepackt, dafür war das Wochenende zu schön. Und zu anstrengend. Sie beschließt, die Vorlesung zu schwänzen und einen Spaziergang durchs Viertel zu machen. Unterwegs eine Zeitung zu holen und dann irgendwo einen Kaffee zu trinken, das scheint an diesem sonnigen, aber noch angenehm kühlen Morgen eine gute Alternative zur Uni.

Als sie auf der Suche nach einem Zeitungskiosk durch die Straßen schlendert, hört sie plötzlich vor sich Marschmusik und singende Kinderstimmen. Ein Klinkerbau beherbergt, wie das Schild am Eingang verrät, ein *centro escolar* (Schulzentrum).

Neugierig tritt Lily an den Zaun, der den Schulhof vom Bürgersteig trennt. Dort im *patio* macht sie die Quelle der Musik aus.

Kleine Kinder, Grundschüler – Lily schätzt sie auf sechs oder sieben, höchstens acht Jahre –, stehen dort hochkonzentriert in ihren Schuluniformen mit blauen Hemden, die Jungen in grauen Hosen, die Mädchen in grauen Röcken, und singen ein Marschlied zu Trommel- und Trompetenklängen aus einem kleinen Verstärker.

Sechs Jahre muss man: Schule in Mexiko

In Mexiko besteht eine sechsjährige Schulpflicht, die die Kinder in der *primaria* absolvieren. Daran schließt sich die dreijährige *secundaria* an, gefolgt von der wiederum dreijährigen *preparatoria* (Vorbereitungsschule, kurz: *prepa*), die, wie der Name andeutet, auf das Studium an einer beruflichen Hochschule bzw. an einer Universität vorbereitet und mit dem *bachillerato* (Abitur) abgeschlossen wird.

Für die Schuluniform, die vorgeschrieben ist, wird argumentiert, dass sie die Zugehörigkeit zur Schule erkennen lasse, Diskriminierung vermeide und dass sie, so die Verwaltung von Mexiko-Stadt, dazu beitrage, Anerkennung aufgrund persönlicher Merkmale und nicht aufgrund der Kleidung zu zollen. Ob die Uniformen tatsächlich zu einer größeren Gleichheit beitragen, kann man in Frage stellen. Wer etwas auf sich hält, seinem Kind gute Chancen sichern will und das nötige Geld hat, schickt den Nachwuchs auf eine Privatschule. In den weiterführenden Schulen sind das rund ein Fünftel der Schüler. Da jede Schule ihre eigene Uniform hat, kann man private und staatliche Schüler leicht auseinanderhalten, vorausgesetzt man kennt die örtlichen Schulen und ihre Farben. Und die staatlichen Schulen haben nicht den besten Ruf.

Trotz der allgemeinen Schulpflicht ist die Analphabetenrate recht hoch. Sie betrug 2010 über sieben Prozent der Bevölkerung ab 15 Jahren. Besonders stark ist die indigene Bevölkerung betroffen. In Chiapas liegt sie mit über 18 Prozent deutlich über dem Durchschnitt, bei Frauen beträgt sie dort sogar über 22 Prozent. In ländlichen Gebieten müssen die Kinder, v.a. die Mädchen, oft mitarbeiten und besuchen deshalb nicht oder nicht regelmäßig die Schule. Außerdem fehlt es an Geld für Schulutensilien bis hin zur Uniform, manche Eltern sprechen kein Spanisch, zum Teil fehlen Dokumente wie Geburtsurkunden, die für den Schulbesuch Voraussetzung sind.

Am Rand des Schulhofs stehen neben dem Verstärker drei Frauen, vermutlich Lehrerinnen. Sie singen nicht mit, sondern halten ihre rechten Hände stumm vor die linke Brust. Vielleicht ein Gruß oder eine Ehrenbezeugung?

Das Marschlied ist zu Ende, eine Kinderstimme kommandiert: »*¡Un paso adelante!*« (Einen Schritt nach vorne!), und aus den beiden Kindergruppen, die in zwei Reihen einander gegenüberstehen, tritt je eine Schülerin einen Schritt nach vorne. Eine trägt die mexikanische Flagge, die sie in einer eingeübten Abfolge an die andere übergibt. Eine der Lehrerinnen hilft ihr dabei, während ihre Kolleginnen, die Rechte weiterhin an die Brust gelegt, wie zu eigenartig grüßenden Salzsäulen erstarrt dabeistehen.

Flagge zeigen

Auf den ersten Blick sieht die grün-weiß-rote mexikanische Flagge wie die italienische aus, in deren Mitte man ein Wappen mit Adler gemalt hat. Allerdings sind das Grün und das Rot dunkler. Solange der mexikanische Staat katholisch geprägt war, symbolisierten die Farben die Unabhängigkeit von Spanien (grün), die Reinheit des katholischen Glaubens (weiß) und die Verbindung zwischen Europa und Amerika (rot). Das änderte sich im 19. Jahrhundert mit der Verweltlichung des Staates unter Benito Juarez (1806–1872, mexikanischer Präsident, der als Begründer der Republik gilt). Seitdem steht Grün für die Hoffnung, Weiß für die Einheit und Rot für das Blut der Nationalhelden.

Ein Adler, der auf einer Agave sitzend eine Schlange im Schnabel hält, ist Bestandteil der Flagge und bildet außerdem das Staatswappen. Mit diesem Bild wird die aztekische Legende aufgegriffen, wonach ein Adler den herumziehenden und nach einer Bleibe suchenden Vorfahren den Ort gewiesen hat, wo sie sich niederließen und Tenochtitlán, das heutige Mexiko-Stadt, gründeten. Der Adler war erstmals im Unabhängigkeitskrieg gegen Spanien (1810–1821) Wappen- und Standartentier.

Wappen und Fahne spielen bei vielen Ritualen eine wichtige Rolle. Es gibt eine eigene Flaggenhymne, die *toque bandera*, und den Flaggenschwur *juramento a la bandera*. Das Aufsagen des Schwurtextes begleitet der *saludo romano* (römische Gruß). Am Flaggentag, dem 24. Februar, steht die Fahne selbst im Mittelpunkt, aber auch am Unabhängigkeitstag, mit dem am 15. und 16. September die Loslösung von Spanien gefeiert wird, sowie am Revolutionstag (20. November) wird sie unter dem Gesang der *toque bandera* gehisst und bei Paraden und Appellen herumgetragen.

Auf Halbmast hängt sie u.a. an den Todestagen des letzten aztekischen Herrschers Cuauhtémoc (1496–1525) und des Revolutionärs Emiliano Zapata (1879–1919), aber auch zur Erinnerung an tragische Naturereignisse und politische Katastrophen wie das furchtbare Erdbeben von 1985 oder das Militärmassaker an protestierenden Studenten in Mexiko-Stadt kurz vor den Olympischen Spielen 1968.

Nach der Fahnenübergabe piepst eine Kinderstimme Kommandos, und die Kleinen marschieren herum und singen ein Marschlied. Fasziniert verfolgt Lily die Zeremonie, in der jetzt etwas passiert, was sie zunächst an die Fürbitten in einem katholischen Gottesdienst erinnert. Ein Kind spricht etwas vor, die anderen Kinder sprechen im Chor nach. Als sie konzentriert zuhört, erkennt sie, dass die Kinder eine Art Gelübde ablegen. So geloben sie, sich einzusetzen für *libertad y justicia* (Freiheit und Gerechtigkeit) als Grundlage für die Einheit der Nation. Peinlich berührt sieht sie, dass die Kinder beim Gelübde den rechten Arm zu etwas ausgestreckt halten, das Lily fatal an den Hitlergruß erinnert, auch wenn sie das nie laut sagen würde. Die Kleineren haben Mühe, ihre Ärmchen so lange hochzuhalten, sodass sich ein Auf und Ab der hochgereckten Hände ergibt. Das lässt das Ganze zum Glück doch eher putzig als furchteinflößend wirken.

Nun scheint der martialisch-offizielle Teil der Zeremonie beendet zu sein und es beginnt ein Tanzspiel. Erst jetzt fällt Lily auf, dass einige Erwachsene, wahrscheinlich Eltern, am Rand des Geschehens stehen. Immer wieder zückt einer von ihnen sein Handy, um das Ereignis festzuhalten.

Nach einer Weile reißt Lily sich los und macht sich zu ihrem neuen Lieblingscafé auf. Was sie gesehen hat, beschäftigt sie so sehr, dass sie vergisst, unterwegs eine Zeitung zu kaufen. Sie käme aber ohnehin nicht zum Lesen, denn vor dem Café sitzen Héctor und zwei ihrer Kommilitonen. Die drei haben wie Lily beschlossen, dass der Morgen zu schade für eine Vorlesung ist. Nach großem Begrüßungs-Hallo tauscht man Wochenenderlebnisse und Lästereien über Uni-Dozenten aus. Irgendwann hält es Lily nicht mehr aus. Der Pausenhofdrill mit den Grundschulkindern beschäftigt sie zu sehr. Sie erzählt, was sie erlebt hat, versucht aber neutral zu bleiben, weil sie nicht weiß, wie ihre Bekannten darüber denken.

»Ist das üblich hier in Mexiko, so eine Parade in einer Grundschule?«, fragt sie zum Schluss und bemüht sich dabei um einen nichtssagenden Gesichtsausdruck.

Ja, ja, bestätigen die anderen, und alle reden durcheinander, um von ihren eigenen Kindheits- und Jugenderlebnissen mit Flaggenparaden und Aufmärschen zu erzählen. Montags habe es auch früher schon eine Flaggenparade gegeben, da sei die Flaggenhymne und die Nationalhymne gespielt worden, bei einigen auch die Hymne des jeweiligen Bundesstaates. In den höheren Klassen gebe es an besonderen Tagen auch Märsche durch die Straßen und immer wieder kämen zu besonderen Anlässen Honoratioren wie *alcaldes* (Bürgermeister), *secretarios* (Minister) und manchmal sogar der *gobernante* (Ministerpräsident des Bundesstaates).

»Bei uns«, erinnert sich Héctor, »haben die Offiziellen immer Moralpredigten gehalten. Wir sollten fleißig sein, gehorchen und uns für andere einsetzen. Solche Sachen.«

37

Die beiden anderen haben das Gleiche erlebt, man ist sich einig: »Die Ansprachen waren todlangweilig«.

»Und das Gelöbnis? Warum heben die Kinder die Arme dabei so komisch hoch?«

»Ach das, das ist der *saludo romano* (römische Gruß)«, erklärt Héctor. »Ich weiß, ihr Deutschen denkt immer, alle seien Nazis, die den Arm so in die Luft recken. Aber die Geste kommt eigentlich aus dem alten Rom.«

»Aber in Italien ist der *saludo romano* doch verboten!«, weiß Lily von einer Freundin, die als Erasmusstudentin in Rom war. »Also ich finde, das hat tatsächlich was Nationalistisches, wenn schon Grundschulkinder mit Marschmusik und Flaggenschwur in die Woche starten.«

Das ist Lily so rausgerutscht, dabei hat sie sich doch wirklich zurückhalten wollen. Und schon passiert das, was sie eigentlich vermeiden wollte. Es entspinnt sich eine lebhafte Diskussion über Geschichte, Symbole, Vaterlandsliebe und die Frage, was Erziehung und was Manipulation ist.

Reingetreten

No politics, no religion, no sex! − so lautet ein in aller Welt verbreiteter Ratschlag dazu, welche Gesprächsthemen man besser meiden sollte.

Bei Smalltalk oder gepflegter Konversation, also Gesprächen, die mit wenig Tiefgang leicht dahinplätschern, sollte man dies sicher beherzigen. Zu groß ist das Risiko, dass sich eine Konfrontation oder, fast noch schlimmer, peinlich berührtes Schweigen einstellt, wo man sich eigentlich zwanglos unterhalten will.

Lily ist hin- und hergerissen. Einerseits will sie niemandem zu nahe treten, andererseits beschäftigt sie das, was sie beobachtet hat, und wen soll sie fragen, was dahinter steckt, wenn nicht die drei?

So richtig »reingetreten« ist sie genau genommen nicht. Sie hat sich bewusst dafür entschieden, die typischen Tummelplätze des Smalltalks zu verlassen und etwas anzusprechen, was brisant ist oder zumindest sein könnte.

Wir haben die Geschichte nicht weiter erzählt. Vielleicht gehen die Beteiligten heillos zerstritten auseinander. Es kann aber auch sein, dass sie sich gegenseitig nähergekommen sind und somit auch den Fragen, um die es hier geht: Was bedeuten mein Land, seine Geschichte, seine Symbole für mich? Gibt es »typisch mexikanische« und »typisch deutsche« Antworten auf diese Fragen oder geht es eher wild durcheinander?

Umgangen

Selbstverständlich kann man der oben zitierten Maxime folgen und politische Themen vermeiden, aber man bringt sich damit möglicherweise um spannende und interessante Begegnungen und Gespräche. Ob man eher den sicheren und ein bisschen langweiligen Weg oder den riskanteren wählt, das hängt natürlich auch von der Einschätzung der Situation und der Gesprächspartner ab. Auf jeden Fall ist es hilfreich, sich ein paar Orientierungspunkte klarzumachen. Hierzu gehören beispielsweise die historischen Ereignisse, die wichtig sind, weil man auch im Alltag immer mal wieder darauf Bezug nimmt, und sei es, dass man wegen eines Feiertags arbeitsfrei hat.

Wendepunkte: wichtige Jahreszahlen

Jedes Land hat seine eigenen Wendepunkte, Jahreszahlen, die im Verlauf der Geschichte einen Einschnitt darstellen oder zumindest so gesehen werden. Für Mexiko gehört die von Spanien erkämpfte Unabhängigkeit (1821) zu den wichtigen Einschnitten sowie das Jahr 1849, als das Land nach dem Krieg gegen die USA mit Texas, Neu-Mexiko, Arizona, Kalifornien, Utah und Teilen von Colorado die Hälfte des früheren Staatsgebietes verlor. 1877 begann und 1911 endete die Herrschaft Porfirio Díaz', die von Unterdrückung, aber auch beginnender Industrialisierung geprägt war. Von 1910 bis 1921 kämpften die Revolutionäre unter Emiliano Zapata und Pancho Villa gegen die politische und wirtschaftliche Elite.

Nach dem Sieg der Rebellen wurde die Revolution Ende der 1920er-Jahre »institutionalisiert«, als 1929 die Revolutionäre Staatspartei, die spätere *Partido de la Revolución Institucional* (*PRI*, Partei der institutionellen Revolution) gegründet wurde. Sie spielt bis heute eine zentrale Rolle in der mexikanischen Politik. 1998 verlor sie erstmals die absolute Mehrheit und erst im Jahr 2000 wurde Vicente Fox von der christlich-konservativen *Partido Acción Nacional* (*PAN*, Partei der nationalen Aktion) zum ersten nicht der *PRI* angehörenden Präsidenten gewählt.

Im 1. Weltkrieg war Mexiko neutral, sodass die für Deutschland und alle europäischen Länder wichtigen Jahreszahlen 1914 und 1918 in Mexiko keine besondere Rolle spielen. In den 2. Weltkrieg trat das Land 1942 als Verbündeter der USA ein, nachdem deutsche U-Boote im Golf von Mexiko zwei mexikanische Tanker versenkt hatten.

Am *saludo romano* kann man gut sehen, wie stark die Geschichte den Blick prägt. Die italienischen Faschisten haben den alten römischen Gruß benutzt, die Nazis haben ihn kopiert und beide haben dafür gesorgt, dass er wohl für alle Zeiten mit ihren Gräueltaten verbunden wird. Nicht so im fernen Lateinamerika, wo er nicht nur in Mexiko, sondern auch in Ländern wie Argentinien und Chile traditionell den Fahnenschwur begleitet.

Was Lily beobachtet, ist durchaus typisch. Nationale Symbole und Rituale spielen in Mexiko eine weitaus größere Rolle als in Deutschland. Das wird schon von klein auf eingeübt. Hierzu gehört die jeden Montag stattfindende Flaggenehrung in der Schule, die im *ley sobre el escudo, la bandera y el himno nacionales* (Gesetz über Staatswappen, -flagge und Nationalhymne) vorgeschrieben ist.

Die meisten Mexikaner werden die Nationalhymne singen können, ohne bei ihrem martialischen Text an Böses zu denken. Ob im Fußballstadion oder bei den *ceremonias cívicas*, den Festakten an den nationalen Gedenktagen – viele singen mit und schmettern den Refrain: »Mexikaner, zum Kriegsgeschrei die Schwerter und das mutige Ross bereit. Auf dass die Erde in ihrem Innersten erbebt zum Donnergrollen der Kanonen.«

So befremdlich das klingt, eine Ausnahme ist das nicht. Viele Nationalhymnen sind wie die mexikanische zu Zeiten entstanden, als kriegerische Auseinandersetzungen noch in frischer Erinnerung waren oder unmittelbar bevorstanden. In der französischen Marseillaise wünscht man sich beispielsweise im Refrain: »Das unreine Blut tränke unserer Äcker Furchen.«

Wenn man sich in Gespräche traut, wie Lily es tut, wird man sicher sehr unterschiedlichen Einstellungen begegnen. Bei Weitem nicht alle Mexikaner sind beispielsweise davon angetan, dass in den Schulen so viel Zeit und Aufwand ins Marschieren und Salutieren gesteckt wird.

4 Da geht's lang, so ungefähr
Wegbeschreibung für Anfänger

Der lange Flug und der Jetlag stecken Anton zwar noch in den Knochen, aber schlafen kann er auch zu Hause und bis zum Treffen mit seiner Nichte Lily ist noch Zeit. Er schaut auf die Uhr. Jetzt sitzt sie vermutlich im Bus, der sie von Puebla hierher bringt.

»Ich komme nach D.F. und wir gucken uns zusammen die Stadt an. Ich hab sowieso frei und kann anschließend noch ein bisschen schwänzen.«

Am Telefon hat Lily sich angehört, als hätte sie schon immer hier gelebt. Er ist gespannt, ob sie sich verändert hat, immerhin steht sie jetzt schon seit einigen Monaten auf eigenen Füßen, und das so fern der Heimat. Tja, aus dem widerspenstigen kleinen Mädchen, das auch an den gefährlichsten Kreuzungen nie an der Hand gehen wollte, ist eine junge selbstbewusste Frau geworden.

Es war nicht leicht gewesen, so lange frei zu bekommen. Aber Anton war fest entschlossen. Drei unbezahlte Wochen, sein Jahres- und einige Tage Resturlaub, vor allem aber die vielen Überstunden, die sich auf seinem Zeitkonto angesammelt haben – schon hatte er mehr als drei Monate für seine Mexikoreise zusammen. Noch vor Kurzem hatte er geglaubt, dass seine Firma ohne ihn und auch ohne seine Überstunden nicht überleben könnte. Dann ist er plötzlich zusammengebrochen, zum Glück nur eine Kreislaufschwäche, und als ihn ein Taxi aus der Klinik nach Hause brachte, beschloss er, dass es, was auch immer das für das Überleben der Firma bedeutete, für sein eigenes besser wäre, keine weiteren Überstunden anzuhäufen und die alten auf interessante Weise loszuwerden. Also: Warum sollte er nicht mal sein Patenkind Lily in Mexiko besuchen und ein wenig im Land herumreisen? Nun gut, bei der Gelegenheit könnte er vielleicht auch Rosa besuchen, die sympathische Mexikanerin, die er vor ein paar Jahren durch die Arbeit kennengelernt und mit der er, wenn auch unregelmäßig, Kontakt gehalten hat.

Am Telefon hat Lily ihm noch einen Tipp gegeben, dem er gleich heute folgen will: »Der Plattenladen ist ganz einfach zu finden. Wenn du auf der Plaza de San Jacinto in San Angel bist, kannst du ihn nicht verfehlen. Die haben super Sachen, auch sehr viel typisch Mexikanisches. Und günstig.«

Also macht sich Anton auf den Weg, ein paar Haltestellen mit dem Bus, den Rest will er zu Fuß gehen. Nach dem langen Sitzen tut Bewegung sicher gut.

Er hat sich die Richtung eingeprägt und beschließt, sein Ziel über ruhige Seitenstraßen anzusteuern. Was für ein Kontrast! Eben noch mitten im tosenden Verkehr schlendert er jetzt durch enge Gässchen, die sich hin und wieder zu kleinen, lauschigen Plätzen weiten, auf denen sogar Bäume stehen. Die Luft ist sofort frischer und das entfernte Rauschen des Verkehrs ist nur noch ein milder Hintergrund fürs Gezwitscher der Vögel.

Hoch oben im Tal: Mexiko-Stadt

Wir nennen sie Mexiko-Stadt, Engländer oder Amerikaner Mexico City, die Mexikaner selbst sprechen meist von *México* – seien Sie also nicht überrascht, wenn Ihnen ein Mexikaner in Mexiko sagt, er fahre nächste Woche »nach Mexiko« – oder von D.F. bzw. *De Efe*. Der Distrito Federal, der Hauptstadtbezirk ist an drei Seiten in den Bundesstaat México (nicht zu verwechseln mit dem Gesamtstaat, der Republik Mexiko) eingebettet. D.F. ist mit den umliegenden Städten und Gemeinden, die zum Bundesstaat México bzw. in wenigen Fällen zum Bundesstaat Hidalgo gehören, so stark zusammengewachsen, dass häufig von der *Zona Metropolitana del Valle de México* (Metropolregion im Tal von Mexiko) gesprochen wird.

Das Tal, in dem D.F. liegt, ist übrigens ein Hochtal, das rund 2.300 Meter über dem Meeresspiegel liegt. Wenn man die Hauptstadt in den ersten Tagen im wörtlichen Sinne atemberaubend findet, liegt das nicht nur an ihren kulturellen Schätzen oder dem Dauersmog, sondern auch an der ungewohnt dünnen Höhenluft.

Nach offiziellen Angaben leben in D.F. rund 8,5 Millionen Menschen, in der Metropolregion insgesamt ca. 25 Millionen. Das sind rund 22 Prozent der gesamten mexikanischen Bevölkerung. Die Region wächst, allerdings weniger aufgrund der Geburtenrate, die beträgt weniger als zwei Prozent, als durch Zuzug aus anderen Regionen.

Vorsichtshalber fragt Anton jetzt doch mal nach dem Weg: »*Por favor, ¿dónde está la Plaza de San Jacinto?*«

Der ältere Herr ist sehr hilfsbereit: »Sie gehen einfach fünf, sechs Blöcke in diese Richtung«, er zeigt vage nach rechts, »und schon sind Sie da.«

Anton hat gedacht, er müsste eher nach links gehen, aber der Mann scheint sich auszukennen. In raschem Tempo marschiert Anton weiter. Wenn er im Plattenladen in Ruhe stöbern will, muss er sich beeilen. Aber auch sieben Häuserblöcke später ist noch nichts von der *plaza* zu sehen. Im Reiseführer gibt es zwar detaillierte Pläne, aber nur vom Zentralplatz *zócalo* und vom Stadtteil Coyoacán, nicht aber von San Angel und der Gegend um die Plaza de San Jacinto. Also noch mal jemanden fragen.

»*Disculpen.*« (Entschuldigung.) Anton wendet sich an drei junge Männer, die ihm entgegenkommen.

»*¿Plaza de Jacinto?* Da sind Sie hier falsch«, sind sich die drei einig. Der Wortführer erklärt ihm geduldig, dass die *plaza* ganz einfach zu finden sei, etwa acht Blöcke entfernt, ungefähr in dieser Richtung. Er deutet in die Richtung, aus der Anton gerade gekommen ist. Mit ähnlichen Worten hilft ihm etwa neun Blöcke weiter eine ältere Dame, nur schickt sie ihn wiederum in eine ganz neue Richtung.

Zwanzig Minuten später steht Anton an einer Kreuzung. Er hat mittlerweile jede Orientierung verloren und in der letzten Dreiviertelstunde bestimmt acht Mal gehört, dass es »ungefähr« bzw. »*más o menos*« noch so und so weit und dass die *plaza* »*por allá*«, also irgendwo dort drüben zu finden sei. Mittlerweile ist es zu spät, um noch nach Platten zu schauen. Um zur Verabredung mit Lily pünktlich zu kommen, nimmt er besser ein Taxi.

Anton hat Glück, schon bald kommt eines der rot-weißen *taxis públicos* vorbei. Er ist froh, dass er sich Straße und Hausnummer des kleinen Restaurants von Lily hat geben lassen. Ermattet drückt er dem Fahrer den Zettel in die Hand und sinkt ins Polster.

Öffentlich, privat, Pirat: Taxis

Taxis sind ein wichtiges Verkehrsmittel in Mexiko. Allein im Gebiet der Hauptstadt gibt es über 100.000 Taxis, die an jedem Werktag mehr als eine Million Menschen transportieren bzw. ihnen einen komfortablen Sitzplatz im Stau bieten. Neben den öffentlichen Wagen – in D.F. rot lackiert mit weißem Dach – existieren private Taxis, und es gibt die *taxis de pirata*. Weil sie keine Lizenz haben, setzen die Piraten auch keine aufs Spiel, wenn sie Touristen auf langen und teuren Umwegen zum Ziel bringen.

Die legalen Taxis erkennt man am Nummernschild, auf dem vor der Nummer ein »S« für *sitio* bei Taxis mit festem Standplatz oder ein »L« für *libre* (wörtlich: frei) für solche ohne festen Platz steht. Die legalen Fahrer haben zudem ihre Lizenz im rechten Seitenfenster hinten im Auto angebracht. Es gibt eine Fülle von speziellen Taxis, etwa für den Flughafenverkehr in D.F., Kleinbusse als Sammeltaxis (*peseros* oder *colectivos*) oder in der Altstadt Rikscha ähnliche Elektrofahrräder, die *ciclotaxis*.

Für Ortsunkundige empfiehlt es sich nicht, ein Taxi auf der Straße anzuhalten. Sie sollten eher auf Funk- oder Hotel-Taxis zurückgreifen bzw. an einem Taxistand ein *sitio*-Taxi nehmen. Auf jeden Fall ist es sinnvoll, sich vorab über die ortsüblichen Preise zu erkundigen und vor Fahrtbeginn den Preis und die Modalitäten (Grundpreis, Zuschläge für Gepäck oder Nachtfahrten etc.) zu klären.

»*Ya llegamos.*« (Wir sind schon da.)

Anton muss eingenickt sein. Das Taxi steht direkt vor einem Gebäude, allerdings ist es kein Restaurant, sondern eine Fabrik. Er bittet den Fahrer zu warten und steigt aus. Eigenartig, die Hausnummer stimmt und das Straßenschild an der nächsten Ecke zeigt: Auch die Straße ist richtig. Sollte Lily sich geirrt haben?

Anton kehrt zum Taxi zurück. »*Busco el restaurante ... San Cristobál.*« (Ich suche das Restaurant San Cristobál.) Zum Glück ist ihm der Name noch eingefallen.

Der *taxista* runzelt die Stirn. In welcher *colonia*, welchem Viertel, die Straße und das Restaurant denn seien, will er wissen. Da muss Anton passen. Einige Handyanrufe später weiß der Fahrer, wo das Lokal liegt, und nach längerem Stop-and-go kommen sie am Restaurant San Cristobál an.

Wenige Augenblicke später umarmt ihn eine braungebrannte Lily. Er drückt sie, hält sie dann einen Moment auf Armlänge von sich weg und mustert sie. Und dann ist er heraus, der typische Onkel-Spruch, der ihm nie, nie, nie über die Lippen kommen sollte: »Sag mal, bist du schon wieder gewachsen?«

Reingetreten

Anton ist mit seinen Erlebnissen in recht großer Gesellschaft. Viele Mexikoreisende machen die Erfahrung, dass Passanten ihnen sehr hilfsbereit einen Weg erklären, der dann aber nicht zum gewünschten Ziel führt. Man rätselt: Ist es falscher Stolz, weshalb Einheimische nicht zugeben wollen, dass sie den Weg nicht kennen? Oder ist es eine aus unserer Sicht vielleicht eigenartige Form von Höflichkeit, die davon abhält zu sagen: »Tut mir leid, ich weiß es nicht«?

Allerdings gab es in diesem Fall kleine sprachliche Signale, die Anton hätten stutzig machen können. Wenn gesagt wird, die gesuchte Adresse befinde sich »dort hinten« *(por allá)* oder sie sei »ungefähr« *(más o menos)* noch so und so weit entfernt, ist Vorsicht angebracht. Wenn man solchen Hinweisen folgt, kann es sein, dass man etwas Gutes für die eigene Gesundheit tut, vorausgesetzt, man geht zu Fuß, aber es kann dauern, bis man ankommt.

Mexiko-Stadt ist nicht nur für Touristen, sondern auch für Taxifahrer kein Dorf, und viele Straßennamen sind mehrfach vertreten. Anton hätte sich nicht darauf verlassen sollen, dass der *taxista* mit Straße und Hausnummer das gewünschte Ziel ansteuern würde, sondern gleich den Namen des Restaurants und am besten noch das Viertel nennen sollen.

Umgangen

Mexiko-Stadt macht es dem Ortsfremden eigentlich nicht allzu schwer. Die Straßen sind in vielen Vierteln in Schachbrettform angelegt, ein Erbe der Kolonialzeit, das erleichtert die Orientierung. Die Häuserblöcke in diesem Quadrantensystem werden *cuadras* genannt. Natürlich kann man auch auf diesem Schachbrett matt gesetzt werden, wenn man die Regeln nicht beachtet. Beispielsweise sind manche Straßennamen so beliebt, dass sie gleich mehrfach vorkommen. Entscheidend ist deshalb, in welchem Stadtteil bzw. Quartier, also in welcher *colonia* sich die Straße befindet. Wenn Sie in Mexiko-Stadt eine Adresse genannt bekommen und die Angabe zur *colonia* nicht dabei ist, fragen Sie nach!

Ordentlich ankommen: von Kolonien und Postleitzahlen

Das mexikanische Wort *colonia* geht darauf zurück, dass Ende des 19. Jahrhunderts die französische Kolonie in Mexiko-Stadt außerhalb der damaligen Stadtgrenzen eine Ortschaft gründete, die der Einfachheit halber *colonia* genannt wurde. Der Begriff hat sich als allgemeine Bezeichnung für die Stadtviertel von Mexiko-Stadt eingebürgert. Hin und wieder kann es zu Verwirrungen kommen, weil auch Wohnanlagen, oft mit Umzäunung, Toren und Wachen gesichert, als *colonias* bezeichnet werden.

Jede der rund 250 *colonias* im Sinne von Stadtquartier hat eine eigene Postleitzahl. Mexikanische Postleitzahlen sind fünfstellig. Die ersten beiden Ziffern stehen für den Bundesstaat bzw. einen Teil des Bundesstaates. Die 16 verschiedenen Verwaltungseinheiten *(delegaciones)* des Bundesstaates D.F. haben z.B. die Ziffern 00 bis 16, Yucatán hat die 97. Wie in Deutschland haben auch in Mexiko große Unternehmen oder Behörden eigene Postleitzahlen.

Hin und wieder kann es sogar vorkommen, dass Hausnummern doppelt vergeben werden. Wenn man am Zielort also kein Restaurant, nicht die angesteuerte Party oder was immer das Ziel war antrifft, ist es sinnvoll, Anwohner zu fragen. Manchmal hilft das, vorausgesetzt, Hilfsbereitschaft und Stolz sind bei ihnen nicht auch stärker ausgeprägt als die Ortskenntnis.

Zumindest dem Sprichwort nach sind die Mexikaner selbst ein bisschen misstrauisch gegenüber hilfsbereiten Zeitgenossen und ihren Wegbeschreibungen, insbesondere wenn es sich um Amtspersonen handelt. Die Redewendung besagt: »Wenn du nach dem Weg suchst, frag zwei Leute.« Und sie warnt: »Wenn einer davon Polizist ist, frag drei!«

5 Eine Kakerlake aus gutem Hause
Wenn ein Käfer auf den Tisch fällt

Kronleuchter und Tischkerzen tauchen die von Säulen gesäumte Halle in ein gedämpftes Licht. Aus den Lautsprechern perlt leise Klaviermusik, die sich mit dem Murmeln der Tischgespräche zu einem sanften Klangteppich verbindet. Die Kellner gleiten fast lautlos herum, und nur hin und wieder hört man verhaltenes Tellerklappern oder Gläserklirren.

»Wirklich deliziös«, lässt sich Anton bei der Wortwahl von der gepflegten Atmosphäre anstecken.

Lily und er haben die *sopa de lima*, eine mit Limettensaft abgeschmeckte Hühnersuppe, mit Heißhunger und Genuss gelöffelt und ihre Teller mit Tortillastücken sorgfältig blank geputzt. Auch der zweite Gang, *ensalada césar*, ist keine komplizierte Kreation, aber schmeckt und ist apart angerichtet. Der frische Romanasalat mit Croutons, Anchovis und geriebenem Parmesan, herzhaft gewürzt, macht Appetit auf mehr.

»Und erst der Wein – hervorragend! Ein Pinot Noir aus ...«, Anton kneift die Augen zusammen und hält die Flasche am ausgestreckten Arm von sich weg, »San Juan del Río«. Er füllt Lily und sich nach und hebt sein Glas. »Auf den gelungenen Abschluss eines herrlichen Wochenendes! Jetzt bin ich erst ein paar Tage hier, aber es kommt mir vor, als wäre ich schon ein halber Mexikaner. Und mit meinem Spanisch, das klapp doch auch schon ganz gut, findest du nicht?« Zufrieden lehnt sich Anton zurück.

Lily grinst – und spart sich den Kommentar. Es ist wirklich schön hier, aber so richtig wohl fühlt sie sich dennoch nicht zwischen all den feinen Leuten, den gestärkten weißen Tischdecken und dezenten Klavierklängen. Doch Anton hat darauf bestanden zur Feier des Wiedersehens und als Dank, dass sie sich die ersten Tage so gut um ihn gekümmert hat, noch einmal »so richtig schick essen zu gehen«, bevor Lily wieder nach Cholula zurückkehren würde.

»Welches Hauptgericht hast du bestellt?«, fragt er Lily.

»*Lomo relleno*, gefüllte Schweinelende. Und du?«

»*Carne asado*, gegrilltes Fleisch.«

Als wäre dies das Stichwort gewesen, erscheint wie aus dem Nichts der Kellner und drapiert die Gerichte mit elegantem Schwung auf dem gedeckten Tisch. Auch dieser Gang gibt dem Ruf des Restaurants recht. Gute Küche, geschmackvoll angerichtet, ohne komplizierten Schnickschnack, das ist offenbar die Devise. Ohne dass sie das abgesprochen hätten, verharren Anton und Lily einen Moment vor ihren Tellern und lassen Anblick und Aroma auf sich wirken. Als sie beide gleichzeitig mit tiefem Atemzug dem Duft nachschnuppern, müssen sie lachen.

»Wir sind halt Genießer. *¡Buen provecho!*, guten Appetit!«, meint Lily.

»*¡Buen provecho!*«

Klack! Auf Antons Teller landet mit lautem Knall etwas Braunes, das wie ein Stein von weit oben heruntergefallen ist und sich als ein großer Käfer entpuppt. Er bleibt einen kurzen Moment wie betäubt liegen, rappelt sich dann auf, krabbelt behände vom Teller herunter und strebt übers weiße Tuch der Tischkante zu. Mit sicherem Griff stülpt Lily ihr leeres Wasserglas energisch über das Insekt, das jetzt hektisch versucht, dem durchsichtigen Gefängnis zu entkommen.

»Das ist ja eklig! Was ist das?« Anton beugt sich vor, um den Fang mit einer Mischung aus Faszination und Abscheu in Augenschein zu nehmen.

»Das«, sagt Lily lakonisch, »ist eine Kakerlake. *La cucaracha americana*. Der Speedy Gonzalez unter den Insekten.«

Zähe Burschen: Kakerlaken

Kakerlaken gibt es rund um den Erdball, v.a. aber in Tropennähe. Sie gelten als Überlebenskünstler, die wenig brauchen, fast alles fressen und lange Trocken- oder Hungerperioden überstehen. Sie scheuen das Tageslicht und sie sind schnell. Lilys Fang, *cucaracha americana*, die Amerikanische Großschabe kann pro Sekunde das 50-fache ihrer Körperlänge zurücklegen. Beim Menschen entspräche das 320 km/h. In Mexiko gibt es neben verschiedenen draußen lebenden Kakerlaken v.a. zwei Arten, die gerne in menschlichen Behausungen, in Mauerhohlräumen, hinter Fliesen oder Fußleisten leben: besagte *cucaracha americana*, die bis zu 37 Millimeter groß wird, und die etwa halb so große *cucaracha alemana*, die Deutsche Schabe.

Viele Menschen finden Kakerlaken abstoßend, aber es gibt andere, die von ihnen fasziniert sind oder sie gar züchten und zwar nicht nur als Futtertiere für Reptilien. Zum Ausprobieren hier ein **Rezept für** *cucarachas al ajillo* (Knoblauch-Kakerlaken), das allerdings auch bei Mexikanern nicht auf ungeteilte Begeisterung stößt: Zwei klein geschnittene Chilischoten und fünf fein gehackte Knoblauchzehen in einer halben Tasse Öl erhitzen und ein Dutzend Kakerlaken darin garen. Mit Salz und Pfeffer würzen.

Gesundheitlich problematisch sind nicht die Kakerlaken selbst, sondern dass sie allerlei Erreger herumtragen und auf Lebensmitteln hinterlassen können. Ihre während des Entwicklungsgangs abgestoßene und zu Staub zerfallende Haut sowie ihre Exkremente können Allergien und Asthma hervorrufen.

Die **Bekämpfung** der Überlebenskünstler ist nicht ganz einfach. Oft wird davor gewarnt, sie zu zertreten. Kakerlaken der Gattung *cucaracha alemana* tragen ihre Eier unterm Bauch. Diese Eier seien so hart, heißt es, dass man die Nachkommen zwar gewissermaßen zu Waisen mache, aber sie dann an der Schuhsohle mit sich trage und verbreite. Das ist falsch, denn so robust sind die Eier nicht. Richtig ist aber, dass man der Kakerlaken so nicht Herr wird, weil man nur wenige erwischt. Einer Redensart nach kommen bei einer zertretenen Kakerlake hundert andere zur Beerdigung.

Auch in Mexiko setzen professionelle Kammerjäger meist Gift oder Köderfallen ein und überbieten sich zum Teil mit Versprechen wie *»¡El mejor sistema para atrapar cucarachas!«* (Das beste System, Kakerlaken zu fangen!). Selbst wenn die Mittel wirken, kann es sein, dass die Medizin schlimmer als die Krankheit ist, wenn etwa Gifte nicht nur den Insekten, sondern auch Menschen und Haustieren zusetzen.

Auf jeden Fall ist es ratsam, nach der Reise bei der Ankunft zu Hause sein Gepäck sofort auszupacken, am besten in der Badewanne oder an einer anderen Stelle, wo man möglicherweise mitgebrachte blinde Passagiere gut erwischen kann. »Blind« hat in diesem Fall übrigens eine doppelte Bedeutung: Kakerlaken können fast nichts sehen, aber sehr gut riechen und fühlen. So lösen winzige Härchen an ihrem Körper beim Herannahen von Killer-Füßen blitzschnell einen Fluchtreflex aus.

Anton ist entsetzt. »Aber das kann doch nicht sein! Ich ruf den Ober. *¡Señor! Aquí hay una cucaracha.*«

Plötzlich sind die Gespräche verstummt, nur noch die Hintergrundmusik ist zu hören. Besteck wird leise auf den Teller gelegt, Gläser werden lautlos abgestellt und Lily glaubt, die Ohren der anderen Gäste förmlich zu ihnen hinüberwachsen zu sehen, während die Gesichter jetzt ausdruckslos und unbeteiligt in der Gegend herumschauen und nur kurz, wie zufällig, zu ihnen blicken. Lily würde am liebsten im Erdboden versinken. Sie fühlt sich wie ihre Beute, die Kakerlake im

Glaskerker, den Zuschauern hilflos ausgesetzt ohne die geringste Möglichkeit zu verschwinden.

Ein Lied von Kakerlaken, Marihuana und Revolution:
La Cucaracha

La Cucaracha, das spanische Wort für Kakerlake, kennen viele aus dem gleichnamigen Lied mit der eingängigen Melodie. Louis Armstrong hat es gesungen, Bill Haley und auch die Trickfilmfigur Speedy Gonzalez, »die schnellste Maus von Mexiko«. Entstanden ist *La Cucaracha* bereits im 19. Jahrhundert, berühmt wurde es Anfang des 20. Jahrhunderts.

Während der Mexikanischen Revolution, den Aufständen gegen den Präsidenten Porifirio Díaz, der das Land lange Zeit mit harter Hand, mit *pan y palo* (Zuckerbrot und Peitsche), regierte, wurde es als Spottlied gesungen. »Die Kakerlake kann nicht mehr laufen«, heißt es ursprünglich in dem Lied, »weil sie hinten keine Beine hat«. Nun sang man: »weil sie kein Marihuana mehr zum Rauchen hat«, und machte sich damit über einen General lustig, der zu den Gegnern des Rebellenführers Pancho Villa gehörte. Es entstanden eine ganze Reihe von Strophen und Versionen des Liedes, in denen es mal ironisch, mal pathetisch zugeht.

Der Kellner kommt herbeigeeilt. »¿*Sí señor?*«

Die Antwort braucht er nicht abzuwarten. Mit einem Blick hat er das umgestülpte Wasserglas und den rotbraunen Gefangenen darin gesehen und die Situation erfasst. Mit der ihm eigenen Eleganz schiebt er in einer raschen Bewegung das Glas zur Tischkante und umschließt das herunterfallende Insekt mit seiner Serviette. Die Hand fest ums Tuch und den Fang geschlossen entschuldigt er sich, begleitet von einer knapp angedeuteten Verbeugung, bei Lily und Anton für die *molestias* (Unannehmlichkeiten) und entschwindet Richtung Küche.

Als wäre nichts geschehen, setzen die Gespräche wieder ein, die Bestecke werden aufgenommen und die Gläser zu den Lippen geführt. Niemand schaut mehr hinüber. Lily ist erleichtert. Das ist noch mal glimpflich ausgegangen. Anton ist nicht so angetan von der Entwicklung.

»Von dem Teller esse ich nichts mehr. Da ist das Ding drauf gefallen. Das ist eklig!«

»Onkelchen ...« Lily legt beschwichtigend ihre Hand auf Antons Arm.

Der lässt sich jedoch nicht beirren, sondern ruft den Kellner erneut herbei und bittet Lily, ihm sprachlich behilflich zu sein. Er möchte ein neues Essen und überhaupt möchte er wissen, ob es hier üblich sei, dass Kakerlaken im Essen herumkrabbeln. Der Kellner bewahrt die Contenance, aber seine Lippen werden etwas schmaler, als er erwidert, dass man gegen die allgegenwärtigen Kakerlaken nun einmal nichts ausrichten könne. Der herbeigerufene Geschäftsführer bietet einen Preisnachlass als Entschädigung an. Doch Anton ist der Appetit vergangen. Als Lily ihre Schweinelende aufgegessen hat, lässt er sich hungrig die reduzierte Rechnung geben und bezahlt.

»Ich bin entsetzt«, sagt er draußen vor der Tür. »In so einem Restaurant hätte ich das nicht erwartet.«

Reingetreten

Das Fremdwort ubiquitär, also allgegenwärtig, könnte extra für die Kakerlake erfunden sein. Wenn man weiß, wie verbreitet die Tierchen sind, wie überlebensfähig und wie schwer zu bekämpfen, dann ist man weniger überrascht, wenn es auch in gehobeneren mexikanischen Restaurants oder Privathaushalten zu Begegnungen der krabbeligen Art kommt. So gewappnet hätte Anton vielleicht ruhiger reagieren können und nicht gleich einen kleinen Skandal verursacht.

Cucarachas sind natürlich auch von Mexikanern nicht gern gesehen. In Bewertungsportalen für Restaurants oder Hotels und in entsprechenden Foren spielt deshalb immer wieder die Frage eine Rolle, ob und wie dreist Kakerlaken am jeweiligen Ort ihr Unwesen treiben. Unser Kellner hätte von Restauranttestern vermutlich nur eine mittelmäßige Benotung bekommen. Mit welcher Geschwindigkeit und unauffälligen Eleganz er die Kakerlake entfernt hat, hätte ihm zwar sicher die volle Punktzahl gebracht, aber sein knausriges Beharren darauf, dass Kakerlaken Schicksal seien, hätte ihn ordentlich Punkte gekostet. Ein frischer Teller mit Gebratenem und zwei Gläschen Schampus aus San Juan del Río hätten die Angelegenheit sicher in einem anderen Licht erscheinen lassen. Und dem Kellner eine brillante Gesamtnote gesichert.

Umgangen

»*If you can't beat them, ignore them*« (Wenn du sie nicht schlagen kannst, ignorier sie), könnte man in leichter Abwandlung einer berühmten Parole sagen.

Übrigens sind Kakerlaken auch bei uns häufiger eine Plage, als man glaubt. Wenn man einmal einem Kammerjäger nachgeschnüffelt und die zur Bekämpfung beliebten Pyrethroid-Gifte kennengelernt hat, braucht man kein feines Näschen, um diesen Geruch immer mal wieder in Bäckereien, Metzgereien oder an anderen Stellen zu entdecken.

6 Einer für alles

Mülltrennung einmal anders

Anton ist froh, dass er Ersatz eingesteckt hat. Gestern hat er auf wuseligen Straßen und lauschigen Plätzen so viele Fotomotive gefunden, dass er jetzt die Batterien wechseln muss. Die Anzeige steht auf »fast leer«. Heute wird er bestimmt noch mehr Bilder schießen, die Pyramiden von Teotihuacán sollen spektakulär sein. Er beschließt, die leeren Batterien direkt zu entsorgen und bei der Gelegenheit auch die ganzen Zeitungen und Illustrierten wegzuwerfen, die er aus dem Flugzeug mitgenommen hat und die jetzt ungelesen im Hotelzimmer verstauben. Er ist halt ein Schnäppchenjäger. Wenn es etwas kostenlos gibt, muss er es einfach haben. Draußen brodelt, hupt und rauscht das Leben der Megastadt, da wird er sich doch nicht hinhocken und deutsche Zeitungen lesen. Er steckt die Batterien ein, klemmt sich den Stapel Papier unter den Arm, schnappt seinen Tagesrucksack und zieht die Zimmertür hinter sich ins Schloss.

»Wo kann ich die Batterien abgeben und wo das Altpapier loswerden?«, fragt er an der Rezeption.

Freundlich lächelnd nimmt der Portier ihm die Batterien und den Stapel Papier ab und befördert alles mit Schwung in die Mülltonne, in die er gerade eben schon eine leere Flasche und Bananenschalen geworfen hat. Anton bedankt sich irritiert. Einfach in den Müll, das hätte er auch gekonnt. Haben die keinen Extrabehälter für Altpapier? Und die Batterien – die müssen doch ordnungsgemäß entsorgt werden!

Sie war die Größte: die Müllkippe Bordo Poniente

Früher war hier ein ausgetrockneter See. Am westlichem Ufer (was Bordo Poniente übrigens auf Deutsch bedeutet) des Sees begann man nach dem verheerenden Erdbeben von 1985 den Schutt der zerstörten Gebäude aus Mexiko-Stadt abzuladen. Daraus entwickelte sich eine Müllkippe, die mit weit über vier Millionen Quadratmetern die flächenmäßig größte oder zumindest eine der größten der Welt war – hier scheiden sich die Geister. Nach mehreren Anläufen wurde Bordo Poniente Ende 2011 geschlossen. Mit einer großen Anlage soll jetzt aus den bis zu 17 Meter dicken Abfallschichten Methangas gewonnen werden.

Schon längere Zeit war klar, dass das Fassungsvermögen der Kippe bald erschöpft sein würde bzw. es eigentlich längst war. Außerdem wurde 2004 im Distrito Federal – für die Regelung der Abfallentsorgung außer von giftigen Stoffen sind die einzelnen Bundesstaaten zuständig – ein neues Abfallkonzept eingeführt, das stärker als bisher auf Mülltrennung und geordnetes Recycling setzt. So läuft auch in Mexiko die Zeit ab für die großen Müllhalden, auf denen man alles ablädt.

Bordo Poniente hat auch als Arbeits- und zum Teil Wohnort der Abfallsammler, der *pepenadores* (nach dem Nahuatl-Wort *pepena* für »etwas vom Boden aufheben«), zweifelhafte Berühmtheit erlangt. Unter katastrophalen Bedingungen sammelten die *pepenadores* – oft war die ganze Familie daran beteiligt – Verwertbares im Müll. Bordo Poniente wäre sonst schon längst aus allen Nähten geplatzt.

Auf dem Weg zur Metro, die ihn zum Busbahnhof Terminal del Norte bringen soll, beschäftigt Anton das kleine Erlebnis noch immer. Sonst würden sie ihm wohl gar nicht auffallen, Passanten, die ihren Müll einfach fallen lassen. Die Wasserflasche – leer? Hopp, fliegt sie ins nächste Gebüsch. Das Papier, in das der *taco* eingewickelt war? Zusammengeknüllt fällt es aus der Hand und wird mit gezieltem Fußtritt ins Abseits geschossen, hier: in die Kanalrinne am Straßenrand. Es sind beileibe nicht alle, die sich so verhalten, aber ihm fällt auf, dass es deutlich mehr sind, als er es von zu Hause gewohnt ist. Den Straßen, Plätzen und Bürgersteigen sieht man das an. Es liegt einiges an Müll herum.

Anton hat es nicht eilig, zur Metro zu kommen. Die Fahrt vom Busterminal zu den Pyramiden dauert nur eine halbe Stunde. Außerdem ist er sich nicht ganz sicher, ob er nicht doch besser mit dem Taxi zum Terminal fahren sollte.

»Fahr bloß nicht mit der Metro!«, hat ihn ein Bekannter gewarnt, der in seinem letzten Urlaub auf einer U-Bahn-Fahrt bestohlen worden war. »Ein blöder Trick, und ich bin drauf reingefallen. Einem alten Mann war sein Portemonnaie heruntergefallen und das Kleingeld kullerte herum. Ich hab mich gebückt, um ihm zu helfen. Hinterher merke ich plötzlich, dass meine Brieftasche weg war. Als ich dem Mann geholfen habe, muss sein Komplize sie mir aus der Gesäßtasche gezogen haben.«

Als er von diesem Erlebnis gehört hatte, wollte Anton eigentlich niemals die Metro benutzen. Lily hat ihn dann aber doch überzeugt. »Metro-Fahren gehört einfach dazu, wenn du schon hier bist. Du musst nur auf ein paar Dinge achten.«

Auf der Treppe hinunter in die Metro-Station geht Anton Lilys Tipps im Geiste ein letztes Mal durch. Den Rucksack hat er nach vorne genommen, seine Brieftasche hat er ohnehin gegen eine Bauchtasche eingetauscht und er wird versuchen, das gröbste Gedränge zu vermeiden. In Ordnung, jetzt kann's losgehen.

Auf Gummisohlen unter der Erde: die Metro in Mexiko-Stadt

Nach längerer Planung und Vorbereitung wurde die Metro 1969 eingeweiht. Mit fast vier Millionen Fahrgästen pro Tag ist sie mittlerweile die drittgrößte Metro der Welt. Der überwiegende Teil der Strecken verläuft unterirdisch und die meisten Wagen rollen auf gummibereiften Rädern, wie man dies in Europa u.a. aus Paris kennt.

Auf dem Schienennetz, das mit mehr als 200 km das fünftlängste der Welt ist, verkehren bislang elf Linien, die Linien 1 bis 9 sowie die Linien A und B. Eine zwölfte Linie ist im Bau. Um die v.a. zur Rushhour riesigen Passagierströme rasch und unkompliziert zu lenken, sind die Linien zusätzlich farblich unterschieden, und es gibt Piktogramme für die einzelnen Stationen, 175 an der Zahl, davon 164 in Mexiko-Stadt, die übrigen elf im benachbarten Bundesstaat México.

Die Metro ist in dieser riesigen Stadt unverzichtbar und immer zu klein. Auch für Touristen ist sie attraktiv, weil man rasch und günstig von einem Punkt zum anderen gelangt und das System sehr übersichtlich ist. Zu Recht wird jedoch immer wieder darauf hingewiesen, dass man vorsichtig sein muss, weil die Metro wegen der vielen Menschen ein bevorzugter Arbeitsplatz von Taschendieben ist. Im Gedränge kommt es zudem immer wieder zu sexuellen Belästigungen. Deshalb wurde u.a. das staatliche Programm *Viajemos Seguras* (wörtlich: Frauen, lasst uns sicher reisen!) ins Leben gerufen, zu dem eine Aufklärungskampagne, Frauenabteile während der Rushhour und Melde- und Betreuungsstellen für Betroffene an einigen Stationen gehören.

Im Vergleich zu den Sorgen, die Anton sich vorher über diese erste Fahrt gemacht hat, verläuft sie sehr unspektakulär. Der Bahnsteig ist gepflegt und sauber, und Anton muss nur kurz warten, da hält schon ein Zug. Er findet problemlos einen freien Sitzplatz und kann, den Rucksack vor sich auf den Knien, entspannt seine Mitreisenden betrachten. Nach den vorherigen Horrorberichten hatte er Verhältnisse erwartet, die an die berühmten Fotos aus der Tokioter U-Bahn erinnern, auf denen

Uniformierte Passagiere in die schon überfüllten Wagen pressen. Keine Spur davon. Allerdings ist die Stoßzeit längst vorbei, sonst könnte er vermutlich nicht so entspannt sitzen.

Am Busbahnhof Terminal del Norte steigt Anton aus. Als er aus dem Metro-Eingang tritt, fällt sein Blick sofort wieder auf herumliegende leere Flaschen und Pappverpackungen. Mittlerweile ist er sich sicher, dass Mülltrennung nicht sonderlich verbreitet ist. Anton zählt sich selbst nicht zu den Strenggläubigen in Sachen Recycling, die beispielsweise darüber philosophieren, wie ein Teebeutel korrekt zerlegt und seine Bestandteile in die Verwertungskreisläufe zurückgeführt werden können (Teeblätter zum Kompostieren, Beutel und Schildchen ins Altpapier, die Verschlussklammer zum Schrott und den Faden in die Altkleidersammlung). Aber das hier scheint ihm doch etwas achtlos. Ins Bild passt, dass am Taxistand ein Fahrer Öl nachfüllt, ohne sich um das Öl zu kümmern, das danebenläuft und auf den Boden tropft. Immerhin wirft er den leeren Kanister nicht einfach auf die Straße, sondern drückt ihn in eine Mülltonne, doch Anton weiß, dass Ölkanister aus Umweltschutzgründen eigentlich separat entsorgt werden müssen.

Er ersteht eine Fahrkarte und wartet unter einem der großen Schutzdächer auf den Bus nach Teotihuacán. Dabei beobachtet er ein paar Männer und Frauen, die, Plastiksäcke geschultert, mit Stangen aus Holz oder Metall in den Abfallkörben herumstochern. Von Zeit zu Zeit holen sie etwas Brauchbares heraus und verstauen es in ihrem Sack. Glas- und Plastikflaschen, Papier und Getränkedosen, vorher achtlos weggeworfen, werden jetzt sorgfältig sortiert. Eine originelle Form der Mülltrennung, denkt Anton.

Abfall ist Materie am falschen Ort: Schätze im Müll

Müll hat viel mit Geld zu tun. Das war und ist in Mexiko nicht anders als in anderen Ländern. Während wir es seit Langem gewohnt sind, Gebühren an den Staat zu zahlen und dafür unseren Müll abgeholt zu bekommen, war das System in Mexiko lange Zeit komplizierter, weil der Staat sich stärker heraushielt. Man bezahlte fürs Abholen direkt an die privaten Müllfahrer, und das Ganze war eher informell, also nicht streng nach Gesetz oder Regeln organisiert. Erst im Laufe der letzten Jahre hat sich das geändert.

Schon früher durchsuchten die sogenannten *asistentes* des Müllfahrers beim Abholen den Abfall nach Papier, Glas, Altmetall und verwertbaren Nahrungsmitteln. Auf den Müllkippen setzten die *pepenadores* (Müllsammler) diese Arbeit fort und schafften alles beiseite, was sich verwerten ließ. Bei den Müllfahrern waren bis vor Kurzem besonders die Touren beliebt, bei denen Geschäfte oder große Einkaufszentren angefahren wurden. Dort war der Anteil von Verwertbarem höher als in den Privathaushalten, in denen viel mehr organischer Müll wie Obstschalen oder Essensreste anfällt. Offenbar werden in mexikanischen Küchen deutlich mehr frische und unverpackte Lebensmittel verarbeitet als in vielen anderen Ländern. 2011 wurden Abnahmeprämien für kompostierbaren Müll eingeführt.

Bereits 15 Jahre zuvor, 1996, wurden in Mexiko-Stadt drei Sortierzentren gegründet. Damit sollte das Monopol des damaligen »*rey de la basura*« (Müllkönigs) Rafael Gutierrez Moreno gebrochen werden, der die informelle Müllverwertung fast vollständig in seiner Hand hielt. (Der »König« wurde übrigens im gleichen Jahr ermordet, ohne dass dies allerdings mit den Sortierzentren zu tun hatte.) Auch heute noch sind große Teile der Müllverwertung zwar informell, aber straff organisiert, in Mexiko-Stadt häufig als Vereine der Müllsammler (*Asociaciones Civiles de Pepenadores*). Immer wieder kommt es bei der Modernisierung des Müllwesens zu lokalen Konflikten, wenn beispielsweise Müllkippen geschlossen werden sollen oder wenn Neuerungen wie automatisierte Sortieranlagen eingeführt werden, die die Arbeitsplätze der *pepenadores* sowie die Gewinne ihrer Chefs, die offiziell meist nur als Vorsitzende der Vereine firmieren, bedrohen.

Der Zusammenhang von Müll und Geld spielt auch beim Werben für umweltfreundliches Verhalten eine wichtige Rolle. So wirbt die Kampagne *Conciencia ambiental* (Umweltbewusstsein) dafür, PET-Flaschen wiederzuverwenden und rechnet vor: Wenn jeder Mexikaner eine Flasche pro Woche wiederverwende, spare dies so viel Energie, wie alle Autos in Mexiko-Stadt in einem Monat verbrauchen. Dies seien Rohstoffe im Wert von 250 Millionen Pesos, also umgerechnet fast 15 Millionen Euro.

Reingetreten

Zugegeben, falsch gemacht hat Anton eigentlich nichts. Er hat sich mutig ins wilde Metro-Treiben gestürzt und keine lautstarken Bemerkungen etwa über die unzureichende Recycling-Begeisterung der Mexikaner gemacht. Vielleicht sollten wir eher von einer Art gedanklichem Fettnäpfchen sprechen. Nur weil man sein Wegwerfverhalten in jahrzehntelanger Schulung und Mülltrennungs-Abhärtung sorgfältig geformt hat, sollte man sich nicht vorschnell über andere erheben, die dieses Training nicht oder noch nicht absolviert haben. Außerdem sollte man nicht vergessen: Auch in unseren Breiten dauerte und dauert es seine Zeit, bis Müllprobleme erkannt sind, bis Abhilfe gefunden wird und bis genügend Menschen auch tatsächlich ihr Verhalten ändern.

Umgangen

Da es sich eher um ein gedankliches Fettnäpfchen handelt, geht es auch bei der Vermeidung um Gedankliches oder die Sichtweise. Unbestritten hat Mexiko im Allgemeinen und Mexiko-Stadt im Besonderen erhebliche Müll- und sonstige Umweltprobleme. Aber es gibt auch vielfältige Versuche, diese Probleme anzugehen. So werben Behörden und Vereine dafür, weniger Müll zu produzieren und ihn, wenn möglich, dem Recycling zu übergeben. Prominente appellieren in Clips und Anzeigen der Kampagne *Conciencia ambiental* an das Gewissen der Bevölkerung: »Denk dran: Wir sind über 100 Millionen Mexikaner!«, und fordern dazu auf, Papier zu recyceln oder sparsamer mit Plastik umzugehen. Pünktlich zur Eröffnung einer großen Müllverwertungsanlage im Bosque de Aragón in der Nähe der Hauptstadt startete die Stadtverwaltung im Frühjahr 2012 einen »Tauschmarkt«, wo man für seinen Müll grüne Punkte erhält, für die man regional angebautes Obst und Gemüse bekommt.

Wenn Sie im Land sind, versuchen Sie auch solche und ähnliche Tendenzen zu entdecken. Das ist ein gutes Gegenmittel gegen das bloße Lamentieren über das fehlende oder unzulängliche Umweltbewusstsein.

7 Diario de diarea

Wenn Montezuma zuschlägt

»Kunst ist schön, macht aber viel Arbeit.« Anton muss an Karl Valentins berühmten Satz denken. Nicht nur Kunst zu machen, auch Kunst anzuschauen ist anstrengend. Stunden über Stunden ist er über das Pyramidengelände von Teotihuacán gezogen und hat sich von den Baukünsten der frühen Mexikaner beeindrucken lassen.

Sonne, Mond und Steine: die Pyramiden von Teotihuacán

Die Stadt Teotihuacán war zu ihrer Blütezeit von ca. 100 bis 650 n. Chr. *die* Metropole der mittelamerikanischen Zivilisationen. Heute lockt sie v.a. mit der riesigen Sonnenpyramide, der drittgrößten Pyramide der Welt, und der Mondpyramide viele Touristen an. Und auch die Palastanlage Ciudadela und die Reste der alten Wohnquartiere lohnen einen ausgiebigen Besuch. Die Überreste der Stadt und ihrer Gebäude lassen ein hohes Maß an Symmetrie erkennen und erlauben zudem Rückschlüsse auf eine Art »frühmexikanischen Meter«, die *Teotihuacán Measurement Unit*, ein einheitliches Längenmaß von ca. 82 cm, das offenbar beim Vermessen von Grundrissen und Straßen verwendet wurde.

Seit Langem versuchen Forscher, die Überreste der riesigen Stadt »zum Reden« zu bringen, also herauszufinden, wie ihre Bewohner gelebt und gedacht haben. So geben die Wandmalereien in vielen Gebäuden Aufschluss über den Alltag der Menschen, und die Anlage von Häusern und Räumen verrät einiges darüber, wer welche Stellung in der Gesellschaft einnahm. Große Bedeutung besaß die Religion. Das zeigen nicht zuletzt die beiden gewaltigen Pyramiden, wobei noch nicht geklärt ist, welche der vielen

Gottheiten der damaligen Zeit in den Pyramiden verehrt wurden. Eine Frage, die für heutige Besucher der Kultstätten einen gewissen Gruselfaktor hat, wurde doch erst in den letzten Jahren durch Ausgrabungen an der Mondpyramide enthüllt: Den Göttern wurden bisweilen auch Menschen geopfert.

Vom Herumlaufen ist Anton nicht nur müde, sondern auch hungrig. Er muss unbedingt etwas essen. Draußen vor der Tempelanlage gibt es zwar noch eine weitere Sehenswürdigkeit, die *voladores* genannten Fliegenden Männer, aber die wird er sich später ansehen.

Als hätten die Götter seine Wünsche erhört, steigt Anton plötzlich der verführerische Duft von Holzfeuer, Gewürzen und Gegrilltem in die Nase. An einem der Straßenstände ersteht er einen appetitlich aussehenden *taco* mit frisch gegrilltem Hühnchen. Dazu bestellt er eine Cola, aber *sin hielo*, ohne Eis. Wahrscheinlich gibt es an diesem kleinen Stand gar keine Eiswürfel, aber sicher ist sicher. Denn Anton ist gewarnt worden: Den kalten Würfeln sieht man nicht an, ob sie aus sauberem Wasser gemacht sind oder ob sie eine Art Tiefkühlpackung für allerlei Keime sind.

Kalt und zuckrig: Cola

Mexiko ist eines der Länder mit dem höchsten Cola-Konsum weltweit. Selbst in entlegenen Gebieten gibt es das Getränk, das mittlerweile nicht nur vom US-Giganten Coca Cola oder vom etwas kleineren Pepsi kommt, sondern auch vom erfolgreichen peruanischen Hersteller Kola Real.

Das Fleisch riecht eigenartig, denkt er beim Biss in den *taco*, aber das liegt bestimmt an den Gewürzen. Geschmacklich ist der Imbiss in Ordnung, zumal die Cola die Geschmacksknospen ordentlich beschäftigt. Frisch gestärkt stöbert Anton in den Souvenirlädchen und ersteht neben anderen Mitbringseln einen kleinen Regengott aus Keramik. Dann macht er sich auf den Weg zurück zu den *voladores*. Beeindruckend, wie die da kopfüber ihre Kreise drehen.

Für die Götter kopfüber in die Tiefe: die *voladores*

Seit 2009 gehören sie zum immateriellen Weltkulturerbe: die *voladores*, die Fliegenden Männer. Fünf Männer in traditioneller rot-weißer Tracht klettern auf einen Holzmast, auf dem eine kleine drehbare Plattform befestigt ist. Vier von ihnen binden sich am Mast festgeknotete und aufgewickelte Seile an die Fußknöchel und lassen sich kopfüber in die Tiefe fallen. Der Fünfte spielt auf der Plattform Flöte und Trommel und setzt gleichzeitig einen Mechanismus in Gang, der die Seile der vier anderen langsam abwickelt, sodass sich seine Mitstreiter in großen Kreisen immer weiter nach unten Richtung Boden schrauben.

Ursprünglich sollten mit dieser sehr alten Zeremonie, die ein bisschen wie Bungeejumping in Zeitlupe wirkt, wohl die Götter gnädig und erntefördernd gestimmt werden. Sie stammt aus Papantla im Bundesstaat Veracruz, doch ist sie mittlerweile auch an anderen Orten zur Attraktion geworden. Ob es immer noch die Götter oder doch eher die Touristen sind, die mit dem Ritual beschworen werden sollen, muss offen bleiben.

Oh, wahrscheinlich habe ich zu lange hoch geguckt, jetzt habe ich den Drehwurm, denkt Anton. Ihm ist schummrig zumute und er muss immer wieder aufstoßen.

Dass ihm bei der Rückfahrt im Bus schlecht wird, ist nicht ungewöhnlich. Busfahren hat er schon als Kind nicht vertragen. Doch im Hotel angekommen wird es nicht besser, sondern schlimmer. Den ganzen Abend und den größten Teil der Nacht bringt er im winzigen Bad seines Hotelzimmers zu. Zwei einander gegenüberstehende Toilettenschüsseln wären jetzt sehr praktisch, dann müsste ich nicht aufstehen, denkt er in einem kurzen Anfall von Sarkasmus, bevor ihm der nächste Magen-Darm-Krampf den Sinn für Humor nimmt.

Am nächsten Morgen schleppt er sich in den Frühstücksraum. Als Pedro, der freundliche Kellner, ihm wie gewohnt ein kräftiges *desayuno ranchero* (Bauernfrühstück) bringen will, lehnt Anton dankend ab. Tortillas mit viel Soße, dazu Eier, in reichlich Öl gebraten, und als Draufgabe Speck und Bohnen, das hilft unter normalen Umständen gut durch den Tag, aber heute? Bloß nicht!

»*Un té, por favor.*«

Mit Kennerblick überschaut Pedro die Situation: »*¿Usted está enfermo?*«

Anton nickt. Ja, er ist krank. Und wie! Selbst der Gedanke an den Tee ist wohl zu viel gewesen. Anton steht abrupt auf und verschwindet Richtung Toilette.

Jetzt ist Pedros Diagnose klar: *venganza de Moctezuma* – Montezumas Rache.

Finsterer Fürst und später Rächer: Montezuma

Er war Fürst der Azteken und hieß eigentlich Motēcuhzōma, was auf Nahuatl so viel heißt wie »Er schaut finster drein wie ein Fürst«, und mit Beinamen »der Jüngere« *(Xōcoyōtzin)*, um ihn von seinem gleichnamigen Vorgänger zu unterscheiden. Die Spanier machten aus dem schwer Auszusprechenden Moctezuma, bei uns wurde daraus Montezuma. Als die Spanier unter Cortés Anfang des 16. Jahrhunderts von Kuba aus nach Westen vorstießen, nahmen sie den Fürst gefangen. Später wurde er umgebracht. Es ist nicht eindeutig geklärt, ob von den Spaniern oder von seinen eigenen Untertanen, die sich gegen die Spanier auflehnten.

Zum Sieg der Spanier über die Azteken hat vermutlich beigetragen, dass sich viele der Azteken mit der bis dahin unbekannten

Pockenkrankheit infiziert hatten. Gefördert durch die dramatischen Umstände von Gefangenschaft und vom Tod Montezumas entstand so die Legende, der Aztekenfürst habe in seiner Todesstunde alle Eindringlinge mit einem Krankheitsfluch belegt, mit Montezumas Rache.

Sein Federschmuck, gewissermaßen seine Fürstenkrone, befindet sich im Wiener Völkerkundemuseum, eine Kopie wird im Anthropologischen Museum in Mexiko-Stadt ausgestellt.

Reingetreten

Fangen wir mit dem an, was Anton richtig gemacht hat. Getränke sollten tatsächlich ohne Eis bestellt werden, denn Wasser mit manchmal im doppelten Sinn »unklarer« Herkunft sollte man nicht zu sich nehmen. Fabrikneu verpacktes Mineralwasser ist natürlich etwas anderes.

Der *taco* war sicherlich auch kein Problem, aber was ist mit dem Hühnchenfleisch? Weil es sehr viel Eiweiß und meist wenig Fett enthält, ist Geflügel, nicht nur zu Diätzwecken, bei vielen Menschen beliebt. Der hohe Eiweißanteil macht es jedoch sehr leicht verderblich. Deshalb finden Sie in den Ratgeberspalten von deutschsprachigen Zeitungen und Zeitschriften immer wieder Hinweise zum richtigen Umgang mit Tiefkühlhühnchen (nicht bei Zimmertemperatur auftauen, ein Sieb verwenden, damit das Fleisch nicht mit der Tauflüssigkeit in Berührung kommt usw.). Bevor man Gerichte mit Hühner- bzw. allgemein mit Geflügelfleisch bestellt, sollte man kurz überlegen, ob die Lagerung und Zubereitung in diesem Fall wohl angemessen vorsichtig gehandhabt wurde.

In der Entwicklungsgeschichte des Menschen ist eine funktionierende Nase ein Evolutionsvorteil. Der Geruchssinn warnt uns, wenn es brennt, aber auch, wenn etwas so eigenartig oder gar eklig riecht, dass wir es unserem Verdauungsapparat und unserer Immunabwehr besser nicht zumuten sollten. Anton hätte auf seine Nase hören sollen, das hätte ihm viele Unannehmlichkeiten erspart.

Ein Problem – mehrere Ursachen

Vielleicht hat Anton Glück und er hat nur das, was man »Reisedurchfall« nennt. Denn Durchfall und Erbrechen treten auch bei schlimmeren Infekten wie Lebensmittelvergiftungen oder Salmonellen auf. Bei der Reisediarrhö macht die Darmflora des Reisenden mit Bakterien oder Viren Bekanntschaft, die ihr bisher völlig unbekannt waren oder mit denen sie früher einmal in Kontakt gekommen ist, die sie aber mittlerweile gewissermaßen vergessen hat. Da es sich um eine Art Darm-Fremdeln handelt, ist es kein Wunder, dass Menschen, die sich schon länger oder immer im Land aufhalten, von der Diarrhö verschont bleiben, selbst wenn sie das Gleiche gegessen oder getrunken haben wie der Neuling. Je exotischer das Land und die dort herrschenden Ernährungs- und Sauberkeitssitten, desto wahrscheinlicher ist, dass es zur Diarrhö kommt. Escherichia coli, Shigellen, Campylobacter, Amöben und andere: Es können sehr unterschiedliche Erreger sein, die sie verursachen.

Die Inkubationszeit, also die Zeit zwischen dem Kontakt mit den ungewohnten Kleinstlebewesen und den ersten Symptomen, beträgt wenige Stunden bis einige Tage. Die Weltgesundheitsorganisation (WHO) schätzt, dass zwischen 20 und 50 Prozent aller Reisenden weltweit an Reisediarrhö erkranken. Rund ein Fünftel von ihnen ist bettlägerig krank, ein Prozent aller Erkrankten muss sogar ins Krankenhaus. Für den Rest ist die Reisediarrhö v.a. unangenehm, nicht zuletzt weil sie den Bewegungsradius deutlich einschränkt. Meist ist das Ganze nach wenigen Tagen durchgestanden, aber immerhin bei acht bis 15 Prozent dauert es mehr als eine Woche, bei wenigen sogar länger als einen Monat, bis sie wieder vollständig gesund sind.

Wie brisant Durchfallerkrankungen sein können, zeigt die Vergangenheit: Bis in die 1960er-Jahre, bei Kindern sogar bis in die

1980er-Jahre, war in Mexiko Durchfall die häufigste Todesursache. Noch in den 1980ern starben jährlich rund 26.000 Kinder daran. Seitdem sind die Zahlen aufgrund besserer hygienischer Bedingungen und Gesundheitsversorgung drastisch zurückgegangen, aber immer noch fallen jährlich rund 3.000 Kinder den Durchfallerkrankungen zum Opfer.

Umgangen

Beim Umgang mit Speisen sollte man die alte Globetrotter-Weisheit berücksichtigen: *Boil it, peel it, cook it or forget it!* (Koch es, schäl es oder vergiss es!) Was man also nicht (ab-) kochen oder schälen kann, sollte man möglichst nicht verzehren. Nehmen wir zwei Beispiele: Bei Salat weiß man nicht, ob er mit Gülle oder Fäkalien gedüngt worden ist und ob das Wasser sauber war, in dem er gewaschen wurde. Bei Speiseeis kann man nie sicher sein, unter welchen hygienischen Bedingungen es hergestellt wurde und ob die Tiefkühlung lückenlos funktioniert hat. Auch Leitungswasser ist, sofern nicht abgekocht, riskant. Experten raten daher, sogar fürs Zähneputzen industriell abgefülltes Trinkwasser zu nehmen.

In den ersten Tagen ist man wegen der noch ungewohnten Bakterien und Viren, mit denen man in Kontakt kommt, besonders gefährdet. Allerdings sind die meisten Menschen in dieser Zeit auch noch besonders vorsichtig. Ist alles erst mal eine Zeit lang gut gegangen, begeht man schnell mal die eine oder andere Sünde. Ein kleiner Salat hier, ein leckeres Eis am Stiel dort. Was soll mir da schon passieren?

Manche Mexikoreisende empfehlen, beim Bestellen bevorzugt Gerichte zu nehmen, die *muy picante* (sehr scharf) sind, oder sogar mit Chilipulver und *salsas* (Soßen) nachzuwürzen. Auch ein *mezcal*-Schnäpschen vor dem Essen soll bei der Vorbeugung Wunder wirken. Richtig daran ist, dass unsere Magensäure mit kleinen Mengen vieler Erreger gut fertig wird und scharfes Essen oder Trinken die Produktion von Magensäure anregt. Eine wirkliche Versicherung gegen Durchfall bieten aber auch diese Tipps nicht, ebenso wenig wie die verschiedenen Medikamente, die es zur Vorbeugung gibt, von denen einige zudem erhebliche Nebenwirkungen wie eine drastisch gesteigerte Sonnenbrandgefahr mit sich bringen.

Wenn trotz Vorsicht oder auch trotz Gewöhnung etwas passiert, wenn also Montezuma zuschlägt, sollte man darauf achten, dass der Flüssigkeitsverlust ausgeglichen wird, und auch dabei natürlich die Globetrotter-Weisheit »*Boil it ...*« beachten, also beispielsweise Leitungswasser nur abgekocht trinken. Wenn die Erkrankung länger dauert und/oder man sich schwach und kraftlos fühlt, sollte man versuchen, dem Körper die durch den Durchfall verlorenen Salze durch Elektrolyt-Präparate oder Ähnliches zuzuführen.

8 Tante-Emma-Apotheke

Heilung all-inclusive

Als Anton von der Toilette zurückkehrt – mit einer ungesunden gelblich-wächsernen Gesichtsfarbe und kleinen Schweißperlen auf der Oberlippe –, ist Pedro schon wieder verschwunden. Zusammengesunken sitzt Anton nun vor dem leeren Frühstückstisch und versucht krampfhaft, per Selbstsuggestion den Würgreflex zu unterdrücken, der bei dem allgegenwärtigen Geruch nach Fett und Eiern automatisch wieder aufflammt. Innerlich verflucht er die *tacos*, Hernán Cortés, Moctezuma und überhaupt alles und jeden, der ihn nicht von der blödsinnigen Idee, nach Mexiko zu reisen, abgehalten hat. Und dabei hatte ihn Dr. Bronner doch sogar noch gewarnt, bei seinem empfindlichen Magen solle er besonders vorsichtig sein. Anton seufzt. Wenn doch nur Dr. Bronner hier wäre. Der würde ihn sicherlich in kürzester Zeit wieder auf die Beine bringen können, so wie er es seit Jahren bei jedem Husten und Schnupfen tut und auch bei den diversen beunruhigenden Selbstdiagnosen, mit denen Anton immer wieder seine Praxis aufsucht.

»Hör mal, mein Schwager ist *curandero* (Heiler).« Versunken in Selbstmitleid hat Anton gar nicht gemerkt, dass sich Pedro wieder zu ihm gesellt hat.

»Von ihm habe ich noch ein paar Kräuter, die sehr gut gegen Magenverstimmung helfen. Damit musst du dir einen

Tee zubereiten und ihn über den Tag verteilt trinken. Das wirkt Wunder!« Er legt ein Bündel Kräuter auf den Tisch, das Anton argwöhnisch begutachtet.

»Danke, das ist nett von dir. Werd ich ausprobieren.« Schließlich soll Pedro nicht denken, er sei undankbar, auch wenn er diesem ganzen Schamanenkram nichts abgewinnen kann. Schon Rosa hat damals in Deutschland vergeblich versucht, ihn von der alternativen Medizin und den heilenden Massagen der mexikanischen *curanderos* zu überzeugen, als er über Rückenschmerzen klagte. »Diese Wunderheiler sind doch alles Quacksalber«, winkte Anton damals bloß ab.

Curanderos: Esoterik oder Medizin?

In Mexiko vertrauen viele Menschen noch auf die traditionellen Heilmethoden der Maya und Azteken, im Falle einer Krankheit ist v.a. in ländlichen Regionen der *curandero* der erste Ansprechpartner. Diese Heiler trifft man auf Märkten und Dorfplätzen, oder der Kranke fragt einfach einen Dorfbewohner, der ihm fast immer die Adresse eines Heilers nennen kann. Das Tätigkeitsspektrum des *curandero* kann sehr breit sein, einige spezialisieren sich jedoch auch, so z.B. die *hueseros* (von Spanisch *hueso* – Knochen) auf das Richten von Knochen, andere wiederum auf Massagen oder Schwangerschafts- und Geburtsbegleitung.

Die Grundlage der traditionellen *curandero*-Medizin ist die Vorstellung vom Sein als einer Gesamtheit von Körper und Geist, d.h. dass bei der Heilung nicht nur die körperlichen Symptome, sondern auch die seelischen Ursachen behandelt werden. Daher ist das Gespräch zwischen *curandero* und Patient ein wichtiger Bestandteil der Diagnose und des Heilungsprozesses. Das Wissen um Heilmethoden und -mittel wird von Generation zu Generation weitergegeben.

Natürlich gibt es auch einige Quacksalber unter den *curanderos*, zumal sie keine offizielle Ausbildung benötigen, um diese Tätigkeit auszuüben. Da werden z.B. Sprays gegen Missgunst und Eifersucht verkauft oder Amulette gegen den bösen Blick.

Dennoch hat selbst die Schulmedizin mittlerweile den großen Nutzen der indigenen Heilkunst erkannt, die heilende Wirkung einiger traditioneller Mittel ist wissenschaftlich belegt und es gibt in Mexiko sogar zunehmend Kliniken, in denen Schulmediziner und *curanderos* zusammenarbeiten, u.a. in Chiapas, Puebla und Oaxaca. Auch an einigen Universitäten sind von *curanderos* geleitete Workshops zum Thema Heilen keine Seltenheit mehr.

Statt auf diese Kräuterteesache zu vertrauen, besorgt sich Anton lieber in einer der zahlreichen Apotheken in der Stadt ein richtiges Medikament. Nachdem er mit Mühe und Not Pedros Angebot, ihn zu seinem Schwager, dem *curandero*, zu bringen, entgangen ist – wer weiß, was der mit ihm angestellt hätte! –, macht er sich auf den Weg. Die Fahrt mit dem Taxi dauert eine gefühlte Ewigkeit und das ständige, für Mexiko-Stadt so typische Bremsen und Anfahren beansprucht Antons Magen und Psyche. Mit geschlossenen Augen lehnt er mit der Stirn an der kühlen Fensterscheibe und versucht, die Krämpfe in seinem Unterleib zu ignorieren.

»So, da sind wir. Hier gibt es so einige Apotheken.« Skeptisch blickt ihn der Taxifahrer an. »Sind Sie sicher, dass ich Sie nicht lieber zu einem Arzt bringen soll?«

Doch Anton winkt ab. Der Gedanke an eine weitere schaukelnde Fahrt durch das Straßengewirr von Mexiko-Stadt ist ihm unerträglich. Und außerdem will er jetzt einfach schnell irgendein wirksames Mittel – und das sollte es in der Apotheke doch schließlich geben!

Wackeligen Schrittes folgt er der Richtung, die ihm der Taxifahrer gewiesen hat. Plötzlich ertönt neben ihm laute Partymusik aus zwei großen Boxen am Straßenrand und eine dicke, grinsende Figur mit weißem Kittel und Schnäuzer drückt ihm eine Broschüre in die Hand. »*Farmacias simila-res*« steht in großen blauen Buchstaben darauf. Neben dem Schriftzug ist ein dickes, weiß bekitteltes und Schnäuzer tragendes Männchen abgedruckt, das eine erstaunliche Ähnlichkeit mit dem Verteiler der Broschüren aufweist.

»*¿Usted necesita la consulta médica?*« (Benötigen Sie eine medizinische Sprechstunde?) Man scheint Anton anzusehen, dass er Hilfe benötigt. Er nickt dankbar, wenn auch etwas irritiert, und das Männchen weist auf die Apotheke hinter sich, über der in Leuchtschrift der gleiche Schriftzug wie auf dem Flyer blinkt. Neben dem eigentlichen Geschäft erkennt er eine kleine Türe, über der »*Consulta*« zu lesen ist.

Mit weichen Knien – und das nicht nur wegen des Kreislaufs – betritt er schließlich den kleinen Raum hinter der Tür, eine Art Miniatur-Arztpraxis. In der Ecke steht eine Liege mit weißer Papierauflage, auf einem kleinen Tisch daneben warten ein Blutdruckgerät und ein Stethoskop auf ihren Einsatz. Auf einem niedrigen Drehhocker sitzt ein junger Mann in weißem Kittel, der gerade dabei ist, ein Formular auszufüllen. Als Anton den Raum betritt, schaut er auf und erhebt sich lächelnd, um ihm die Hand zu reichen.

»*Buenos días. ¿Con qué le puedo ayudar?*«

Womit er ihm helfen kann? Jetzt sind Antons pantomimische Fähigkeiten gefragt. Die Grenzen seines Spanischs sind schnell erreicht, doch das Zusammenkrümmen und das Deuten auf den Unterleib scheinen dem Arzt zu genügen. Er weist Anton an, sich auf die Pritsche zu legen, tastet seinen Bauch ab und lauscht durch das Stethoskop auf Herz-, Magen- und Darmgeräusche. Schließlich bedeutet er ihm, sich wieder aufzusetzen, und füllt einen Rezeptblock aus.

Nach knapp zehn Minuten steht Anton in der Apotheke und wartet darauf, dass die Apothekerin die zahlreichen Tabletten zusammengesammelt hat. Sein Blick fällt auf ein Regal voller Deos, Shampoos und Duschgels, neben ihm an der Theke steht ein kleiner Junge, der gerade ein Speiseeis auspackt, eine junge Frau bezahlt ein paar Postkarten, die sie dem Ständer an der Tür entnommen hat. Das soll eine Apotheke sein? Anton wird immer mulmiger zumute. Doch die Apothekerin drückt ihm die Tüte mit den verschiedenen Tabletten in die Hand, verlangt einen lächerlich niedrigen Preis und schon steht Anton wieder auf der Straße neben dem dicken Männchen, das unermüdlich seine Werbezettel verteilt.

Während der Rückfahrt zum Hotel wirft er einen beruhigten Blick auf die prall gefüllte Tüte und fühlt sich schon fast wieder gesund – auch wenn ihm die nächste Kurve das Huhn vom Vortag wieder unangenehm in Erinnerung und seine Zuversicht ins Wanken bringt.

Im Hotel angekommen empfängt ihn Pedro, der mit einem Blick auf die Tüte in Antons Hand nur mit Mühe ein Grinsen verbergen kann.

»Ach, du warst in der *farmacia*?«, fragt er grinsend. »Und wie viele Medikamente hat man dir in der *consulta* verschrieben?«

Ach was, das sind doch nur ... Anton zählt kurz die Packungen in der Tüte – »na ja, so etwa sechs?« Er spürt, dass er rot wird.

Reingetreten

»Wir wollen alles verkaufen, außer Bomben.« Dieser Ausspruch des Direktors der mexikanischen Apothekenvereinigung Anafarmex, Antonio Pascual Feria, ist bezeichnend für die Ausstattung mexikanischer Apotheken. In vielen Fällen erinnern sie eher an Gemischtwarenläden oder Drogerien, da man neben Arzneimitteln alles von Spielwaren über Bier und Eis bis hin zu Drogerieartikeln bekommt. Bis vor ein paar Jahren wurden hier sogar Zigaretten verkauft. Auch die Werbung der Apotheken entspricht oft nicht unserem Bild einer seriösen medizinischen Institution. Mit lauter Musik und sympathischen Maskottchen versucht man, die Kunden anzulocken. Mexikanische Apotheken sind, auch wenn sie zunächst vielleicht etwas ungewöhnlich anmuten, meist sehr gut ausgestattet. Viele Medikamente kann man hier, teilweise unter einer anderen als der bei uns bekannten Bezeichnung, zu einem weitaus günstigeren Preis als in Deutschland erstehen, häufig sogar rezeptfrei. Nicht selten werden die Mittel ohne Beipackzettel verkauft, sodass man sich genau erkundigen sollte, wie das jeweilige Medikament einzunehmen ist.

Anton ist davon ausgegangen, dass die mexikanischen ähnlich wie die deutschen Apotheken von ausgebildeten Fachkräften geleitet werden, die sich gut auskennen und zur Not auch einmal selbst eine Diagnose stellen und die entsprechenden Mittel empfehlen können – gerade wenn es sich um Standarderkrankungen wie Erkältung, verdorbenen Magen oder Ähnliches handelt. Laut Gesetz muss auch in einer mexikanischen Apotheke mindestens ein ausgebildeter *QFB*, also ein in den Fächern Chemie *(Químico)*, Pharmazie *(Fármaco)* und Biologie *(Biólogo)* Studierter, angestellt sein. De facto findet man jedoch auch viele Apotheken, in denen aus Kostengründen ausschließlich Ungelernte arbeiten. Für die Beratung der Kunden gibt es oft eine zur Apotheke gehörende medizinische *consulta*, in der man sich von einem Arzt, meist einem Berufsanfänger, untersuchen lassen kann – und dabei natürlich (oft mehrere) Mittel verschrieben bekommt, die in der Apotheke zu erstehen sind. Die Untersuchung dauert meist nur ein paar Minuten – und dabei steht eher das Verschreiben von Medikamenten als eine fundierte Diagnose im Mittelpunkt. Die kurze Untersuchung und die zahlreichen Medikamente hätten Anton eigentlich stutzig werden lassen sollen.

Umgangen

Mit einer so heftigen Magen-Darm-Erkrankung, wie sie Anton offensichtlich hat, ist nicht zu spaßen, gerade in den heißeren Monaten ist die Gefahr des Austrocknens sehr hoch, wenn man noch nicht einmal Flüssigkeit bei sich behalten kann. In diesem Fall sollte man sofort einen Arzt oder ein Krankenhaus aufsuchen, da meist nur eine Infusion die nötige Flüssigkeit liefern und den Mineralstoffhaushalt wieder aufbauen kann. Bei einer Lebensmittelvergiftung, aber auch wenn man sonstige Beschwerden hat, die sich nicht klar einordnen lassen, sollte man auf jeden Fall zuerst einen Arzt konsultieren und sich nicht auf die Schnelldiagnose in der *consulta* verlassen. Auch die anschließende medikamentöse Einstellung sollte besser in einer richtigen Praxis oder einer Klinik erfolgen, zumal es in den *consultas* vorkommen kann, dass man Medikamente für verschiedene Ursachen erhält, deren gleichzeitige Einnahme im günstigsten Fall nur ihre Wirkung verringern, im ungünstigsten Fall aber auch gefährlich sein kann. In fast jeder größeren Stadt findet man auch deutsche Krankenhäuser, allerdings muss man hier oft vorab bezahlen. Sie gehören meist zu den teureren privaten Kliniken, die sich die Einheimischen in der Regel nicht leisten können.

Gesundheitssystem in Mexiko

Seit den 1940er-Jahren gibt es in Mexiko eine am Bismarck'schen Vorbild ausgerichtete Sozialversicherung, die für alle abhängig Beschäftigten verpflichtend und im Vergleich zu anderen lateinamerikanischen Staaten und auch zu den USA als recht fortschrittlich anzusehen ist. Diejenigen, die als Schuhputzer, Haushaltshilfe oder Straßenverkäufer arbeiten, haben jedoch meist keinen Arbeitsvertrag und profitieren somit nicht vom Sozialversicherungssystem. Für sie kommt das mexikanische Gesundheitsministerium, also der Staat, mit eigenen Praxen und Kliniken direkt auf.

Die medizinische Versorgung ist in den Städten zwar gut, doch gerade in den ländlichen und indigen geprägten Regionen sind die Menschen oft von ärztlicher Betreuung ausgeschlossen, da es dort keine oder nur sehr wenige medizinische Einrichtungen gibt. Kein Wunder, dass gerade in diesen Regionen die traditionelle Medizin noch fest in der Gesellschaft verwurzelt ist.

Trotz diverser Mängel, v.a. in den öffentlichen Krankenhäusern, ist der Ruf der mexikanischen Kliniken gut. Insbesondere die neun Nationalinstitute, die sich auf die Behandlung besonders schwerer Erkrankungen spezialisiert haben, rangieren im internationalen Vergleich weit vorne. Die Kindersterblichkeit ist ähnlich niedrig und die Lebenserwartung ähnlich hoch wie in Europa.

9 Eine Straße für die Kinderhelden
Der große Bruder im Norden

Anton war begeistert vom Bus, mit dem er von Mexiko-Stadt nach Cholula gefahren ist. Aber jetzt hat er sich ein Auto gemietet. Er will mit Lily eine Spritztour machen.

»Hast du was dagegen, wenn ich Héctor frage, ob er mitfährt? Er kennt sich in der Gegend sehr gut aus und kann uns bestimmt einiges zeigen«, schlägt Lily vor.

»Klar, wenn er sich so gut auskennt, sollten wir ihn mitnehmen«, ist Anton einverstanden, hat aber Mühe, ein Grinsen zu unterdrücken. Seit er hier ist, hat er den Namen Héctor schon so oft von Lily gehört, dass ihm ein Kommentar auf der Zunge liegt. Aber den schluckt er lieber herunter. Leben und Gesundheit sind ihm zu wichtig, als dass er beides mit einer Bemerkung seiner temperamentvollen Nichte gegenüber aufs Spiel setzen würde. Außerdem findet er den jungen Mann sehr sympathisch.

Unterwegs machen die drei Halt in einem kleinen Städtchen, eigentlich nur um etwas zu trinken und zu knabbern einzukaufen. Doch kaum sind sie aus dem Mietwagen gestiegen, hören sie Blasmusik und Lautsprecherdurchsagen. Neugierig gehen sie dem Lärm nach und biegen nach kurzem Fußweg von der Hauptstraße in eine Seitenstraße ab. An der nächsten Straßenkreuzung sehen sie, woher die festlichen Geräusche kommen. Dort ist ein Überdach aus weißen Planen aufgestellt, darunter eine Bühne und Klappstühle, die in Reih und Glied zur Bühne hin ausgerichtet stehen. Über die Querstraße ist ein großes Transparent gespannt, auf dem »*Inauguración*« steht.

»Da wird etwas eingeweiht«, sagt Lily, und nun sehen sie auch schon, dass es die Straße selbst ist, die hier wohl aus der Taufe gehoben werden soll. Sie ist offensichtlich neu, aus ordentlich gegossenen, glatten Betonrechtecken, mit säuberlich gelb markierten Bordsteinen und frisch angepflanzten Bäumchen in kreisrunden Aussparungen auf dem Bürgersteig. Auch die einstöckigen kleinen Häuser, die die Straße säumen, scheinen neu gebaut zu sein. Manche sind unverputzte Ziegelbauten, andere sind grell bunt angestrichen.

Als sie näher kommen, sehen sie, dass die Blasmusik aus der Konserve kommt. Sie wird leiser gestellt, als ein Mann in Anzug und Krawatte die kleine Bühne betritt und das Mikrofon ergreift. Lily, Héctor und Anton setzen sich auf drei der wenigen noch freien Klappstühle und hören zu. Der Redner spricht zwar recht langsam und feierlich, doch Anton kann ihm nicht folgen und ist froh, dass Lily und Héctor abwechselnd für ihn, die eine ins Deutsche, der andere ins Englische, übersetzen.

»Anscheinend ist die Feier schon so gut wie vorbei«, flüstert Lily. »Er bedankt sich bei den *regidores*, den äh ... Gemeinderäten und der Verwaltung für ihre Reden und bei den Anwohnern dafür, dass sie gekommen sind. Wir haben heute, sagt er jetzt, die Straße der *niños héroes*, der Kinderhelden, eingeweiht und laden Sie alle herzlich ein, im Anschluss an die Zeremonie gemeinsam ein Stück *tarta mexicana*, eine mexikanische Torte, zu essen.«

»Und was ist eine mexikanische Torte?«, will Anton wissen.

»Keine Ahnung. Aber ich glaube, das werden wir gleich erfahren.«

Lily hat recht. Der Redner ist fertig und schon tragen festlich gekleidete Frauen mehrere große Bleche Kuchen herein, die dick mit Zuckerguss in den Nationalfarben Grün, Weiß und Rot überzogen und zusätzlich mit kandierten Früchten verziert sind. Das Publikum steht von seinen Klappstühlen auf und alle strömen nach vorne, wo sie mit *tarta* versorgt werden. Lily und Anton sind sich unschlüssig, ob es nicht unverschämt ist, wenn sie als Touristen, die mit der neu eingeweihten Straße nichts zu tun haben, auch für Kuchen anstehen. Sie bekommen die Entscheidung von Héctor abgenommen. Ohne nachzufragen ist er aufgestanden und bringt ihnen zwei in Serviette eingeschlagene Stücke mit. Mit Heißhunger beißen sie hinein.

»Mmmh, lecker!«, sagt Anton mit vollem Mund und zu Héctor gewandt: *»Excelente!«*

»Tiene razón – stimmt«, gibt Lily ihm Recht. »Sehr süß und ganz frisch.«

»Das ist ein Hefeteig«, sagt Anton fachkundig, »aber woraus ist die Füllung?«

»Das ist eine Vanillecreme mit Sahne«, weiß Héctor.

Schon sind Anton und er in eine Fachsimpelei über Blechund Kranzkuchen und Hefegebäck vertieft. Anton erfährt, dass es verschiedene Varianten von Füllungen gibt.

»Zum Dreikönigsfest backt meine Mutter einen Kranz aus Hefekuchen. Den füllt sie mit *cabello de ángeles*, Engelshaar. Das sind karamellisierte Fäden von Kürbisfleisch.«

Anton hat sich für diese Information gerade mit einem Kurzüberblick über Unterschiede und Gemeinsamkeiten zwischen *tarta mexicana* und Dresdner Stollen revanchiert, da nutzt Lily die kurze Atempause vor dem nächsten Rezeptaustausch und fragt: »Wer sind eigentlich diese *niños héroes*, nach denen die Straße hier heute benannt worden ist? Ich hab das als Straßennamen auch in anderen Orten schon gesehen.«

Mit der Präzision eines ausgebildeten Fremdenführers informiert Héctor: »Das waren sechs mexikanische Soldaten, die im Krieg gegen die Nordamerikaner das Chapultepec-Schloss in D.F. verteidigt haben und dabei ums Leben gekommen sind. Sie waren sehr jung, noch in der Ausbildung, der jüngste von ihnen war vierzehn, der älteste neunzehn Jahre alt. Deshalb heißen sie die *niños héroes*, die Kinderhelden. Nach ihnen sind viele Straßen, Plätze und Schulen benannt und jedes Jahr ist am 13. September ihr Gedenktag.«

»Und wie lange ist dieser Krieg her?«, fragt Anton jetzt interessiert.

»Schon eine Weile. Er dauerte von 1846 bis 1848. Die *gringos* haben sich damals die Hälfte unseres Landes unter den Nagel gerissen, einen Teil als Kriegsbeute, einen Teil haben sie mit Hilfe des korrupten Präsidenten Santa Ana ergaunert. Texas, Neu-Mexiko, Arizona, Nevada, Utah und noch mehr, das hat mal alles uns gehört. Die *niños héroes* haben 1847 das Schloss ganz alleine so lange es ging verteidigt. Um die Flagge vor den *gringos* zu schützen, hat sich einer der sechs sogar darin eingewickelt und sich dann vom Schlossdach gestürzt.« Héctor erzählt so lebhaft von diesen Ereignissen, dass man denken könnte, der Krieg sei erst seit Kurzem vorbei und er bedaure es, nicht selbst einer von den tapferen Helden gewesen zu sein.

Kindersoldaten? Helden? Die *niños héroes*

Die Kämpfe zwischen US-amerikanischen und mexikanischen Truppen fanden im September 1847 statt. Am 13. September fiel das Schloss, einen Tag später die ganze Stadt. Bei den Kämpfen ums Schloss starben sechs Kadetten. Allerdings waren sie keine Kinder, sondern eher Jugendliche oder eigentlich junge Erwachsene, da man in jener Zeit mit 15 Jahren häufig schon eine Familie gründete und auch sonst als erwachsen galt. Dass sich einer der sechs in die mexikanische Fahne gewickelt und vom Dach gestürzt hat, gilt mittlerweile als Mythos, also eine erfundene Geschichte, die sich aber gut erzählen lässt.

Es gibt nicht nur viele Straßen, Plätze und Schulen, die nach den *niños héroes* benannt sind, sondern auch Denkmäler, u.a. am Ort des Geschehens, dem Chapultepec-Park in Mexiko-Stadt, und den *altar de la patria* (Altar des Vaterlands) an der Plaza de la Constitución (Platz der Verfassung) im Stadtzentrum. In den 1990er-Jahren erinnerte zudem eine 50-Peso-Bimetall-Münze mit silbernem Innenteil an die *héroes*. Die intensive Kultivierung von Erinnerung und Verklärung begann schon wenige Jahre nach den Kämpfen.

»Ich versteh das nicht«, meint Anton, »das ist so lange her. Warum benennt man heute noch Straßen nach diesen jungen Leuten? In Deutschland ist das zum Glück schon ewig her, dass man so einen Blödsinn gemacht hat.«

Lily ist es unangenehm, dass Anton dabei ist, sich noch mehr zu ereifern, als er das bereits beim Thema Hefeteig getan hat. Aber bevor sie das Gespräch auf unverfänglicheres Terrain lenken kann, sind ihr Onkel und Héctor in eine lebhafte Diskussion verstrickt. Schließlich fragt Anton sein Gegenüber, ob die Mexikaner Feinde der *gringos* seien und deshalb die Erinnerung an diesen lange zurückliegenden Krieg und seine Helden wach hielten.

»Nein, überhaupt nicht. Wir sind Nachbarn und haben viele Verbindungen. Bei mir ist es zum Beispiel so, dass meine

Schwester und drei meiner Cousins in den USA leben. Mein Bruder will dieses Jahr auch dorthin. Und das ist in vielen anderen Familien ähnlich. Aber das hat doch mit der Erinnerung an die *niños héroes* nichts zu tun!«

Über die Grenze: Wanderungen von Süd nach Nord und umgekehrt

Etwa jeder zehnte Mexikaner lebt in den USA. 2008 wohnten über elf Millionen gebürtige Mexikaner in den Vereinigten Staaten. Mehr als die Hälfte von ihnen waren illegale Einwanderer, denen es gelungen war, die über 3.000 Kilometer lange Grenze an einer Stelle heimlich zu überqueren oder die irgendwann mit einem mittlerweile abgelaufenen Visum eingereist waren. Viele Mexikaner arbeiten im Norden als Ungelernte in der Landwirtschaft, auf dem Bau, in der Gastronomie oder als Haushaltshilfen.

Die US-Behörden versuchen mit drastischen Grenzkontrollen und Sicherungen durch Mauern und Zäune illegale Einwanderer und Schmuggler abzuhalten. Im ersten Jahrzehnt des 21. Jahrhunderts kamen jährlich rund 200 Menschen beim Versuch, die Grenze dennoch zu überwinden, ums Leben. Die meisten von ihnen waren Mexikaner. Mit Blick auf die hohen Zahlen von illegalen Auswanderern kursiert in Mexiko der sarkastische Witz: Weshalb nehmen die Mexikaner nicht mehr an den Olympischen Spielen teil? Antwort: Weil alle, die laufen und schwimmen können, in die USA abhauen.

Es gibt aber nicht nur den Drang von Süd nach Nord, sondern auch in umgekehrter Richtung, wenn auch bei Weitem nicht so umfangreich. Mit über fünf Millionen Urlaubern pro Jahr stehen Besucher aus den USA unangefochten auf Platz eins der mexikanischen Tourismus-Statistik (die deutschen Urlauber kommen auf Platz sechs). Aber nicht nur für den Urlaub, sondern auch für einen längeren Aufenthalt ist Mexiko attraktiv. Mittlerweile leben dort nach offiziellen Angaben mehr als 730.000 US-Amerikaner, viele von ihnen sind Rentner, die des Klimas und der meist kostengünstigeren Lebensbedingungen wegen nach Mexiko gekommen sind.

Reingetreten

Anton hätte den Kuchen herunterschlucken sollen, bevor er ihn gelobt hat. Mit vollem Mund spricht man nicht. Das gilt auch in Mexiko. Andererseits ist so ein Straßenfest, bei dem man Kuchen ohne Besteck futtert, nicht unbedingt ein Anlass, bei dem exquisites Benimm verlangt wird. Problematischer ist sein vehementer Einstieg in das Gespräch über die *niños héroes* mit dem Hinweis auf deutsche Erfahrungen und Fortschritte. Zum Glück, kann man hier sagen, liegt Deutschland so weit von Mexiko entfernt, sonst wäre das Prahlerische »Bei uns ist das ewig her, dass wir so einen Blödsinn gemacht haben« noch etwas peinlicher.

Umgangen

Geschichten wie die von den *niños héroes* sind interessant und aufschlussreich, weil sie einiges über das Land verraten, in dem sie erzählt werden. Der historische Wahrheitsgehalt solcher Geschichten muss nicht unbedingt hoch sein, wahre Geschichten lassen sich oft nicht so gut und vor allem so lehrreich erzählen wie ganz oder teilweise erfundene. Die Geschichte der *niños héroes* passte und passt offenbar gut zu einer in Mexiko weit verbreiteten Einstellung, dem mächtigen Nachbarn im Norden rettungslos unterlegen zu sein und sich ihm trotzdem nicht zu beugen. Legendär und tausendfach zitiert (und auch persifliert) ist der Ausspruch des mexikanischen Präsidenten Porfirio Díaz (1830–1915), der das Land 31 Jahre lang regierte: »Armes Mexiko! So weit von Gott und so nah an den Vereinigten Staaten!« Zu diesem Bild trotziger

Unterlegenheit passt eine Geschichte über Kinder, die sich opfern, und einen jungen Märtyrer, der sich für die Flagge in den Tod stürzt, besser als eine etwas mehr der Wahrheit entsprechende Geschichte.

Als Harry S. Truman 1947 als erster US-Präsident Mexiko besuchte, scherte er sich übrigens nicht um die Frage, was Legende und was Wahrheit ist. Er legte am Denkmal für die *niños héroes* einen Kranz nieder. Den amerikanischen Reportern, die ihn fragten, weshalb er das getan habe – immerhin waren die dort Geehrten ja im Kampf gegen US-Amerikaner gestorben –, gab er zur Antwort: »Ich respektiere Tapferkeit, gleichgültig wo ich sie sehe.«

10 Back mir das Brot vom Tod

Der Tag der Toten

»Wir sind heute eingeladen, zu einer *fiesta de preparación*.« Zu einer *fiesta* geht Anton immer gern, aber er versteht nicht, um was es hier geht. »Zu einer was?«, fragt er Lily.

»Zu einem Vorbereitungsfest. Bald ist doch November und am Ersten und Zweiten wird der *día de los muertos* gefeiert.«

Vom Tag der Toten hat Anton schon einiges gehört. Er ist gespannt darauf, ihn live zu erleben. Aber eine Vorbereitungsparty, das ist ihm neu.

Der *día de los muertos*

Die UNESCO hat ihn zum Weltkulturerbe erklärt, den *día de los muertos*, der am 1. und 2. November gefeiert wird. Auf den ersten Blick sind das die typisch katholischen Feiertage Allerheiligen und Allerseelen, an denen auch in anderen Ländern der Heiligen und der Toten gedacht wird und die Gläubigen beten, dass die Seelen nicht zu lange im Fegefeuer gequält werden.

Neben den christlichen Elementen hat der *día de los muertos* aber auch kräftige indigene Wurzeln, die ihn prägen und die dazu beitragen, dass er in den einzelnen Regionen auf unterschiedliche Art begangen wird. Außerdem ist er, anders als das in katholischen Gegenden Deutschlands bekannte Allerseelen, weniger ein Tag des stillen oder gar traurigen Gedenkens als ein bunter und für Außenstehende manchmal etwas schräger Festtag. Beim Besuch der Verstorbenen und der Bewirtung der Toten *(ofrenda)* geht es bunt und laut zu und es wird ordentlich geschmaust und gerne auch einiges getrunken.

Dass der *día de los muertos* zum Weltkulturerbe erklärt wurde, ist ein Indiz dafür, dass er für bedroht gehalten wird. Der US-Import Halloween, übrigens auch mit religiösen Ursprüngen als Allerheiligen-Vorabend, hat ähnlich wie in Deutschland in Mexiko an Bedeutung gewonnen.

»Das ist kein offizielles Fest«, klärt Lily ihn auf. »Pablo und Juan hatten wohl vor ein paar Jahren die Idee, zu einer *fiesta de preparación* einzuladen. Das kam offenbar so gut an, dass sie das seitdem jedes Jahr veranstalten. Ich weiß auch nicht so genau, was sie da machen. Aber alles steht im Zeichen des *día de los muertos*. Und du als mein Onkel bist ausdrücklich mit eingeladen. Hectór wollte mir nichts verraten. Du wirst schon sehen, hat er gesagt.«

»Ach, Héctor geht mit?«, stellt sich Anton überrascht, wobei er ein bisschen übertreibt.

Lily tut, als würde sie nicht merken, dass er sie aufzieht. »Ja, klar geht Héctor mit. Es sind ja auch seine Freunde. Simon kann nicht, er muss für die Klausur lernen.«

Heute ist es so weit. Anton hat sich in Schale geschmissen, als er Lily und Héctor abholt. »Meint ihr, ich bin overdressed?« Lily kann die Frage nicht beantworten, auch für sie ist es ja das erste Mal, dass sie zu so einer *fiesta* geht. Und Héctor zuckt nur die Achseln.

Was Lily und Anton dann erleben, ist eigentlich eine ganz normale Party. Es läuft Musik, es wird gegessen und getrunken. Allerdings verraten die Dekoration und die Garnierungen des Buffets, wo Motive von Knochen und Skelettschädeln immer aufs Neue variiert werden, aber auch die Kuchen und Brötchen in Schädelform, den Anlass des Fests. Plötzlich entdeckt Anton auf einer der Servierplatten etwas, was ihm das Herz stocken lässt: Auf einem der faustgroßen Totenschädel aus Zuckerguss prangt deutlich sichtbar sein Name. Und direkt daneben auf einem weiteren Schädel aus farbigem Zuckerguss, liebevoll mit der Tülle aufgetragen: »Lily«.

»Hast du das gesehen?«, wendet er sich empört an seine Nichte, die gerade einen kräftigen Bissen *tortilla* mit einer Füllung aus *frijoles* (Bohnen) genommen hat. »Das ist so was von geschmacklos! Es ist ja in Ordnung, dass man der Toten gedenkt. Aber wir leben noch und wir sind hier Gäste. Ich finde: Das gehört sich nicht!«

»Mmmpf.« Lily hat den Mund noch so voll, dass man zunächst nur an Gestik und Mimik erkennen kann, dass sie das etwas anders sieht. Sie kaut und kaut und schluckt. »Ich kann mir nicht vorstellen, dass das böse gemeint ist. Guck mal, auf den anderen Schädeln stehen auch Namen.«

Richtig. Anton stellt fest, dass es für jeden Besucher einen eigenen Totenkopf gibt. Fein säuberlich aufeinandergestapelt liegen sie da, und auch die Gastgebernamen sind vertreten in dieser kalorienreichen Schädelstätte der Zuckerbäckerkunst.

Ein Skelett? Wie süß! Das Zubehör des *día de los muertos*

Zum *día de los muertos* gehören spezielle Backwaren wie das Totenbrötchen *pan de muerto* und Süßigkeiten, v.a. die *calaveras de dulce*, die Zuckerschädel. Die *calaveras* tragen die Namen von Verstorbenen, von deren Verwandten sie am *día de los muertos* verspeist werden. Als leicht schwarzhumorige Variante gibt es *calaveras*, die die Namen noch lebender Menschen tragen. Zum *día de los muertos* gehören auch kleine Sinnsprüche (*De aquí a cien años, todos seremos pelones* – In hundert Jahren haben wir alle eine Glatze) und Nachrufe für die Toten – manchmal auch für Lebende.

Verbreitet sind außerdem Altäre für die Toten, die es in verschiedenen, zum Teil auch regional geprägten Varianten gibt und die zu Hause aufgebaut werden. Es gibt Altäre mit zwei, drei oder mehr Etagen und allerlei Zubehör, zu dem immer Bilder der Verstorbenen, Blumen, Kerzen, aber auch Essen und Getränke, gerne auch Alkoholisches, gehören. Essen und Trinken spielen am *día de los muertos* überhaupt eine so große Rolle, dass man sagen kann: Liebe geht durch den Magen, auch die zu den Verstorbenen. Es gibt viel christliche, aber auch nichtchristliche bzw. sehr weltliche Symbolik. Rosenkränze, Heiligenbilder und Kreuze finden sich neben Püppchen der mexikanischen Xolo-Hunderasse, die den Gott Xólotl repräsentieren, daneben Geld und Kleidung, die dem Verstorbenen einen komfortablen Aufenthalt im Jenseits ermöglichen sollen.

Reingetreten

In Deutschland wird manchmal beklagt, dass man das Thema Tod möglichst vermeidet und es im Alltag lieber umgeht. Derartiges kann man von Mexiko und den Mexikanern nicht sagen. Gevatter Tod oder die weibliche mexikanische Variante *La Catrina*, eine berühmte und oft kopierte und variierte Schöpfung des Karikaturisten José Guadalupe Posada, sind allgegenwärtig, nicht nur am 1. und 2. November. Skelett-Karikaturen und allerlei Nahrungsmittel oder Gebrauchsgegenstände variieren das Thema Tod. Dabei geht es nicht immer ernst und still zu, sondern oft auch schrill und laut, bisweilen mit einem Schuss Sarkasmus.

Umgangen

Manchmal hilft es ja, wenn man ehrlich mit sich selbst ist. Hat das Thema Tod nicht generell eine gewisse schaurige Attraktivität, die noch dadurch gesteigert wird, dass mit dem Thema etwas anders als gewohnt umgegangen wird? Denken Sie nur an das rege Interesse und die heftigen Kontroversen, die Gunther von Hagens' Körperwelten-Ausstellungen in Deutschland ausgelöst haben. Und auch der schwarzhumorige Umgang mit Tod und Sterben ist uns in Deutschland nicht völlig unbekannt (»Hier liegen meine Gebeine. Ich wollt', es wären deine«). Wenn Sie also unerwartete oder auch unerwünschte Begegnungen der Art haben wie Lily und Anton, versuchen Sie es als eine interessante Erfahrung zu sehen. In der mexikanischen Kultur nimmt das Thema einen breiteren Raum ein, als wir es gewohnt sind, und das eröffnet eine Menge von Möglichkeiten, sich mit ihm auseinanderzusetzen, lustige, sentimentale, ironische, aber auch leckere.

Wenn Sie also mal einen Marzipan-Totenkopf mit Ihrem Namen in die Hand gedrückt bekommen, denken Sie an das mexikanische Sprichwort »Lo que no mata, engorda« (Was uns nicht umbringt, macht uns dicker) und beißen Sie herzhaft hinein!

11 Quälende Kunst

Darf man zum Stierkampf gehen?

Der riesige Stier rast wie von einem Katapult geschleudert quer durch die Arena auf den Torero zu. Der senkt im letzten Augenblick das purpurne Tuch und gleitet elegant zur Seite. Aus Hunderten Kehlen ertönt ein »¡Ooolééé!«. Diesmal ist der Ruf noch lauter als die bisherigen Male. Die Blasmusik – seit einigen Minuten spielen die Trompeten und Trommeln einen Paso Doble – schwillt an, doch ansonsten wird es stiller. Die ganze Zeit war ein vielstimmiges Gemurmel zu hören, einige Zuschauer kommentierten den Kampf, andere schwatzten mit ihren Nachbarn. Jetzt ist all das verstummt. Bis auf ein kollektives »¡Olé!«, das jedes besonders wagemutige oder elegante Manöver begleitet, und ein deutlich hörbares gemeinsames Nach-Luft-Schnappen, wenn der Stierkämpfer den bedrohlichen Hörnern um Sekundenbruchteile entkommt, schweigt alles gebannt. Selbst die Bauchladenverkäufer, die gerade noch lautstark Getränke und Snacks angepriesen haben, scheinen ihr Geschäft vergessen zu haben. Lily spürt: Das Drama nähert sich seinem Höhepunkt.

Den Rücken durchgedrückt stolziert der Matador jetzt wieder auf den schnaubenden und mit den Vorderhufen scharrenden Koloss zu und lässt sein Tuch fast zärtlich über Schädel und Nacken des Tieres gleiten. Das schüttelt unwillig den

Kopf, um den lästig kitzelnden Lappen loszuwerden. Unvermittelt setzt es erneut zum Angriff an. Der Matador hat das kommen sehen. Mit einer kaum wahrnehmbaren Bewegung schwebt er zur Seite und lässt die Attacke ins Leere laufen.

Jetzt wedelt und lockt er und führt den Stier im Kreis um sich herum, so dicht, dass es scheint, als würden die beiden miteinander Paso Doble tanzen. Ein ungleiches Paar: der elegante Torero in knappem Westchen und hautengen Hosen, auf dem Kopf ein neckisches, schwarzes Käppchen und an den Füßen Schuhe oder besser gesagt Schühchen, die er von einer Ballerina ausgeliehen haben könnte; dagegen der Stier: Er ist zwar für seine wuchtige Statur sehr flink auf den Beinen, aber im Vergleich zu seinem »Tanzpartner« wirkt er unbeholfen und grobschlächtig. Immer waghalsiger wird der Matador, ungestüm und scheinbar unermüdlich versucht der Stier seinen Gegner zu erwischen.

»Ich glaube, jetzt guckst du besser weg. Jetzt kommt gleich das Ende«, zeigt sich Simon besorgt, doch Lily scheint ihn gar nicht zu hören. Gebannt starrt sie auf das Drama, dessen letzter Akt jetzt zu Ende geht.

Dabei hat Simon sie sogar noch überreden müssen mitzugehen. »Wenn du Mexiko richtig kennenlernen willst, musst du mal zum Stierkampf gehen. Ich war beim ersten Mal auch skeptisch, aber du wirst sehen: Das ist echt spannend.«

Schließlich hat Lily eingewilligt. Sie hätte Héctor gern dabei gehabt, auch damit er ihnen das eine oder andere erklären könnte, aber der würde erst abends von einem Besuch bei seinen Eltern zurückkommen.

Endlich macht der Torero dem ungleichen Kampf ein Ende. Mit einer raschen Bewegung versenkt er seinen Degen im Stiernacken und ist schon längst wieder zur Seite getänzelt, als das schwere Tier vorne in die Knie bricht, kurz versucht, wieder aufzustehen, dann aber auf die Seite sackt und verendet.

Die Zuschauer hält es nicht mehr auf ihren Plätzen. Sie springen auf, sie jubeln, sie klatschen und viele beginnen Taschentücher zu schwenken, manche winken mit zwei Tüchern, Lily mitten unter ihnen. Unter frenetischem Applaus schreitet der Matador sich immer wieder huldvoll verneigend das Rund der Arena ab. Schließlich blicken alle Zuschauer auf die Tribüne, auf der, wie Lily schon registriert hat, eine Art Kampfrichter sitzt. Das Taschentücherwinken wird noch heftiger und man hört Sprechchöre, die »¡oreja, oreja!« (Ohr, Ohr!) oder »¡rabo, rabo!« (Schwanz, Schwanz!) rufen. Der Kampfrichter erhebt sich langsam von seinem Sitz und reckt die Hände in die Höhe, in denen er jetzt ebenfalls zwei Taschentücher hält.

»Das bedeutet: Der Matador bekommt beide Ohren des Stiers als Anerkennung für den guten Kampf. Ein Ohr wäre ein ›Befriedigend‹«, erklärt Simon.

Der Kampfrichter setzt sich wieder hin. Die Zuschauer toben und pfeifen, fast alle rufen: »¡rabo, rabo!«.

»Und was ist jetzt los? Fanden die den Kampf nicht gut?«, fragt Lily.

»Ganz im Gegenteil. Sie wollen, dass er auch noch den Schwanz bekommt. Das ist die höchste Auszeichnung.«

Immer wütender fordern die Zuschauer diese Belohnung. Doch unerschütterlich hockt der Richter auf seinem Platz. Dann erhebt er sich doch, aber ganz langsam, und streckt wie in Zeitlupe den rechten Arm in die Luft. In der Hand hält er jetzt ein grünes Tuch, mit dem er einmal leicht wedelt. Das genügt, um das Pfeifen und Buhen in einen Begeisterungssturm und die Arena in einen Hexenkessel zu verwandeln.

Der Stierkampf und seine Ordnung

Für die Gegner ist der Stierkampf ein barbarisches Tötungsritual, seine Anhänger betrachten ihn als Sport mit festen Regeln und klaren Vorstellungen darüber, wie er betrieben werden soll und mit welchen Maßstäben man beurteilt, ob es sich um einen guten, einen mittelmäßigen oder um einen schlechten Kampf handelt. In Gesetzen und Verordnungen sind die Stierkämpfe detailliert geregelt, von den Aufgaben des Platzrichters (juez de plaza) und des Veterinärs, die Einrichtung der Stierkampfarenen (die größte der Welt ist die Monumental Plaza de Toros México in der Hauptstadt mit bis zu 50.000 Plätzen) bis hin zu Details des Stierkampfes selbst. Es gibt eine Fülle von Regeln, von Varianten und von Fachbegriffen für die Stierkämpfe, aber auch für Zucht, Auswahl und Vorbereitung der Stiere, die Ausbildung und Eignung der Toreros und für vieles weitere. Wahre aficionados (Fans) wissen genau, wann und warum sie mit ¡Olé! Beifall spenden oder missbilligend zischen, pfeifen oder zur Strafe von Stümpern in der Arena einfach schweigen.

Bei den Stierkämpfen wird unterschieden zwischen den streng geregelten corridas und novilladas sowie den weniger streng geregelten festivales taurinos und den becerradas mit Kälbern. Corridas sind Stierkämpfe mit ausgewachsenen Tieren und novilladas mit Jungstieren, die von den Züchtern nicht für so aussichtsreich gehalten werden, dass sie sie erst erwachsen werden lassen. Bei einer Veranstaltung werden meist sechs Stiere getötet. Jeder einzelne Kampf wird in tercios (Drittel) unterteilt. Im ersten tercio provoziert der matadero bzw. der novillero genannte matadero-Novize mit dem capote, einem großen Tuch, den Stier und macht sich dabei mit dessen Verhalten vertraut. Die picaderos (Lanzenreiter) verletzen die Nacken- und Schultermuskeln des Stiers so stark, dass er den Kopf fortan gesenkt hält. Im zweiten Teil locken die banderilleros den Stier zu Angriffen, um im letzten Moment zur Seite zu springen und ihm dabei mit Widerhaken versehene und mit bunten Bändchen (banderillas) geschmückte Spieße in den Rücken zu stoßen. Das schwächt den Stier und reizt ihn gleichzeitig. Im letzten *tercio*, das *faena* (Arbeit, Leistung) genannt wird, tritt der *matadero* wieder auf, diesmal allein. Er reizt den Stier mit der *muleta*, einem kleineren Tuch, und versetzt ihm schließlich mit seinem Degen den Todesstoß.

Wenn ihm dies präzise und rasch gelingt und wenn er zuvor durch waghalsige und elegante Aktionen aufgefallen ist, kann es sein, dass ihm der Platzrichter zur Belohnung ein Ohr, beide Ohren oder sogar den Schwanz des getöteten Tieres zuspricht. Wenn er versagt, die geeignete Stelle für den rasch wirkenden Todesstich verpasst und das Tier erst nach noch quälenderen weiteren Stichen und mit vereinten Kräften der Helfer getötet wird, quittiert das Publikum das mit gellendem Pfeifen und ignoriert auch immer wieder mal, dass es eigentlich per Gesetz verboten ist, Gegenstände – besonders beliebt sind hier die Sitzkissen – in die Arena zu werfen. Besonders kampflustige Stiere werden nach ihrem Ableben von Pferden oder Maultieren durch die Arena geschleift, eine Ehrung, auf die die Tiere vermutlich im Tausch gegen weiteres sorgenfreies Leben auf den großzügigen Weiden gerne verzichten würden.

Lily ist noch ganz benommen, als sie spät abends zu Hause die Wohnungstür aufschließt und mit Simon in die Küche geht. Héctor muss kurz vor ihnen vom Heimatbesuch zurückgekommen sein, er räumt gerade Gläser mit eingeweckten Paprika, einen Stapel sorgfältig in Papier eingeschlagene *tortillas* und andere Lebensmittel aus einer großen Tasche.

»Meine Mutter hat immer Angst, ich könnte verhungern«, erklärt er grinsend den Proviant, der für eine längere Polexpedition ausreichen würde. Er gibt Lily einen Kuss – was ihr vor Simon immer noch ein bisschen unangenehm ist, er weiß schließlich erst seit Kurzem von dem gewandelten Verhältnis seiner beiden Mitbewohner.

»Und, was hast du Neues erlebt?«, fragt Héctor sie, während er weiter ausräumt.

Als hätte Lily nur darauf gewartet, sprudelt es aus ihr heraus. Vom Stierkampf, und dass sie sich anfangs gesträubt hätte mitzugehen, sich dann aber gesagt hätte, wenn sie schon mal in Mexiko sei, müsse sie das auch kennenlernen. Mit vielen Details gespickt lässt sie die erlebten Kämpfe einzeln Revue passieren, und Simon gelingt es allenfalls in die winzigen Pausen, in denen Lily Luft holt, ein zustimmendes »Genau« oder »Stimmt« zu zwängen, ansonsten ist er zum Stummsein verurteilt.

»Also, ich fand's toll«, schließt Lily ihren Bericht. »Gehst du eigentlich oft zu Stierkämpfen?«, will sie von Hectór wissen.

Statt ihr zu antworten, holt Hectór für sich und seine beiden Mitbewohner drei Flaschen Bier aus dem Kühlschrank, stellt sie auf den Küchentisch und setzt sich.

»*Bueno*«, sagt er gedehnt, »das ist ein bisschen kompliziert. Ich war schon mal bei einer *corrida*, aber ehrlich gesagt ...«

Reingetreten

Hectór scheint Lilys Begeisterung nicht zu teilen. Das ist auf den ersten Blick überraschend. Der Mexikaner an sich, zumal der männliche, könnte man annehmen, ist Stierkampf-Fan. Das ist oft nicht so, zumindest nicht zwangsläufig. Meinungsumfragen ergeben ein wechselndes Bild, je nach Auftraggeber und Methode der Befragung ist die Mehrheit mal für, mal gegen ein Verbot von Stierkämpfen. Auf jeden Fall sind aber viele Mexikaner keine Anhänger oder sogar erklärte Gegner des blutrünstigen Schauspiels. In den Medien, den politischen Gremien und den Parteien wird immer wieder gestritten, ob

Stierkämpfe nicht verboten werden sollten oder ob man nicht zumindest die staatliche Unterstützung dafür streichen sollte.

Als im spanischen Katalonien nach heftigen öffentlichen Debatten der Stierkampf zum 1. Januar 2012 verboten wurde, löste das auch in Mexiko verstärkte Diskussionen darüber aus, ob man diesem Beispiel folgen solle. Bisher hat man das nicht getan, obwohl es durchaus entsprechende parlamentarische Initiativen gab.

Es war ein bisschen naiv von Lily anzunehmen, dass Hectór, nur weil er Mexikaner ist, ein eifriger Besucher von *corridas* sei. Wir können verraten: Er ist sogar ein dezidierter Gegner der *tauromaquia*. Allein aus (mexikanischer) Höflichkeit gegenüber dem Gast aus Deutschland und vielleicht auch, weil er Lily *muy simpática* findet, wählt er zunächst eine sehr vorsichtige Form, das zum Ausdruck zu bringen.

Umgangen

Ob man beim Mexiko-Besuch zum Stierkampf geht oder nicht, muss jedem selbst überlassen bleiben. Wenn Sie sich in Gesprächen auf dieses an Fettnäpfchen nicht arme Gebiet trauen, werden Sie vermutlich manchmal auf Befürworter, manchmal auf Gegner treffen.

Die Gegner weisen unter anderem darauf hin, dass der sogenannte Kampf eigentlich keiner ist, weil das Ende sowie Sieger und Verlierer von vornherein feststehen. Dem Matador, der scheinbar so furchtlos dem mächtigen Stier gegenübersteht, springen, wenn's brenzlig wird, Helfer zur Seite, und er kann sich hinter die Barrieren flüchten. Dem Tier werden systematisch Wunden und Schmerzen zugefügt und es durchlebt extremen Stress, bevor es schließlich getötet wird, wenn es Glück hat rasch von einem fähigen Matador, im ungünstigen Fall im Wortsinne »quälend« langsam von einem Stümper und seinen Helfershelfern.

Die Befürworter führen ins Feld, dass es sich um eine in Mexiko fast fünfhundert Jahre alte Tradition und Kultur handelt, die im Übrigen den Fortbestand von Rinderrassen sichert, die sonst mangels Verwendung längst ausgestorben wären. Außerdem, so die Befürworter, wachsen die Stiere unter für Nutztiere traumhaft großzügigen Verhältnissen auf riesigen Weiden weitgehend ungestört auf, sind also nicht dem Dauerstress ausgesetzt, den Milch- oder Schlachtvieh häufig eingepfercht erleidet.

Diese und andere Für- und Wider-Argumente würden wir hören, wenn wir die abendliche Debatte in der WG-Küche, die langsam in eine nächtliche Debatte übergeht, weiter verfolgen würden. Simon übermannt schließlich die Müdigkeit, er fühlt sich ohnehin von Anfang an außen vor, und geht zu Bett, doch Héctor und Lily diskutieren noch lebhaft weiter. Irgendwann aber spielt zwischen ihnen in dieser Nacht die Frage, ob man zum Stierkampf gehen darf oder nicht, zum Glück keine Rolle mehr.

12 Kloster Mama

Als Paar im Elternhaus

Wo bleibt Héctor bloß? Lily nestelt nervös am Reißverschluss ihrer Reisetasche herum. Es ist der erste Besuch bei Héctors Eltern, und Lily könnte sich dafür ohrfeigen, zugesagt zu haben – was soll sie da? Und dann noch ein ganzes Wochenende! Stattdessen könnte sie jetzt entspannt mit Simon und den anderen am Pool in der Sonne liegen und heute Abend mit allen im Hof grillen. Als sie schon drauf und dran ist, ihre Reisetasche wieder auszupacken, hört sie Héctor die Treppe hochsprinten.

»*Lo siento*« (Es tut mir leid), schnauft er, als er zu ihr in die Küche gestürmt kommt. »Es hat doch alles länger gedauert als gedacht. Aber jetzt können wir los.«

Die ganze Fahrt über bringt sie vor Nervosität kaum einen Ton heraus und auch Héctors Versuche, sie in ein Gespräch zu verwickeln, verlaufen ziemlich erfolglos, sodass er sich schließlich darauf beschränkt, ihr von Zeit zu Zeit einen aufmunternden Blick zuzuwerfen. Kurz bevor sie Oaxaca erreichen, würde Lily ihm am liebsten vorschlagen, sofort wieder umzudrehen – die anderen sind jetzt bestimmt schon beim Grillen –, aber es ist zu spät. Schon hält das Auto vor dem Haus seiner Eltern, das sie bereits von Fotos kennt.

Kaum sind sie ausgestiegen, wird das Gittertor geöffnet und ein kleiner Hund stürmt kläffend aus dem Hof heraus auf sie zu. Héctor stellt Lilys Reisetasche ab und greift sich den quirligen Kleinen, der unter Héctors Liebkosungen gar nicht mehr aufhört zu bellen. Mit dem lärmenden Hund in der einen und Lilys Reisetasche in der anderen Hand läuft er voraus in Richtung Hof, Lily folgt ihm zögernd. Das hohe eiserne Gitter sieht nicht sehr einladend aus, und außerdem hat sie gerade in der Toröffnung eine kleine, etwas rundliche Frau entdeckt – Héctors Mutter. Nachdem diese ihren Sohn mit einer überschwänglichen Umarmung begrüßt und ihm mehrere schmatzende Küsse auf die Backen gedrückt hat, mustert sie Lily mit einem eingehenden Blick und haucht, nachdem Héctor sie mit den Worten *»Y élla es Lily«* vorgestellt hat, schließlich auch einen angedeuteten Kuss irgendwo in die Luft neben Lilys Wange.

»Encantada«, bemerkt Lily wohlerzogen, obwohl sie sich noch gar nicht so sicher ist, ob sie wirklich erfreut sein soll, Frau Ortiz kennenzulernen – die erste Begegnung scheint zumindest eher unterkühlt. Na ja, es kann nur besser werden, versucht sie sich selbst Mut zuzusprechen. Oder aber das Wochenende wird ein Desaster. Über diese Möglichkeit will sie lieber nicht zu lange nachdenken.

Zunächst jedoch scheint alles recht harmlos zu starten. Héctors Vater ist noch bei der Arbeit und Frau Ortiz schlägt ihnen vor, doch einen Spaziergang zu machen, während sie mit der *muchacha* (hier: dem Dienstmädchen) das Abendessen zubereitet. Lily ist froh, noch eine Gnadenfrist zu bekommen, bevor es so richtig an die Familieneinführung geht. Nun schlendert sie also mit Héctor durch die kleinen kopfsteingepflasterten Gässchen Oaxacas und genießt nach der Autofahrt die Bewegung an der frischen Luft. Man merkt, dass Nachmittag ist und einige Leute bereits Feierabend haben.

Am *zócalo* ist einiges los. Ein paar Künstler versuchen selbstgemachten Schmuck, Kleider und Schwarz-Weiß-Fotografien an den Mann oder die Frau zu bringen, einige weniger künstlerisch Veranlagte versuchen dasselbe mit gebrannten CDs, ein Luftballonverkäufer kämpft mit seiner schwebenden Ware und an einem kleinen Stand, aus dem es nach gebratenem Fleisch und Gewürzen duftet, stehen ein paar Hungrige Schlange. In den Cafés sitzen Touristen neben Einheimischen und genießen den lauen Spätnachmittag bei einem Glas *agua de Jamaica* oder einer kühlen *horchata*.

Erfrischend mexikanisch

Als *horchata* wird im Spanischen ein milchartiges Getränk bezeichnet, dessen Basis aus zerstampften Nüssen, Samen oder Früchten besteht. Diese werden zunächst einen Tag in Wasser eingelegt und anschließend zermahlen und gesiebt, danach wird das weißliche Wasser mit Zucker gesüßt, zum Teil noch mit Gewürzen angereichert und gekühlt serviert. Ursprünglich kommt der Name vom lateinischen *hordeata* und bedeutet so viel wie »aus Gerste gemacht«, da die Römer zur Zubereitung Gerste verwendeten – die Ersetzung durch Nüsse kam erst später auf. Von Spanien aus wurde die *horchata* in die Kolonien gebracht, wo sie ihre lokalspezifischen Ausprägungen erfuhr. So ist beispielsweise in Mexiko die *horchata de arroz*, also die *horchata* auf Reisbasis, die gängigste Variante, der neben Zucker meist noch Zimt zugefügt wird. Die *horchata* ist aufgrund ihres hohen Nährstoffgehalts recht sättigend und wird besonders an heißen Tagen gerne als Erfrischungsgetränk konsumiert, ebenso wie das *agua de Jamaica*, das zu den beliebtesten *aguas frescas* Mexikos gehört.

Hierbei handelt es sich um eine Art Eistee, für dessen Herstellung getrocknete Hibiskusblüten (spanisch *flor de Jamaica*) in kochendes Wasser gegeben und zermahlen werden. Der Tee wird anschließend gesiebt und mit Zucker gesüßt. Auch dieses Getränk wird kalt serviert und ist typisch für Mexiko, Jamaica (wo es manchmal noch mit Rum oder Ingwer angereichert wird) sowie für weitere Teile Zentral- und Südamerikas und der Karibik.

Allmählich beginnt sich Lily ein bisschen zu entspannen. Auf einem kleinen Nebenplatz, der Alameda de León, setzen Héctor und sie sich auf eine Bank und beobachten das Treiben, das zunehmend lauter und bunter wird. Eine Gruppe Studenten baut gerade einen Beamer und eine Leinwand mitten auf dem Platz auf – den ausgehängten Plakaten nach wollen sie politische Kurzfilme zeigen. Ein junges Paar kommt eng umschlungen vorbeigeschlendert und setzt sich auf ein Mäuerchen am Rande des Platzes. Während Lily noch die Studenten beobachtet, bemerkt sie aus den Augenwinkeln, dass das Pärchen angefangen hat, wild zu knutschen. Das Mädchen sitzt mittlerweile auf dem Schoß ihres Freundes, und »entweder erdrosseln die beiden sich gleich oder aber sie ersticken an der Zunge des anderen«, stellt Lily spöttisch fest. Dann wird ihr es doch zu viel – zumal sie die beiden einfach nicht ignorieren kann, auch wenn sie sich zwingt, in die andere Richtung zu gucken.

»Oh Mann, wieso müssen die das auf einem öffentlichen Platz machen? Haben die kein Zuhause?«

Héctor grinst. »Doch, aber da sitzen Mama und Papa. Aber komm, wir müssen uns jetzt sowieso auf den Weg machen, gleich gibt's Abendessen.«

Lily hat ihn eigentlich noch etwas zu der Pärchensache fragen wollen, aber bei der Erwähnung des Abendessens fällt ihr wieder die anstehende Familieneinführung ein, und der Gedanke daran lässt sie alles andere vergessen.

»Ich weiß nicht, ob ich überhaupt was runterbekomme heute.«

»Ach was, du wirst sehen, das wird alles halb so schlimm. Und außerdem gibt es *mole*, das wird dir schmecken!«

Mole

Ursprünglich stammt das Wort *mole* von Nahuatl *molli* oder *mulli* und bedeutet Soße, Mischmasch oder Eintopf. Allerdings bezieht man sich im heutigen Gebrauch des Wortes ausschließlich auf die typisch mexikanischen Soßen, deren Grundlage aus Chilischoten, Gewürzen und Nüssen besteht. Auch wenn die *mole* häufig als Schokoladensoße beschrieben wird, enthält nur ein kleiner Teil der zahlreichen *mole*-Arten geringe Mengen von (Bitter-)Schokolade und selbst dieser Teil hat durch die vielen weiteren Zutaten keinesfalls den klassischen Schokoladengeschmack.

Die Fehlbenennung resultiert nicht zuletzt aus dem relativ großen Bekanntheitsgrad der *mole poblano*, die typisch für die Region Puebla ist und einen – wenn auch kleinen – Anteil Schokolade enthält. Die Soße wird meist zu Huhn oder Truthahn serviert, manchmal auch zu Schweine- oder Rindfleisch, allerdings spielt das Fleisch generell eher eine untergeordnete Rolle, da es bei dem Gericht in erster Linie um die *mole* an sich geht, der von Region zu Region unterschiedliche Zutaten beigefügt werden, was ihr ihren jeweiligen lokalspezifischen Charakter verleiht. Allein in der Region Oaxaca, die ebenso wie Puebla für ihre *moles* bekannt ist, gibt es mindestens sieben verschiedene Arten, die traditionelle Soße herzustellen: u.a. die *mole negro*, also die schwarze mole, die neben verschiedene Chilisorten auch Erd- und andere Nüsse, Zwiebeln, Anissamen und Schokolade enthält, die *almendrado*, die mit Mandeln eingedickt wird, und die *mancha manteles* (der »Tischdecken-Beschmutzer«), bei der neben dem roten *chile ancho* (breite Chilischote) auch Ananas und Bananen verarbeitet werden.

Héctor hat recht gehabt. Die *mole* ist köstlich, auch wenn Lily sich erst an den exotischen, leicht scharfen Geschmack gewöhnen muss. Sie isst viel zu viel, vor allem um ihre geringe Redebeteiligung zu rechtfertigen. Héctors Vater hat sie zwar freundlich begrüßt, ist aber ansonsten recht wortkarg. Nur die kleine Schwester bombardiert sie mit Fragen, wird dafür aber immer wieder von ihrer Mutter ermahnt, ihren Gast doch in Ruhe essen zu lassen. Abgesehen von einem »¿*Quieres un poco más?*« (Möchtest du noch ein bisschen?) verbunden mit dem Auffüllen von Lilys Teller – ohne deren Antwort überhaupt abzuwarten – unterhält sich die Mutter ausschließlich mit ihrem Sohn, der, zu Lilys Ärger, keine Anstalten macht, sie in die Gespräche mit einzubeziehen. Zwei Stunden und einige Tellerfüllungen später ist es schließlich Zeit, schlafen zu gehen, und Lily atmet erleichtert auf – endlich wieder mit Héctor allein!

»*Buenas noches*«, verabschiedet sie sich brav von ihren Gastgebern, um Héctor ins Schlafzimmer zu folgen.

»*Aquí es tu cama*« (Hier ist dein Bett), ruft ihr die kleine Frau mit einem etwas gezwungenen Lächeln hinterher und weist auf das Elternschlafzimmer, wo, jetzt sieht Lily es, bereits ihre Reisetasche neben dem Doppelbett steht. Irritiert blickt sie Héctor an.

Der vermeidet den Blickkontakt und tritt unbehaglich von einem Fuß auf den anderen. »Ach so, das hab ich ganz vergessen dir zu sagen, Lily, du schläfst bei meiner Mutter. Für meinen Vater haben wir schon das Gästebett in mein Zimmer gestellt. Schlaf schön.« Er drückt ihr einen flüchtigen Kuss auf die Wange und lässt sie sprachlos stehen.

Reingetreten

Dass Unverheiratete nicht im selben Zimmer schlafen, ist für die meisten Mexikaner eine Selbstverständlichkeit, zumal im Haus der Eltern, die natürlich auf das sittsame Verhalten ihres Kindes und dessen guten Ruf bedacht sind. Es ist also vollkommen üblich, dass man als Freundin eines Mexikaners im Falle einer Übernachtung bei dessen Eltern gemeinsam mit der Mutter im elterlichen Schlafzimmer nächtigt, damit keiner auf »dumme Gedanken« kommt. Nicht selten leben junge Mexikaner so lange bei ihren Eltern, bis sie heiraten – und selbst dann bleiben einige gemeinsam mit ihrer Angetrauten bei den Eltern wohnen (was natürlich so einiges an Konfliktpotenzial in sich birgt). Um der elterlichen Kontrolle zu entgehen, trifft man sich als Paar außerhalb des Hauses – das kann auf kleinen Plätzen oder in Parks sein, wo man nicht selten auf wild knutschende Verliebte trifft, oder aber in teilweise dubiosen Hotels, in denen man sich ein paar Stunden Zweisamkeit erkauft.

Papst statt Pille

Das recht konservative Verhältnis der Mexikaner zur Sexualität hängt nicht zuletzt mit der stark katholischen Prägung und dem damit verbundenen Einfluss des Papstes zusammen. Zwar sind Bildungseinrichtungen verpflichtet, Aufklärungsarbeit zu leisten, doch je geringer die Schulbildung, desto seltener werden z.B. Verhütungsmittel verwendet. So nutzten 1997 laut dem *INEGI*, dem *Instituto Nacional de Estadística y Geografia* (mexikanische Statistikbehörde), nur knapp 48 Prozent der Frauen, die keine Schulbildung aufwiesen, irgendeine Art der Empfängnisverhütung, bei Frauen, die die Sekundarstufe besucht hatten, waren es mit 75 Prozent deutlich mehr. Abtreibung ist im überwiegenden Teil Mexikos verboten bzw. nur im Falle einer Gefährdung der Schwangeren durch das Kind, einer Schwangerschaft durch Vergewaltigung oder einer Missbildung des Fötus erlaubt. Dies führt nicht selten dazu, dass sich ungewollt Schwangere in die Hände von Pfuschern begeben, die »das Problem« auf illegale Weise beheben – und dabei die Frauen oft in Lebensgefahr bringen, sodass Abtreibung als die vierthäufigste Todesursache mexikanischer Frauen im gebärfähigen Alter gilt.

Generell lassen sich hinsichtlich des Themas Sexualität große Unterschiede zwischen Land und Stadt sowie zwischen Arm und

Reich feststellen. So nehmen beispielsweise Frauen in der Stadt weitaus häufiger die Pille als ihre Geschlechtsgenossinnen auf dem Land. Im Gegensatz zur allgemein konservativen Einstellung zur Sexualität ist insbesondere in Mexiko-Stadt ein durchaus liberaler Trend zu beobachten. Dort existiert z.B. seit 2007 das Recht auf legale und kostenfreie Abtreibung bei ungewollten Schwangerschaften bis zur 12. Woche. Im Frühjahr 2010 wurde in Mexiko-Stadt zudem die gleichgeschlechtliche Ehe erlaubt, wodurch dem Distrito Federal, neben Argentinien, hinsichtlich dieses Themas eine führende Rolle in Lateinamerika zukommt.

Für Lily, die das verhältnismäßig tolerante Deutschland gewöhnt ist und deren Mutter ihr höchstens – und ungefragt – Tipps zum Thema Verhütung gibt, sich aber sonst aus ihrem Sexualleben heraushält, ist die erste Begegnung mit dem mexikanischen Verständnis von der Partnerschaft zwischen Unverheirateten irritierend. Dass sie die erste Nacht im Haus ihrer »Schwiegereltern« in einem Zimmer mit Héctors Mutter verbringen muss und dass Héctor so offensichtlich keinerlei Anstalten macht, ihr dies zu ersparen – kaum zu glauben!

In vielen mexikanischen Familien ist noch immer eine klare Rollenverteilung vorherrschend, der Vater geht arbeiten und kümmert sich um die finanzielle Sicherheit der Familie und die Mutter übernimmt Haushalt und Kindererziehung und ist dementsprechend auch die erste Ansprechpartnerin der Kinder. Der Anteil der erwerbstätigen Frauen ist mit unter 45 Prozent wesentlich niedriger als in vielen anderen OECD-Ländern, der Anteil bei Männern mit über 80 Prozent höher. Als Mutter kommt der Frau eine besondere Ehrenstellung in der mexikanischen Gesellschaft zu, vor allem wenn sie einen oder gar mehrere Söhne hat. Die besonders enge Bindung zwischen Söhnen und Müttern stellt nicht selten für die (angehende) Schwiegertochter eine Herausforderung dar – umso mehr, wenn sie nach der Hochzeit mit ihrem Gatten aus finanziellen Gründen zu dessen Eltern ziehen muss.

Umgangen

Eigentlich hätte Héctor Lily vorwarnen müssen, um sie entsprechend auf den Besuch bei seinen Eltern vorzubereiten – falls er überhaupt auf den Gedanken gekommen wäre, dass die mexikanische Handhabung für Lily erklärungsbedürftig sein könnte. Eine Option wäre gewesen, sich ein Hotelzimmer zu nehmen, wenngleich das für Héctors Eltern sicherlich kaum akzeptabel gewesen wäre. Letztlich gilt hier wohl: Augen zu und durch. Ein Wochenende wird Lily es aushalten müssen. Héctors Eltern wollen ihr ja nichts Böses. Lily sollte sich bewusst machen, dass es bei den Vorkehrungen, die die Mutter getroffen hat, nicht um sie als Person, sondern um Wertvorstellungen geht, die sich zwar von den ihren unterscheiden, denen sie sich jedoch als Gast unterzuordnen hat. Dass Héctors Mutter sie skeptisch mustert und auch sonst eher reserviert ihr gegenüber ist, ist ebenfalls nichts Ungewöhnliches und hat sicher nichts mit ihr als Person, sondern eher mit ihr als Frau, die den eigenen Sohn streitig macht, zu tun – ein Gefühl, das vielleicht auch einigen deutschen Schwiegermüttern nicht ganz fremd ist.

13 Malinches Kinder
Verwandte kann man sich nicht aussuchen

»Beweg dich nicht vom Fleck, ich hol uns nur schnell eine Kleinigkeit zu essen!«

Lily schnaubt. Als ob sie überhaupt die Möglichkeit hätte, sich auch nur einen Zentimeter zu bewegen! Sie steht eingezwängt zwischen einem korpulenten Mexikaner, auf dessen Schultern ein kleiner Junge wild mit einem Fähnchen wedelt, das dabei immer wieder gefährlich nah an den Augen seines Vaters vorübersaust, und einer Gruppe kreischender Teenies, die hin und wieder eine Plastikflasche herumgehen lassen, die definitiv nicht das harmlose Erfrischungsgetränk enthält, dessen Name auf dem Etikett steht. Es ist heiß und stickig. Lily stellt sich kurz auf die Zehenspitzen, in der Hoffnung auf ein bisschen frische Luft in den höheren Lagen. Obwohl sie als hochgewachsene Deutsche die meisten Mexikaner um ein paar Zentimeter überragt, hat sogar sie Schwierigkeiten, die Menschenmasse zu überblicken. Es scheinen wohl noch ein paar andere auf die Idee gekommen zu sein, sich den *grito de independencia* live anzuschauen. Und angesichts der sich auf dem Platz drängenden und wie ein einziges riesiges Wesen hin und her wogenden Masse kann Lily verstehen, warum Héctors Eltern es bevorzugen, sich die ganze Aktion im Fernsehen anzuschauen. Doch schon der Gedanken an einen Fernsehabend mit der Familie macht die dichte Menschenmasse plötzlich durchaus attraktiv. Ein Abend allein mit Héctor – dafür lässt sich Lily gerne herumschubsen.

Geburtsschrei: der *grito de independencia*

In der Nacht vom 15. auf den 16. September beginnen in ganz Mexiko die Feierlichkeiten zur Unabhängigkeit. Zu Beginn des 16. Jahrhunderts waren mit Hernán Cortés die ersten spanischen Eroberer, die *conquistadores*, nach Mittelamerika gekommen und hatten damit den Grundstein für die 300 Jahre währende Kolonialherrschaft der Spanier in Mexiko gelegt, die die schamlose Ausbeutung des Landes zur Folge hatte. Als Spanien Anfang des 19. Jahrhunderts jedoch von den napoleonischen Truppen besetzt wurde und auch sonst die Situation für die ehemalige Großmacht denkbar ungünstig und instabil war, nutzte die Kolonie die Gelegenheit und verkündete im sogenannten *grito de independencia*, dem »Unabhängigkeitsschrei«, das Ende der spanischen Kolonialherrschaft.

Urheber des Schreis war der Priester und heutige mexikanische Nationalheld Miguel Hidalgo. Er selbst war Kreole, stammte also ursprünglich von spanischen Auswanderern ab, und galt daher, im Gegensatz zu den *mestizos*, den »Mischlingen«, als »von spanischem Blut«. Gemeinsam mit Ignacio Allende und einigen anderen schloss er sich zu einem Geheimbund zusammen, der die Spanier aus Mexiko vertreiben wollte. Am Morgen des 16. Septembers 1810 ließ Miguel Hidalgo in seiner Gemeinde Dolores im Bundesstaat Guanajuato die Glocken läuten und rief die Bevölkerung zum Kampf gegen die spanischen Herren auf.

Auch wenn Hidalgo selbst weniger als ein Jahr später hingerichtet wurde und der Kampf um eine eigenständige mexikanische Republik noch bis ins Jahr 1821 andauerte, wurde der *grito de independencia* bzw. der *grito de Dolores* zum Symbol der Unabhängigkeit. Bis heute wird er in vielen Städten Mexikos in der Nacht zum 16. September gefeiert. Besonders feierlich geht es in Mexiko-Stadt zu, inklusive Glockenläuten und Ansprache des Staatspräsidenten.

Gerade versucht Lily, an der Farbe zu erkennen, welches fatale Gebräu die Jugendlichen da aus ihrer Plastikflasche trinken, da taucht Héctor schon wieder auf. Es ist ihr ein Rätsel, wie er es geschafft hat, sie wiederzufinden, geschweige denn sich überhaupt einen Weg durch die dicht an dicht gedrängte Masse zu bahnen. Er hält ihr eine Tüte mit in Chilisoße getränkten Chips entgegen und brüllt ihr ins Ohr: »Gleich geht's los, es ist schon fast halb elf!«

Wenig später taucht auf dem Balkon des prachtvollen Kolonialbaus, dem früheren Regierungspalast und heutigen Museum, eine Figur im dunklen Anzug auf. Von Héctors Erklärung versteht Lily im allgemeinen Getöse nur, dass dies der *alcalde* (Bürgermeister) ist. Der Mann hält eine riesige Mexiko-Flagge in der einen Hand und zieht mit der anderen an einem herabhängenden Seil, woraufhin lautes Glockenläuten ertönt. In das Läuten hinein begrüßt er mit kräftiger Stimme die »*¡mexicanos!*«, woraufhin erneut eine Welle der Begeisterung aufbrandet.

In seiner Rede zählt der Bürgermeister nun der Reihe nach auf, wer alles hochleben soll: Er nennt die »Helden, die uns Vaterland und Freiheit gegeben haben« sowie diverse Persönlichkeiten. Nach jedem und allem, was der Redner hochleben lässt, ruft das Publikum: »*¡Viva!*«. Einige Namen hat Lily schon mal gehört, zum Beispiel die von Hidalgo und Allende, von denen Lily weiß, dass sie mit dem Unabhängigkeitskampf zu tun hatten. Und ganz zum Schluss lässt der Redner Mexiko dreimal hochleben, wobei das dritte *¡viva!* schon von krachenden Böllern und zischenden Raketen des einsetzenden Feuerwerks übertönt wird. Freudenrufe und Jubelschreie vermischen sich mit dem Gesang der Nationalhymne, und Lily merkt, wie sich die Härchen an ihren Armen aufrichten. Auch wenn sie normalerweise nicht viel für nationale Feierlichkeiten übrig hat, kann sie nicht leugnen, dass das Ganze mitreißend ist. Die vielen jubelnden Menschen stecken an und plötzlich erwischt sie sich selbst bei einem – allerdings noch etwas verhaltenen – »¡viva!«. Héctor grinst. Sie lassen sich von der Menge treiben, es wird getanzt und gesungen und immer wieder werden ¡viva!-Rufe angestimmt.

Als Héctor Lily schließlich am Ärmel zieht und ihr bedeutet, dass es Zeit ist, nach Hause zu gehen, löst sie sich nur schweren Herzens vom ausgelassenen Treiben. Nicht zuletzt die Vorstellung, eine weitere Nacht mit Héctors Mutter im selben Zimmer zu verbringen, lässt in Lily den Wunsch aufkommen, stattdessen doch lieber die ganze Nacht durchzutanzen. Seufzend schiebt sie diese verlockende Alternative beiseite und folgt Héctor aus der feiernden und aufgeheizten Menge hinaus in die kühle Nachtluft.

Jetzt erst merkt sie, wie laut es in dem ganzen Trubel gewesen ist – sie hört alles wie durch dicke Wattebäusche und schüttelt den Kopf ein paar Mal hin und her, um das Gefühl der Taubheit loszuwerden. Schweigend spaziert sie neben Héctor durch die ruhigen Gassen. Das war schon beeindruckend, denkt sie, aber so richtig verstanden hat sie das Ganze nicht.

»Irgendwie seltsam«, sagt sie schließlich nachdenklich, mehr zu sich selbst als zu Héctor, der sie fragend anblickt. »Na ja, dieser ganze Unabhängigkeitskram. Klar kennt man das auch aus anderen Ländern wie den USA. Aber waren es in Mexiko nicht eigentlich auch die Nachkommen von Spaniern, die da plötzlich gegen die Spanier und für die Unabhängigkeit Mexikos gekämpft haben? Zum Beispiel dieser Hidalgo. Der war doch Spanier und katholischer Priester, oder? Dann hat er doch sicherlich auch für Spanien missioniert. Und dann wechselt er plötzlich die Seiten und will die Spanier aus Mexiko vertreiben? Und müsste man nicht konsequenterweise auch Hernán Cortés in die *viva*-Rufe mit aufnehmen, weil der doch schließlich auch in gewisser Weise das ›Vaterland‹ Mexiko geprägt hat?«

Héctor blickt irritiert – und dann wütend. »Erstens war Hidalgo Mexikaner und kein Spanier, schließlich ist er hier geboren und aufgewachsen! Und weißt du eigentlich, was Hernán Cortés mit seinen Leuten an unserem Land für Verbrechen begangen hat? Der hat es ganz bestimmt nicht verdient, geehrt zu werden!«

»Und doch«, beharrt Lily auf ihrer Meinung, »hat er in gewisser Weise das heutige Mexiko mitgeprägt. Außerdem, sind nicht die meisten Mexikaner zumindest zum Teil irgendwie auch Spanier?«

Héctor sagt nichts mehr, sondern läuft nur mit zusammengekniffenen Lippen neben ihr her. Doch Lily ist so begeistert von ihrem kniffligen Gedanken, dass sie seine Missstimmung gar nicht bemerkt.

Reingetreten

Hier hat sich Lily auf gefährliches Terrain gewagt. Diskussionen um Identitäten und Nationalitäten sind immer etwas schwierig und gerade in Mexiko ist dieses Thema komplex. Am Platz der drei Kulturen in Mexiko-Stadt wird diese Komplexität sehr schön in einer Inschrift deutlich, in der es heißt, die Eroberung Mexikos durch Hernán Cortés sei weder Triumph noch Niederlage gewesen, »sondern die schmerzhafte Geburt Mexikos und seines mestizischen Volkes«.

Im Gegensatz zu den anderen nordamerikanischen Staaten war in Mexiko die Durchmischung der Eroberer mit der indigenen Bevölkerung durchaus üblich. Schon mit Hernán Cortés' Liebesbeziehung zu seiner Sklavin und Dolmetscherin Malinche und ihrem gemeinsamen Sohn begann diese »Durchmischung«. Aus den zahlreichen ehelichen und unehelichen Verbindungen zwischen Spaniern und einheimischen Frauen gingen letztlich die Mestizen hervor, deren Charakter stets geprägt sein sollte von der engen Verbundenheit mit Spanien einerseits und der vollkommenen Ablehnung alles Spanischen andererseits. Miguel Hidalgo selbst war zwar offiziell »spanischen Blutes«, kämpfte aber gegen die Spanier und dabei Seite an Seite mit *indígenas* und Mestizen für ein unabhängiges Mexiko. Noch heute ist Mexiko das einzige Land Lateinamerikas, dessen Bewohner überwiegend Mestizen, also Nachkommen aus Verbindungen zwischen Spaniern und *indígenas* sind.

Aus dem Prozess der »schmerzhaften Geburt« Mexikos heraus, in dem letztlich paradoxerweise auch Hernán Cortés eine gewisse Rolle spielte, lassen sich Lilys Überlegungen erklären – und ebenso Héctors verärgerte Reaktion. Natürlich hat er recht damit, dass Cortés und seine Männer unvorstellbare Grausamkeiten bei ihren Eroberungszügen anrichteten, aber auch Lily hat sicherlich nicht ganz unrecht mit ihrer Behauptung, dass das »mexikanische Vaterland« eben auch durch die Verschmelzung von spanischer Kolonialmacht und indigener Kultur geprägt wurde – auch wenn sie es etwas vorsichtiger hätte formulieren können.

Umgangen

Das Verhältnis der Mexikaner zu Spanien ist heute in gewisser Weise von einer Hassliebe geprägt. Zwar besteht man in Mexiko sehr deutlich auf einer klaren Abgrenzung vom ehemaligen spanischen Mutterland und betont nicht zuletzt am Tag der Unabhängigkeit den eigenen Nationalstolz auch in Form der Ehrung eigener nationaler Helden – interessanterweise findet man in Mexiko kein einziges Denkmal für Hernán Cortés, jedoch zahlreiche für den von ihm besiegten Aztekenführer und Nachfolger Montezumas, Cuauhtémoc. Doch auch eine gewisse Verbundenheit mit der ehemaligen Kolonialmacht ist immer wieder spürbar. So zum Beispiel in Zeiten von Fußballmeisterschaften, in denen es durchaus passieren kann, dass man Mexikanern in Barça- oder Real-Madrid-Trikots begegnet, die mit den spanischen Teams mitfiebern.

Auch in sprachlicher Hinsicht ist die Ambivalenz des Verhältnisses spürbar. Generell macht man sich in Mexiko gerne lustig über den typisch »spanischen« Akzent, bei dem – ein Grauen für jeden Mexikaner – ständig die Zunge zwischen den Zähnen hervorblitzt. Dennoch wird versucht, die *unidad del español*, also die Einheit des Spanischen zu bewahren, indem man sich zusammen mit anderen lateinamerikanischen Ländern und Spanien in Sprachakademien um eine *norma panhispánica*, eine gemeinspanische Norm, bemüht.

Die historisch geprägte starke Vermischung der indigenen und spanischen Kulturen in Mexiko lässt zwar Lilys Argument auf den ersten Blick logisch erscheinen, jedoch ist es letztlich wohl etwas lächerlich, die Hunderte Jahre zurückliegende Herkunft eines Volkes auf die Gegenwart zu projizieren. Zudem sind Herkunft und Identität nicht automatisch ein und dasselbe, sodass eine Ablehnung gegenüber den Spaniern durchaus auch von Seiten »eigentlicher Spanier« möglich sein konnte, wie im Falle Hidalgos.

Generell sollte man sich als Besucher nur vorsichtig auf ein solches von Vorurteilen und Kränkungen vermintes Gebiet begeben. Man kann schließlich nur dann in Fettnäpfchen wie dieses treten, wenn man sich anmaßt, die Identität eines Volkes – und sei es über drei Ecken – in Frage zu stellen.

14 Wer die Musik bestellt, zahlt

Wenn *mariachi* aufspielen

Rosa hat sich gar nicht verändert, seit Anton sie vor fünf Jahren das letzte Mal gesehen hat. Die Haare trägt sie etwas kürzer und die Lachfältchen um die Augen haben sich vertieft, aber ansonsten ist sie noch immer die resolute kleine Person von damals, die das gesamte Büro für ein paar Wochen aufmischte, als sie zu einem Kongress aus Mexiko angereist war.

»Du musst dich unbedingt melden, wenn du mal nach Mexiko kommst!«, hat sie zum Abschied gesagt, während sie Anton ein Küsschen auf die Wange drückte. »Und dann kommst du mich in Guanajuato besuchen. Ich zeig dir ein bisschen die Stadt und revanchier mich für deine Gastfreundschaft.«

Also hat er sich schließlich ein Herz gefasst und sie angerufen, ganz zittrig vor Aufregung, nicht nur, weil er seinen Spanischkenntnissen noch nicht allzu viel zutraute – das war nicht weiter problematisch, weil Rosa ein perfektes Englisch mit wundervollem Akzent sprach –, sondern auch, weil sich die immer fröhliche Mexikanerin damals ein Fleckchen in seinem Herz erobert hatte.

Nun sitzen sie also in Guanajuato in einer kleinen Bar am Jardín de la Unión und sind bei einer Flasche mexikanischen Cabernet Sauvignons schon bald in ein anregendes Gespräch vertieft.

Sonnige Tröpfchen: mexikanischer Wein

Auch wenn die mexikanische Weinproduktion deutlich hinter der von Tequila und Bier liegt, gewinnt sie doch zunehmend an Bedeutung. Schon ab 1524 führten die Spanier den Weinbau in Mexiko ein, sodass das Land zur ersten Weinanbauregion in Amerika wurde. Der Anbau florierte so, dass die Spanier schon Mitte des 17. Jahrhunderts aus Furcht vor der wachsenden Konkurrenz die Kontrolle über den mexikanischen Weinbau verschärften und die Weinherstellung schließlich 1699 ganz verboten. Nur für die katholische Kirche in Mexiko wurde eine Ausnahme gemacht. Messwein durfte auch weiterhin in Mexiko geerntet und gekeltert werden. Mexikanische Winzer begannen den Traubensaft zu Brandy zu verarbeiten.

Seit den 1990er-Jahren erfährt die Weinproduktion in Mexiko wieder verstärkte Beachtung, u.a. um sich gegenüber den Konkurrenten aus Kalifornien, Chile und Argentinien zu behaupten. Vor allem der nördlichste Bundesstaat Baja California eignet sich mit seinen sandigen Böden gut für den Weinanbau. Auch wenn sich der mexikanische Wein wachsender Beliebtheit erfreut, wird er im Land selbst v.a. von der Mittel- und Oberschicht getrunken.

Nach dem ersten Glas ist Anton wieder etwas entspannter, die vor Aufregung eiskalten Hände gewinnen an Wärme und Farbe zurück. Er lehnt sich zurück und lässt sich vom englisch-mexikanischen Singsang von Rosas Stimme betören. Es wird immer später und die zweite Flasche Wein steht bereits auf dem Tisch, die Gespräche an den Nebentischen werden immer ausgelassener und eine Gruppe *mariachi* am Nachbartisch sorgt dafür, dass sich Anton auf einmal unglaublich mexikanisch vorkommt.

Jukebox unplugged: *el mariachi*

Nicht zuletzt die Tatsache, dass die *mariachi*-Musik im Jahr 2011 von der UNESCO in die »Repräsentative Liste des immateriellen Kulturerbes der Menschheit« aufgenommen wurde, zeigt ihre

Bedeutung als Teil des kulturellen Erbes Mexikos. Der Ursprung dieses »typisch mexikanischen« Musikstils ist nicht eindeutig auszumachen. Es handelt sich hierbei, wie so häufig in Mexiko, um das Produkt der Vermischung verschiedener regionaler Stile, die zudem spanischen und französischen Einflüssen ausgesetzt waren. Ausgehend von der Region Guadalajara verbreitete sich dieser Musikstil in ganz Mexiko. Typische Instrumente sind die Gitarre sowie weitere gitarrenähnliche Instrumente (die *vihuela* und der *guitarrón*), Geige, Trompete, Harfe und manchmal auch die rasselähnlichen *maracas*.

Es gibt kaum einen Anlass, zu dem die traditionellen Musikgruppen nicht hinzugerufen werden, sei es zu Geburtstagen, Hochzeiten, Taufen oder auch zu Beerdigungen. Auch wenn es darum geht, die Gunst der Geliebten zu gewinnen, wird auf die Künste der *mariachi* zurückgegriffen. Die nächtlichen *serenatas* vor dem Fenster der Angebeteten sollen sie verführen und sie dem Verehrer gewogen machen.

Hinsichtlich der Herkunft des Wortes *mariachi* existiert die weit verbreitete, wenn auch mittlerweile widerlegte These, dass die Franzosen den Begriff während der Zeit ihrer Besetzung Mexikos in den 6oer-Jahren des 19. Jahrhunderts in Anlehnung an das französische *mariage* (Hochzeit) prägten. Wahrscheinlicher ist jedoch, dass es sich bei *mariachi* um ein Wort aus einer Variante des indigenen Nahuatl handelt, wobei die Bedeutung bis heute nicht geklärt ist.

Am 21. November, dem Namenstag ihrer Schutzpatronin, der Heiligen Cäcilie, kommen *mariachi*-Musiker an vielen Orten des Landes zu Konzerten zusammen. Das größte Treffen findet auf der Plaza Garibaldi in Mexiko-Stadt statt.

Rosa unterbricht plötzlich ihren Redefluss und winkt der herrlich herausgeputzten Musikergruppe zu, an ihren Tisch zu kommen. »*¡Por favor, que toquen Cielito lindo para nuestro amigo de Alemania!*«, ruft sie ihnen zu.

Die *mariachi* stellen sich im Halbkreis um den Tisch, was Anton schon peinlich genug ist, weil er alle Blicke auf sich gerichtet fühlt, und schmettern schmachtend das berühmte Liebeslied für »unseren Freund aus Deutschland«. Noch lauter als der Sänger der Gruppe singt allerdings Rosa, die offenbar das gesamte Liederrepertoire auswendig kennt und mit ihren Kenntnissen nicht hinterm Berg hält – und Anton dadurch in noch größere Verlegenheit bringt.

»Rosa, meinst du nicht, dass es die anderen Leute stört, wenn wir hier so einen Krach machen?«, versucht er erfolglos, sie vom Mitsingen abzubringen.

»Ach was, wir sind in Mexiko! Hier macht man das so!«, lacht sie nur und lässt sich nicht beirren.

Nach ein paar weiteren Liedern nickt Anton den Musikern schließlich lächelnd zu und schüttelt dem Sänger, der der Sprecher der Gruppe zu sein scheint, die Hand. »*Muchas gracias*. Die anderen Leute hier im Restaurant möchten ja auch noch etwas von der Musik haben. Da können wir sie nicht nur für uns beanspruchen«, fügt er zu Rosa gewandt hinzu.

Die Musiker blicken ihn irritiert und irgendwie erwartungsvoll an.

»Was wollen die denn noch?«, raunt Anton in Rosas Richtung.

Sie bricht in Lachen aus. »Bezahlt werden natürlich. Fünf Lieder – das sind etwa fünfhundert Pesos. Von irgendwas müssen die Künstler ja leben.«

Anton läuft rot an und würde am liebsten im Boden versinken – ein solcher Fauxpas, und das auch noch vor Rosa!

Reingetreten

Die *mariachi*-Gruppen sind etwas typisch Mexikanisches, es gibt sie in fast jeder mexikanischen Stadt. In einigen Städten trifft man sie auf bestimmten Plätzen versammelt, zum Beispiel auf der Plaza Garibaldi in Mexiko-Stadt, wo sie abends musizieren und für Festivitäten engagiert werden können. Sehr häufig ziehen sie jedoch auch durch die Städte und Ferienorte, um in Bars oder Restaurants für verliebte Pärchen, Touristengruppen oder einfach für musikbegeisterte Mexikaner zu singen und zu spielen. Man ruft sie an den Tisch und zahlt ihnen pro Song etwa hundert Pesos (ca. 6 Euro). Da die Gruppe normalerweise aus sechs bis zwölf Musikern besteht, muss sie jede Nacht so manches Lied spielen, um einigermaßen über die Runden zu kommen. Außerdem ist das *mariachi*-Geschäft mittlerweile so verbreitet, dass die Konkurrenz sehr groß ist.

Die *mariachi* gehören also nicht, wie es Anton angenommen hat, zum »Inventar« des Restaurants, sondern sind als selbstständige Musiker auf die Bezahlung durch die Gäste, also ihrer Zuhörerschaft, angewiesen. Daher ist für jeden Mexikaner klar, dass Musikwünsche kosten und die Bezahlung für die *mariachi* das Überleben – als Gruppe, aber auch für jeden einzelnen – bedeutet. Rosa weiß das natürlich, nur Anton tappt mit seinem gut gemeinten, aber hier nicht ausreichenden Handschlag so richtig schön ins Fettnäpfchen.

Mehr als *mariachi*: Musik in Mexiko

Auch wenn sich die *mariachi*-Musik großer Beliebtheit erfreut, ist die mexikanische Musikszene doch um einiges bunter, als man es auf den ersten Blick vermuten würde. Die Vermischung von traditionellen indigenen Klängen mit US-amerikanischer, europäischer oder afrikanischer Musik sowie musikalische Einflüsse aus den Ländern der lateinamerikanischen Nachbarn haben der Musikszene Mexikos ihre Vielfältigkeit und Einzigartigkeit verliehen. Neben folkloristischer und Country-Musik ist auch die mexikanische Rock- und Popmusik sehr beliebt und durch Gruppen wie Maná oder Café Tacuba auch in Europa bekannt. Die Rock- und Popmusik hat in Mexiko seit den 1950er-Jahren Fuß gefasst. Zunächst mit Adaptionen amerikanischer Songs, z.B. von Elvis Presley, dann aber auch zunehmend mit eigenen Produktionen auf Spanisch und Englisch gelangte der mexikanische Rock, nicht zuletzt durch die Erfolge des Latin-Rock-Begründers Carlos Santana in den 6oer-Jahren, zu Weltberühmtheit.

Und auch die klassische Musik hat in Mexiko eine lange Tradition. Schon im 16. Jahrhundert wurden im Zuge der Kolonialisierung durch die Spanier entsprechende Grundsteine gelegt. Insbesondere die Stadt Puebla war bereits im 17. Jahrhundert ein bedeutendes Zentrum für klassische Musik.

Umgangen

Hätte Anton seine Blicke zwischendurch ein wenig von Rosa lösen können, hätte er sicherlich bemerkt, wie sich die anderen Gäste den *mariachi* gegenüber verhalten, und er hätte auch die Vergütung der musikalischen Darbietungen mitbekommen. Wie viel pro Lied verlangt wird, kann je nach Gruppe unterschiedlich sein. Am besten erkundigt man sich vor dem Bezahlen bei dem Sprecher der Gruppe, um unangenehmen Situationen aus dem Weg zu gehen. Handelt es sich bei den Zuhörern um ein Pärchen bzw. einen Mann und eine Frau (in welcher Beziehung sie auch immer stehen), zahlt üblicherweise der Mann, in unserem Fall muss also Anton die Geldbörse zücken.

Der musikalische Wettstreit der verschiedenen Musikgruppen in Restaurants oder Bars wird für die Zuhörer nicht selten zur akustischen Herausforderung, zumal die Qualität der Beiträge sehr variiert. Das Mitsingen ist fast schon Pflicht, das musikalische Repertoire der Gruppen enthält immer einige Hits, die die meisten Mexikaner auswendig kennen und gerne gemeinsam mit dem Sänger der Gruppe zum Besten geben, etwa *La Cucaracha* oder *Cielito lindo*. Rosas klangvoller Einsatz hat also nichts mit dem karnevalesken feucht-fröhlichen Mitgrölen, wie man es in Deutschland kennt (und fürchtet), zu tun, sondern gehört quasi schon zum guten mexikanischen Ton – im wahrsten Sinne des Wortes.

15 Gute Geister

Vom Umgang mit Hausangestellten

Sitzt die Krawatte richtig? Anton zieht den Knoten ein wenig nach, er will auf jeden Fall ordentlich aussehen. Rosa war ihm zwar direkt wieder vertraut, als er sie in der kleinen Bar getroffen hat, doch sie jetzt zu Hause zu besuchen, das ist etwas anderes. Zumal er heute ihren *marido* (Ehemann) kennenlernen wird. Richtig begeistert ist er nicht davon, lieber würde er Rosa allein treffen. Er atmet einmal tief durch, dann gibt er sich einen Ruck und klingelt an der Haustür.

Nach kurzer Wartezeit öffnet ein Mädchen oder eine junge Frau die Tür, jedenfalls eine weibliche Person, die nicht älter als achtzehn oder neunzehn sein kann, anscheinend die *muchacha*, das Dienstmädchen. Anton ist überrascht, er hat nicht gedacht, dass Rosa und ihr Mann so gut betucht sind, dass sie sich Hauspersonal leisten können.

»*Buenas tardes.*« Anton stellt sich vor, die junge Frau bittet ihn herein und führt ihn ins Wohnzimmer.

Rosa eilt ihm mit gewohntem Temperament entgegen und zieht ihren Mann im Schlepptau hinter sich her. »*Tengo el gusto de presentarte ... Anton.*« (Ich freue mich, dir Anton vorzustellen.)

Ein Wangenküsschen von ihr, ein kräftiger Händedruck von ihrem Mann, dann überreicht Anton ihr einen Strauß Blumen und eine liebevoll in Seidenpapier gehüllte Flasche »Liebfrauenmilch«, nicht exakt sein Geschmack, aber der einzige deutsche Wein, den er in Cholula auftreiben konnte. Rosa und ihr Mann bedanken sich und reichen die Geschenke an die *muchacha* weiter, die die Blumen ins Wasser und den Wein kühl stellt.

Wenn ich einen Mantel anhätte, würde sie ihn mir bestimmt auch abnehmen, denkt Anton und fühlt sich ein bisschen wie in einem dieser alten Filme, in denen ein Butler dezent und unersetzlich seinen Dienst tut.

Nach einem *mojito* im Stehen nehmen die drei an der festlich gedeckten Tafel Platz. Die *muchacha* serviert den ersten Gang.

»Wir haben gedacht, wir stellen ein Menü aus typisch mexikanischer Hausmannskost zusammen«, erklärt Rosa.

Schon die schmackhafte *sopa azteca* (Hühnerbrühe mit *tortilla*-Streifen, Avocado und saurer Sahne), die es als Vorspeise gibt, verspricht einiges, wird aber von den nachfolgenden Gängen noch übertroffen. Kein Wunder, dass das Gespräch fast die ganze Zeit ums Essen und Trinken kreist. Aber vielleicht liegt das auch daran, dass Anton sich etwas beklommen fühlt. Wenn er ehrlich ist, war bei den wenigen Malen, die er Rosa bisher getroffen hat, immer ein gewisses Prickeln zwischen ihnen. Zumindest hat Anton das so empfunden. Das ist jetzt ganz anders. Jetzt ist er Gast des Ehepaares, wird aufs Köstlichste bewirtet, hat aber das Gefühl, dass er und auch seine beiden Gastgeber ein bisschen steif dasitzen und alle drei froh sind, dass das Menü nicht nur schmeckt, sondern auch Gesprächsstoff hergibt. Zum Glück spricht auch Rosas Ehemann gut Englisch, sodass die Unterhaltung nicht auch noch sprachlichen Schwierigkeiten ausgesetzt ist.

Als Hauptgang serviert die *muchacha pescado a la Veracruzana*, einen in einer Tomaten-Chili-Soße gebackenen Rotbarsch mit ... Reis. Anton ist überrascht, hat er sich doch mittlerweile daran gewöhnt, dass zu fast allem *tortilla* oder etwas anderes aus Maismehl als Beilage serviert wird. Der Salat, den die *muchacha* zum Hauptgericht auf kleinen Tellern kredenzt, sieht interessant aus.

Rosas Mann erklärt: »Das ist eine *ensalada de nopalitos*. *Nopal* ist der Feigenkaktus und *nopalitos* sind junge, zarte Kakteenblätter. Feigenkakteen spielen bei uns eine wichtige Rolle. Wahrscheinlich hast du auch schon mal die Früchte, die *tunas*, gesehen. Sie sind sehr vitaminreich und auch die *nopalitos* sind gesund, sie helfen gegen Zucker und Cholesterin und sind gut fürs Herz. Ist dir übrigens aufgefallen, dass die *ensalada de nopalitos* aussieht wie die mexikanische Flagge? Grüne *nopalitos*, weiße Zwiebelringe und rote Tomatenscheiben. Voilà: die mexikanischen Nationalfarben.«

Für Anton ist der Hinweis, dass *nopalitos* gesund sind, sehr hilfreich, sonst hätte er Schwierigkeiten, die im Innern leicht schleimigen Kaktusblätter herunterzubekommen. Aber mit dem Wissen, dass er sich mit jedem Blatt vom drohenden Herzinfarkt oder der Diabetes wegkaut, schmeckt der Salat ganz passabel. Der *pescado a la Veracruzana* benötigt keinen Hinweis auf gesundheitsfördernde Wirkungen, das zarte Fischfleisch in der würzigen Soße entfacht bei jedem Bissen ein Feuerwerk der Aromen.

»*Es muy rico*« (Es schmeckt sehr gut), wendet sich Anton an die *muchacha*, nachdem er, von Rosa genötigt, seine dritte Portion verspeist hat und Messer und Gabel dem internationalen Besteckcode für »Ich bin satt« folgend nebeneinander auf den Teller gelegt hat. Er wendet sich an Rosa, weil sein Spanisch für das, was er nun möchte, nicht ausreicht: »Kannst du sie fragen, ob sie mir das Rezept gibt? Ich überlege, welche Gewürze in der Soße sind. Ich meine, da schmeckt man Lorbeer, Koriander ... und natürlich Chili. Bitte sag ihr, dass sie mir auch die Mengen genau aufschreibt. Das ist wirklich köstlich. *Muy rico*«, wiederholt er, jetzt wieder an die *muchacha* gewandt.

Die junge Frau reagiert nicht. Genauso lautlos wie zuvor räumt sie schließlich die Teller ab. Zusammen mit der Nachspeise, *flan de coco*, einem cremigen Kokos-Vanille-Pudding mit einem Häubchen aus karamellisiertem Zucker, bringt sie das gewünschte Fisch-Rezept, das sie einschließlich der Mengenangaben sorgfältig notiert hat. Anton ist es ein bisschen unangenehm, die ganze Zeit bedient zu werden – schon als Kind hat er es gehasst, wenn die Schuhverkäuferinnen vor ihm knieten und ihm Schuhe an- und auszogen. Jetzt verspürt er den Drang, irgendetwas zu tun, statt nur dazusitzen und der jungen Frau beim Arbeiten zuzuschauen. Also stapelt er nach dem Dessert die leeren Teller übereinander und trägt sie mit den Löffeln in die Küche.

»*¿Hay un lavavajillas?*« (Gibt es eine Spülmaschine?), wendet er sich in seinem besten Spanisch an die junge Frau.

Sie hat gerade einen Topf vom Herd genommen und zuckt zusammen, als er sie anspricht. Irritiert starrt sie auf seine Hände und die Dessertteller, dann schüttelt sie unmerklich den Kopf, nimmt ihm das Geschirr ab und trägt es zur Arbeitsplatte.

»Anton, was machst du denn da?« Rosa ist ihm in die Küche gefolgt und steht kopfschüttelnd im Türrahmen.

Reingetreten

Wenn man nicht mit dem sprichwörtlichen goldenen Löffel im Mund auf die Welt gekommen ist, geht es einem vermutlich wie Anton. Man ist nicht daran gewöhnt, von dienstbaren Geistern rundum versorgt zu werden. Beim Essen in einem Restaurant der gehobenen Kategorie mag das noch angehen, aber im privaten Haushalt ist das für die meisten ungewohnt.

Anton bringt mit seiner Hilfs- und Arbeitsbereitschaft die gewohnten Abläufe durcheinander. Der *muchacha* ist die Situation vermutlich unangenehm und sie weiß nicht so recht, wie sie sich gegenüber dem deutschen Gast verhalten soll. Rosa ist eher amüsiert über das Verhalten ihres Besuchs.

Wir haben die Geschichte abgebrochen, bevor Anton Gelegenheit gehabt hat, die *muchacha* in ein Gespräch über Arbeitsbedingungen, Tarifverträge oder Sozialversicherung zu verwickeln. Das wäre ihm zuzutrauen und hätte die junge Frau wohl noch mehr in Verlegenheit gebracht. Für sie wie auch für ihre Arbeitgeber handelt es sich um ein ganz normales Arbeitsverhältnis, bei dem für alle Beteiligten klar ist, was sie zu tun und was sie zu lassen haben.

Perlen im Haus

Obwohl mehr als 90 Prozent der Menschen, die in Mexiko als Hausangestellte *(trabajadores domésticos)* arbeiten, dies ohne schriftlichen Arbeitsvertrag tun, und nur knapp sieben Prozent sozialversichert sind, weiß man durch Umfragen und andere Erhebungen mittlerweile einiges über die *muchachas*. U.a. dass man mit Recht die feminine Form *muchachas* verwendet und nicht von männlichen *muchachos* spricht, weil neun von zehn Hausangestellten Frauen sind. Die meisten sind recht jung, das Gros zwischen 20 und 25 Jahren alt, und nicht selten arbeiten sogar Jugendliche als Hausangestellte. Viele sind *indígenas*. Insgesamt gibt es rund 2,1 Millionen Hausangestellte, die in 1,5 Millionen der insgesamt 26 Millionen mexikanischen Haushalte arbeiten.

Obwohl immer wieder öffentlich beklagt wird, dass Entlohnung und Arbeitsbedingungen der meisten *muchachas* sehr schlecht sind, verzichten viele darauf, ihre Rechte einzufordern, was beispielsweise Lohnhöhe, Arbeitszeit oder eine Abfindung nach langer Beschäftigungsdauer angeht. Die meisten *muchachas* verfügen über einen geringen Bildungsabschluss und haben dementsprechend wenig Möglichkeiten auf dem Arbeitsmarkt. Im Unterschied zu vielen anderen Arbeitnehmern sind die Hausangestellten meist allein oder mit wenigen anderen zusammen beschäftigt und sie arbeiten zudem in privaten Haushalten, nicht in Büros, Werkstätten oder Fabriken. Deshalb gibt es vergleichsweise wenige, die sich Gewerkschaften oder anderen Interessengruppen anschließen. Während Hausangestellte in Deutschland oft alte Menschen pflegen, werden im vergleichsweise jungen Mexiko meist Hausangestellte gesucht, die neben Kochen, Bügeln und Putzen auch die Kindererziehung beherrschen und als *nanas*, also als Kindermädchen, arbeiten.

Umgangen

Mit Blick auf die Zahl der *muchachas* in Mexiko ist die Wahrscheinlichkeit recht groß, dass man wie Anton auf ein Dienstmädchen trifft, wenn man in einen Privathaushalt eingeladen wird. Auch in Deutschland gibt es Hauspersonal. Umfragen und Schätzungen zufolge arbeiten allein rund eine Million Menschen als Reinigungskräfte in deutschen Privathaushalten. Allerdings wird man als Gast nur selten in Kontakt mit ihnen kommen, da sie, anders als die *muchachas*, meist nicht in den Haushaltsbereichen mit »Publikumsverkehr« tätig sind und bei Weitem nicht jeden Tag zur Stelle sind. Eine Gemeinsamkeit gibt es allerdings: Auch in Deutschland arbeiten nur wenige mit offiziellen Arbeitsverträgen und Sozialversicherung.

Wie in einigen anderen Lebensbereichen ist man beim Umgang mit dem *personal doméstico* gut beraten, sich am Vorbild der einheimischen Gastgeber zu orientieren. Möglicherweise macht man dabei die Erfahrung, dass sich der Umgang mit dem Personal von Haushalt zu Haushalt recht stark unterscheidet. In früheren Zeiten war dies ein wichtiges Thema in Benimm-Ratgebern. So widmete Manuel Carreño, der in Sachen Etikette als der Knigge Lateinamerikas gilt, im 19. Jahrhundert in seinem vielfach aufgelegten *Manual de urbanidad y buenas maneras* (Handbuch der Höflichkeit und guten Umgangsformen) ein ganzes Kapitel der Frage, »wie wir mit unserem Personal umgehen«. Zu jener Zeit arbeitete rund ein Drittel der Erwerbstätigen in Mexiko-Stadt in Privathaushalten. Das Trinkgeld, das man als Gast den Bediensteten gibt, so konstatiert Carreño, hänge von der Dauer des Aufenthalts, aber auch davon ab, ob man als reich oder als weniger begütert gilt.

Auch wenn es heute nicht mehr üblich ist, der *muchacha* Trinkgeld zu geben, sind die Rollen von Bediensteter auf der einen und Gast auf der anderen Seite noch immer klar definiert. Dass Anton beim Abräumen und beim Abwasch helfen möchte, ist also in der Tat unpassend, wenn es auch seinen guten Willen darlegt. Wenn man Interesse zeigt und versucht, ein Gespräch anzufangen, wie Anton es tut, ist das grundsätzlich in Ordnung, doch sollte man nicht zu sehr überrascht sein, wenn der Versuch an der Reserviertheit der *muchacha* scheitert.

16 Entschuldigen Sie, wo kann ich hier den Bus flachlegen?

Die Tücken des mexikanischen Spanisch

»*¡Bienvenidos a México!* Meine Damen und Herren, im Namen der gesamten Crew wünsche ich Ihnen einen schönen Aufenthalt in Mexiko und hoffe, Sie bald wieder an Bord begrüßen zu dürfen!«

Was, schon da? Kristina springt auf. Sie kann es noch gar nicht so recht fassen. Die letzten Tage vor den Semesterferien haben sich gezogen wie Kaugummi und der Besuch bei ihrer Freundin Lily schien durch die vielen Erledigungen, die sie natürlich mal wieder auf den letzten Drücker machen musste, in weite Ferne gerückt. Im Gegensatz dazu waren die letzten Stunden – im wahrsten Sinne des Wortes – wie im Flug vergangen. Ins Gespräch mit ihrer Sitznachbarin, einer älteren Mexikanerin, vertieft, hat sie vollkommen die Zeit vergessen, zumal sie sich ziemlich anstrengen musste, um dem ungewohnten Singsang folgen zu können. Die Dame hatte – wenn Kristina die Quintessenz ihres Redeschwalls richtig verstanden hat – ihren Sohn in Frankfurt besucht und freut sich nun sichtlich darüber, nach Hause zurückzukehren und der jungen Frau neben ihr noch ein paar essenzielle Ratschläge für ihren Mexikoaufenthalt mitzugeben.

»*¡Cielito, ten cuidado con los mexicanos!*«, sagt sie mit einem Augenzwinkern.

Kristina wird rot, die Anspielung, sie solle vorsichtig sein mit den mexikanischen Männern, hat sie verstanden, auch wenn ihr nicht ganz klar ist, warum die Dame sie mit *cielito* anredet – ob sie ihren Namen nicht richtig verstanden hat?

Diminutive

Die mexikanische Sprache liebt das Verkleinern. Durch das Anhängen der Suffixe *-ito/-ita*, *-cito/-cita* oder *-ico/-ica* kann beliebig »verniedlicht« werden. Diese Methode findet nicht nur bei Gegenständen Anwendung, sondern auch bei Adjektiven und Namen. So wird aus dem *cielo* (Himmel) der *cielito* (was ein beliebter Kosename ist), aus dem *café* wird der *cafecito*, aus *ahora* (sofort) wird *ahorita*, aus Ana Anita usw. Dabei kann es auch schon mal zu einem regelrechten Exzess der Diminutive kommen, wenn aus dem ursprünglichen *chico* (klein) nicht einfach nur *chiquito* (sehr klein), sondern *chiquitito* (winzig klein) wird. Der Gebrauch der Verkleinerungsform kann in Gesprächen auch deeskalierend wirken, Probleme werden so z.B. zu Problemchen und verlieren dadurch, zumindest äußerlich, ihren bedrohlichen Charakter.

Als der Flieger schließlich zum Stehen kommt, drückt die alte Dame sie noch einmal zum Abschied und bietet ihr an, sie mit dem *carro* ins Zentrum mitzunehmen. Der *carro* ist wohl als Auto zu verstehen – aber sagt man nicht eigentlich *coche*? Vermutlich ist ihr Wagen so alt und marode, dass er nichts anderes als die Bezeichnung Karre verdient. Kristina lehnt dankend ab, schließlich will sie direkt vom Flughafen aus den Bus nach Cholula nehmen. »Das ist ganz einfach und der Bus ist wirklich sehr komfortabel«, hat Lily ihr versichert.

Nachdem Kristina der Dame versprochen hat, sich zu melden, wenn sie wieder in Mexiko-Stadt ist, um mit ihr einen *cafecito* trinken zu gehen und von ihren Erlebnissen zu berichten, verschwindet die kleine Mexikanerin mit ihrem überdimensionalen Ziehkoffer in den Weiten des Flughafens.

Jetzt ist Kristina also auf sich allein gestellt. Das Kribbeln im Bauch nimmt zu. Es ist das erste Mal, dass sie außerhalb von Europa Urlaub macht, aber wenn die beste Freundin für ein Jahr in Mexiko ist, muss man die Gelegenheit schließlich nutzen. Nachdem sie ihr Gepäck abgeholt hat und sich auch die Sache mit der Passkontrolle als erstaunlich unkompliziert erwiesen hat, steht sie schließlich voller Erwartung am Flughafenausgang und ist langsam davon überzeugt, dass eigentlich gar nichts schiefgehen kann. Immerhin hat der nette Zollbeamte sie verstanden, als sie ihm auf Spanisch erklärte, dass sie ihre Freundin besuchen wolle. Der Sprachkurs in Madrid letztes Jahr hat also doch etwas gebracht. Suchend blickt sie sich nach dem Bus um. Die junge Frau dort kann ihr sicher weiterhelfen. »Disculpe, señora. ¿Dónde puedo coger el autobus a Cholula?«

Die Frau blickt sie irritiert an und weist dann mit der Hand in eine Richtung, während sie ganz offensichtlich versucht, nicht laut loszulachen. Was ist denn jetzt los? Hat die Dame im Flugzeug nicht gemeint, die Mexikaner seien so nett und hilfsbereit? Kristina versteht die Welt nicht mehr, sie hat doch nur gefragt, von wo aus sie den Bus nach Cholula nehmen könne. Und dann das!

Reingetreten

»Hola! ¿De dónde eres?«, hört sie plötzlich eine Stimme hinter sich. Ein junger Mann im Anzug mit einem Rollkoffer in der Hand sieht sie lächelnd an.

»*Soy de Alemania*« (Ich komme aus Deutschland), entgegnet sie, froh, dass es anscheinend doch noch freundliche Menschen in diesem Land gibt.

»Und Spanisch hast du sicher in Spanien gelernt, oder?«, meint er in ziemlich gutem Deutsch mit Blick auf den Sprachführer in ihrer Hand.

»Ja, wieso?«

»Na ja, manche spanischen Wörter heißen bei uns einfach anders als in Spanien. Und das Wort *coger* solltest du besser nicht benutzen, zumindest nicht in diesem Zusammenhang.« Er grinst.

Kristina ist frustriert. Dabei hat sie sich extra noch die wichtigsten Sätze hinten in ihrem Reiseführer notiert, um bestens gerüstet zu sein. Wer weiß, welche Ausdrücke davon sonst noch alle falsch sind! »Ist denn das mexikanische Spanisch wirklich so anders?«, will sie von ihrem Gegenüber wissen.

»Na ja, ganz so schlimm ist es nicht, normalerweise verstehen wir uns recht gut. Nur, was du eben gesagt hast – nun ja, das bedeutet bei uns so viel wie ›Entschuldigen Sie, wo kann ich hier den Bus flachlegen?‹«

Kristina spürt förmlich, wie sich zwei rote Flecken von ihren Wangen bis hinunter zum Hals ausbreiten – das passiert ihr immer in peinlichen Situationen – und bereut es, den Schal, den sie im klimatisierten Flieger getragen hat, schon weggepackt zu haben. »Oh, das erklärt natürlich die Reaktion der Frau. Aber wie soll man das denn sonst fragen?«

»Also, das Wort *tomar* kannst du gut verwenden, das ist eigentlich gleichbedeutend mit dem spanischen *coger*.«

Kristina schüttelt den Kopf. »Aber in Spanien benutzt man das doch nur im Zusammenhang mit Trinken! So haben wir das im Sprachkurs gelernt.«

»Ja, das kann schon sein. Aber wenn du dich hier in Mexiko verständigen willst, solltest du ein paar grundsätzliche Unterschiede zwischen dem spanischen und dem mexikanischen Spanisch kennen. Ich muss auch nach Cholula und der Bus kommt sowieso erst in einer Stunde. Ich würde vorschlagen, dass wir gemütlich eine *chela* trinken gehen, und ich erkläre dir die wichtigsten Unterschiede. Was hältst du davon?«

»Gute Idee. Aber was bitteschön ist eine *chela*?«

Er lacht. »In Spanien würde man wahrscheinlich *cerveza* oder *caña* dazu sagen.«

Uff, wieso muss das bloß so kompliziert sein? Seufzend folgt Kristina dem jungen Mann in eine Bar im Flughafengebäude und ist froh, als sie ein kühles Bier vor sich stehen hat. Jetzt kann sie sich ganz entspannt zurücklehnen und dem kleinen Unterricht lauschen.

Umgangen

»Was uns am meisten von Spanien trennt, ist unsere gemeinsame Sprache.« Diese mexikanische Redensart zeigt, wie sehr sich das spanische vom mexikanischen Spanisch unterscheidet. Zwar ist es durchaus hilfreich, ein paar Spanischkenntnisse mitzubringen, und man sichert sich dadurch sofort die Sympathie der Mexikaner, zumal viele, insbesondere die Älteren, nicht des Englischen mächtig sind. Allerdings sollte man sich bewusst machen, dass es einige bedeutsame Differenzen gibt, nicht nur im Wortschatz, sondern auch in der Aussprache, der Intonation sowie der Grammatik. So gibt es zum Beispiel die spanische informelle Anredeform *vosotros* (zweite Person Plural) in Mexiko nicht, ebenso wenig wie in ganz Lateinamerika, sondern man verwendet ausschließlich das im spanischen Spanisch als Höflichkeitsform bekannte *ustedes*, ohne damit seine Freunde zu siezen.

Einen weiteren Unterschied bildet die Aussprache der s- bzw. z-Laute. Die Mexikaner unterscheiden im Gegensatz zu den Spaniern artikulatorisch nicht zwischen »s« und »c« bzw. »z« (dieses Phänomen wird auch *seseo* genannt). Die typisch spanische gelispelte Aussprache der beiden Letzteren gibt es in Mexiko nicht – was mit ein Grund dafür ist, warum es Ausländern oft leichter fällt, das mexikanische Spanisch zu erlernen. Auch der Sprachfluss in Mexiko erleichtert Ausländern das Verstehen, da er um einiges gemächlicher ist als in Spanien. Das Mexikanische gleicht eher einem Singsang, sodass das Spanische demgegenüber gröber, schneller und direkter wirkt.

Für Reisende, die das spanische Spanisch gelernt haben, können die sprachlichen Unterschiede zu Verwirrung bis hin zu unangenehmen Situationen führen, wie im Falle Kristinas. Allerdings halten sich die Missverständnisse normalerweise in Grenzen, da die Mexikaner in vielen Fällen mit den »spanisch-spanischen« Ausdrücken vertraut sind und diese einzuordnen wissen. Ein *coger* aus dem Munde eines offensichtlich Fremden ruft zwar Belustigung hervor, aber man weiß in der Regel, was gemeint ist. Mit Ausdrücken wie *vale* (was in Spanien so viel wie »okay« bedeutet, typisch mexikanisch wäre *órale* oder einfach *bueno* – »gut«) oder *guay* (»cool«, das mexikanische Äquivalent wäre *chido*) outet man sich eindeutig als von Spanien beeinflusst und wird nicht selten damit aufgezogen.

Mexiko als lexikalischer Schmelztiegel

An dieser Stelle bietet es sich an, dem mexikanischen Wortschatz ein paar Zeilen zu widmen, nicht zuletzt weil dieser einige interessante Rückverweise auf die mexikanische Geschichte liefert. Da wären z.B. die sogenannten Indigenismen, also Wörter, die aus indigenen Sprachen übernommen wurden. Insbesondere Dinge, mit denen sich die Spanier in den Kolonien erstmals konfrontiert sahen, erhielten ihre Bezeichnung in Anlehnung an das entsprechende indigene Wort. Hierzu gehören Wörter wie *chicle* für Kaugummi, *aguacate* für Avocado, *hamaca* für Hängematte sowie die auch bei uns bekannten Begriffe *maíz*, *cacao* und *chocolate*.

Während spanische Eroberer die neuen Produkte wie auch deren Bezeichnung aus den Kolonien nach Spanien und Europa brachten, prägte auch das Spanisch der Kolonialzeit den mexikanischen Sprachraum. Dies erklärt, warum es noch heute sogenannte Archaismen im Mexikanischen gibt, die in Spanien eine eher veraltete Bedeutung haben, so z.B. das Wort *carro*, das im Spanischen »Kutsche« und nicht wie in Mexiko »Auto« bedeutet.

Auch Einflüsse aus dem amerikanischen Raum sind in Mexiko spürbar. So lassen z.B. Wörter wie *chequear* (abschätzen bzw. abchecken) oder *drinquear* (trinken) die sprachliche Beeinflussung vom Nachbarn im Norden deutlich erkennen.

17 Hier ein Happen, da ein Happen
Wenn Bestechung kaum weh tut

Ein lauer Abend Mitte Dezember, die Sonne ist mal wieder in Rekordgeschwindigkeit untergegangen und Lily sitzt nach einem langen letzten Uni-Tag vor den Ferien mit Simon und Kristina in der WG-Küche. Héctor ist mit Freunden bei einem Footballspiel, und Lily ist ganz froh, sich einfach auf Deutsch unterhalten zu können, ohne für Kristina, die sich noch nicht so recht an das mexikanische Spanisch gewöhnt hat, immer wieder übersetzen zu müssen. Nach einem typisch mexikanischen Abendessen mit *guacamole* (Avocadodip), *tortillas* (Maisfladen), *frijoles* (Bohnen) und scharfen *jalapeños* (kleine bis mittelgroße, recht scharfe Paprika) sind alle drei leicht ermattet und überlassen ihren Mägen vertrauensvoll die Bewältigung der noch immer ungewohnten Kost.

Maismenschen

Mais ist der universelle Grundstoff der mexikanischen Küche und der wichtigste Lieferant von Kalorien. Kein Wunder, denn in Zentralmexiko wurde der Mais wohl erfunden, genauer gesagt: Er wurde aus einem Wildgras gezüchtet und war schon lange, bevor die Spanier kamen, ein wichtiges Nahrungsmittel. Auch im religiösen Weltbild der indigenen Völker nahm er einen zentralen Platz ein. Hier wimmelte es von Göttern des Mais, seines Anbaus und seiner Lagerung.

Es gibt eine Fülle von Maisrezepten und noch weitaus mehr Namen für die verschiedenen Gerichte. Jede Region hat ihre Spezialitäten und ihre eigenen Bezeichnungen. Am häufigsten verbreitet sind *tortillas*, dünne Maisfladen, die auf dem *comal*, einer flachen Platte, traditionell aus Lehm geformt, heute oft aus Metall, gebacken werden.

Wenn man nach einem Mexikoaufenthalt versucht, zu Hause mit in Deutschland gekauftem Maismehl *tortillas* zu backen – eine Backform oder eine Crêpepfanne leisten da gute Dienste –, ist man meist enttäuscht. Die Fladen sind zu zäh oder zu hart. Für *tortillas* wird Maisbrei zunächst in gekalktem Wasser längere Zeit gekocht, dadurch lässt sich der Mais besser zu einem geschmeidigen Fladenteig verarbeiten.

Während normale *tortillas* weitgehend ohne Fett gebacken werden, brät man *tostadas* in Öl und belegt sie dann mit verschiedenen Zutaten. Außerdem gibt es die gerollte Variante der *tacos*, mit Käse gefüllte *quesadillas* oder auch die mit Füllung gerollten und in Soße überbackenen *enchiladas*. Haben wir schon von den *tamales* berichtet, den gefüllten Maispasteten, die in Maisblätter eingewickelt und in Wasserdampf gegart werden? Nicht zu vergessen die dicken *gordas* und die *corundas*-Klößchen. Und wir sollten noch erklären, dass man Mais auch trinken kann, als *atole* (milchiges Getränke aus Maismehl und Wasser) oder als Tee, der aus den Maishaaren gebraut wird.

Man kann Mais aber nicht nur essen oder trinken, sondern seine Blätter auch zum Einwickeln von Nahrungsmitteln verwenden und aus den *olotes*, den leeren Kolben, Werkzeuge oder Spielsachen schnitzen, wenn man sie nicht als Ersatz für Toilettenpapier verwendet. Oder aber man verfüttert die Pflanze nach der Körnerernte ans Vieh. Ein mexikanisches Sprichwort konstatiert nüchtern und wörtlich: »Je weniger Esel, desto mehr Kolben« *(Mientras menos burros, más olotes)*, was so viel bedeutet wie: Je weniger Esser, desto mehr bekommt jeder.

»Was haltet ihr von einem Verdauungsspaziergang zur Pyramide?« Als Geschichtsstudent ist Simon fasziniert von dem historischen Mix aus Christentum und indianischer Kultur, und es vergeht kaum ein Tag, an dem er nicht den mühseligen

Aufstieg auf sich nimmt, um in der Vergangenheit zu schwelgen und die herrliche Aussicht zu genießen.

Kristina verdreht die Augen. »Du kannst doch jetzt nicht ernsthaft da hoch wollen? Also nicht mit mir, das ist viel zu anstrengend – nach *dem* Essen.«

Lily findet die Idee gar nicht so schlecht: »Lasst uns ein paar Flaschen *Sol* mitnehmen als Belohnung für den Aufstieg. Die Aussicht auf die Stadt bei Nacht muss toll sein.«

Was die Wunderwerke menschlicher Baukunst nicht bewirken konnten, gelingt nun der verlockenden Vorstellung eines Feierabendbieres unterm Sternenhimmel mit Blick auf die beleuchteten Straßen Cholulas – Kristina willigt ein. Gut ausgerüstet mit einigen Flaschen *Sol*, Kameras und ein paar Decken machen sie sich schließlich auf den Weg.

Die höchste Pyramide der Welt ... war sie mal: die Gran Pirámide de Cholula

Sie ist das Wahrzeichen Cholulas und in puncto Volumen die größte bisher bekannte Pyramide der Welt. Die offenbar dem Gott Quetzalcoatl gewidmete Anlage hatte eine (geschätzte) Bauzeit von rund 500 Jahren, samt Erweiterungen, etwa von 200 bis 700 n. Chr. Leider ist von dem riesigen Bau kaum noch etwas zu sehen. Die Pyramide ist, bis auf die restaurierte Westseite, vollständig von einem künstlichen Berg überdeckt, auf dem die Kirche Santa Maria de los Remedios steht. Es wird erzählt, Hernán Cortés habe den Berg aufschütten lassen, um auf ihm die Kirche zu errichten, genau ist dies jedoch nicht belegt. Auch wenn man vom Aztekenerbe wenig sieht, ist die Aussicht spektakulär: Vom Pyramidenberg hat man einen herrlichen Blick auf Cholula und die benachbarte Millionenstadt Puebla.

Nach dem Aufstieg – erschwert durch den noch immer nicht entschiedenen Kampf zwischen Mägen und *jalapeños* – machen sie es sich gemütlich, und Lily lässt sich von Simon geduldig die einzelnen Stadtteile zeigen, die von hier oben nur als kleine Lichterinseln in der dunklen Nacht auszumachen sind. Es ist für mexikanische Verhältnisse ausgesprochen ruhig, den Verkehr hört man nur als leichtes Rauschen, hin und wieder übertönt von einem Martinshorn.

»Hat sich doch gelohnt, der Aufstieg«, muss Kristina feststellen, und Simon grinst zufrieden.

Die Temperatur ist perfekt, es weht ein angenehm kühler Wind und die drei spielen schon mit dem Gedanken, die ganze Nacht hier zu verbringen, um auch noch den Sonnenaufgang zu sehen – »wenn man schon mal oben ist ...«.

Plötzlich setzt sich Kristina auf. »Da kommt jemand!«, raunt sie den anderen zu.

Lily und Simon schrecken alarmiert hoch, jeder denkt das Gleiche: Überfälle, Entführungen – was hat man nicht schon so alles gehört, was nichtsahnenden deutschen Touristen nachts in Mexiko passieren kann. Erleichtert stellen sie fest, dass sich die dunkle Gestalt beim Näherkommen als Polizist entpuppt.

»Buenas noches, señores.« In voller Montur, mit kugelsicherer Weste und Gewehr pflanzt er sich vor ihnen auf und deutet anklagend auf ihre Bierflaschen. Wie Sie es wagen könnten, hier Alkohol zu trinken. Man befände sich auf öffentlichem Grund und Boden und, noch schlimmer, in der direkten Umgebung eines heiligen Gebäudes. Die Überwachungskameras hätten alles genau aufgezeichnet. Den Worten und dem Tonfall des Ordnungshüters nach zu schließen, haben sich die unwissenden Deutschen nicht nur des schlichten Regelverstoßes, sondern geradezu der Blasphemie schuldig gemacht, indem sie an diesem Ort Alkohol konsumierten.

»*No lo sabíamos. Somos de Alemania*«, stottert Simon und versteckt seine Bierflasche in einem etwas zu späten Anflug von Vorsicht hinter seinem Rücken. Aber auch die Tatsache, dass die drei aus Deutschland sind und als »dumme Touristen« die mexikanischen Gesetze bezüglich des Alkoholkonsums in der Öffentlichkeit nicht kennen, hilft ihnen nicht wirklich aus der Patsche. Zwar scheint der Polizist nun etwas versöhnlicher gestimmt, aber trotz allem macht er Anstalten, die drei mit auf die Wache zu nehmen, damit sie ihre Schuld über Nacht absitzen. Lily ist schockiert. Eine Nacht im mexikanischen Gefängnis, etwas Schlimmeres kann sie sich kaum vorstellen. Sie sieht ihren Freunden an, dass diese nicht weniger beunruhigt sind. Gibt es denn keinen Ausweg? Doch, den gibt es. Und der Polizist liefert ihn freundlicherweise direkt im Anschluss: die *multa*, das Bußgeld. Das sei natürlich auch auf der Wache zu bezahlen und könne sehr teuer werden und natürlich wolle man das den deutschen »Gästen« doch gerne ersparen. »Aber auch, wenn Sie Deutsche sind, haben Sie sich hier an unsere Gesetze zu halten!«

Irgendwie hat er ja recht, und mittlerweile ist Lily zu allem bereit, um nur ja nicht ins Gefängnis zu müssen. »Wir wussten es wirklich nicht! Und es tut uns sehr leid! Natürlich kommen wir mit zur Wache, um das Bußgeld zu zahlen.« Aber Lilys Versuche, den Polizisten von ihrem Willen zur Besserung zu überzeugen, scheinen ihn nicht sonderlich zu interessieren. Mit einem Blick auf die Überwachungskameras, winkt er schließlich Simon, ihm zu einer kleinen Baumgruppe in der Nähe zu folgen.

»Was macht er denn jetzt?« Kristinas Spanisch ist noch nicht so gut, als dass sie dem Gespräch wirklich hätte folgen können. Aber auch Lily ist ratlos. Sie beobachtet die beiden besorgt, um Simon im Notfall zu Hilfe zu kommen. Doch die zwei stehen unter den Bäumen und unterhalten sich nur. Schließlich greift Simon kurz in seine Hosentasche und schüttelt dem Ordnungshüter die Hand, wie um ein Geschäft zu besiegeln. Nach diesem rätselhaften Intermezzo kommen sie zurück, und der Polizist, zuvor noch als Wächter der Moral aufgetreten, meint nun lächelnd: »Dort unter den Bäumen können Sie ungestört weitertrinken und die schöne Aussicht genießen. Dorthin reichen die Überwachungskameras nicht.«

Die beiden Frauen blicken fragend auf Simon. »Zweihundert Pesos, mehr hatte ich nicht dabei. Aber es scheint gereicht zu haben«, flüstert er ihnen zu.

Lily ist entgeistert. »Du hast ihn bestochen? Das kannst du doch nicht machen! Das ist strafbar, dafür können wir ins Gefängnis kommen!« Sie ist sauer, wenigstens hätte er sich doch mit ihnen absprechen können, statt sie ohne ihr Wissen da mit hineinzuziehen. Ihr wäre es lieber gewesen, alles rechtmäßig abzuwickeln und mit zur Wache zu fahren.

Der Polizist legt die Hand an die Mütze. »*Buenas noches y que disfruten de sus vacaciones.*« Ja, schöne Ferien noch.

Draußen nicht! Alkohol in der Öffentlichkeit

In Mexiko ist der Konsum alkoholischer Getränke in der Öffentlichkeit verboten und kann mit einer Geldbuße geahndet werden. Trinken auf der Straße oder öffentlichen Plätzen, aber auch als Fahrer oder Beifahrer im Auto kann eine Menge Pesos kosten. Davon unabhängig gilt für Autofahrer die 0,8-Promille-Grenze, bei Fahrern von Taxis, Bussen usw. sind es null Promille. Mit teils sarkastischen Kampagnen versucht man, v.a. junge Leute zu erreichen (etwa: »Wenn du vorhast, betrunken Auto zu fahren, gib deiner Mama einen Abschiedskuss!«).

Reingetreten

Manchmal kommt man in diesen und anderen Fällen um eine Strafe herum, wenn man ein gewisses finanzielles Entgegenkommen zeigt. Man kann es Schmiergeld nennen, die Mexikaner nennen es *mordida*, was man wahlweise mit Happen oder mit Biss übersetzen kann. Selbstverständlich ist Bestechung auch in Mexiko verboten und nicht nur die *mordida*-Empfänger, sondern auch die Zahler können im Gefängnis landen. Statt einer Geldbuße fürs Trinken in der Öffentlichkeit hätten Lily, Kristina und Simon eine Strafanzeige mit Inhaftierung bekommen können. Sie wären vom Regen in die Traufe geraten oder, wie man im Spanischen sagt, vorm Feuer abgehauen und in die Glut gefallen *(huir del fuego y caer en las brasas).*

Obwohl Bestechung verboten ist, gehört sie so stark zum mexikanischen Alltag, dass das Land immer wieder beunruhigend schlechte Positionen im internationalen Korruptionsvergleich einnimmt. 2010 stand es auf Platz 98 (von 178) des internationalen Korruptionsindexes, einer weltweiten Befragung zum Ausmaß der Korruption. Den höchsten Punktstand, zehn Punkte für völlige Korruptionsfreiheit, hat kein Land erreicht, doch kamen Spitzenreiter wie Dänemark oder Neuseeland auf mehr als neun Punkte, Deutschland immerhin auf 7,9. Mexiko erreichte nur 3,1.

Da ist es kein Wunder, dass Korruption und Bestechung zu den Themen gehören, die in Mexikos Öffentlichkeit am heftigsten debattiert werden. Jeder kennt die vielfältigen Möglichkeiten der *mordidas*. Sie helfen Wartezeiten und Bearbeitungsfristen bei Behörden radikal zu verkürzen und öffnen Schlupflöcher im Steuer- oder Strafrecht. Jeder weiß aber auch: Korruption sät Misstrauen und Angst und sie kostet einen Haufen Geld. Schätzungen zufolge verursacht die Korruption in Mexiko pro Jahr einen Schaden von umgerechnet rund neun Milliarden Euro, direkt durch die bezahlten *mordidas* und Gefälligkeiten, aber auch indirekt, etwa dadurch, dass manche Menschen ihr Geld lieber in Ländern ausgeben oder investieren, in denen Staat und Verwaltung nicht geschmiert werden müssen, um reibungslos zu funktionieren.

Nun kann man von Lily und ihren Freunden nicht erwarten, dass sie die verwickelten politischen und moralischen Fragen von Bestechung und Korruption mit einem schwerbewaffneten Polizisten diskutieren, nachts und in der Einsamkeit. Auch für den Polizisten kann man so etwas wie Verständnis haben. Die Gesetzeshüter verdienen in Mexiko sehr wenig, sodass es nahe liegt, sich Zusatz- und Nebenerwerbsmöglichkeiten zu suchen. Soll man also *mordidas* bezahlen? Die Frage kann man mit einem klaren »Jein« beantworten. Lily und ihre Freunde haben sich für wenig Geld (umgerechnet etwa vier Euro pro Person) eine Menge Ärger erspart und obendrein noch einen wichtigen Tipp bekommen (»Dort drüben gibt's keine Überwachungskameras.«). Der Polizist hat sein mageres Gehalt aufgebessert, ohne jemandem wirklich wehzutun. So können eigentlich alle Beteiligten zufrieden sein, zumal man höflich und zivilisiert miteinander umging, keiner sein Gesicht oder die Contenance verloren hat. All das kann aber nicht darüber hinwegtäuschen, dass *mordidas* und alles, was mit ihnen zusammenhängt, eine knifflige Angelegenheit sind, für die man Fingerspitzengefühl braucht.

Umgangen

Der Anfang ist meist das einfachste. Oft beginnt es wie bei Lily und ihren Freunden mit einer Strafpredigt. Die »Sünder« sollen die Schwere ihrer Schuld einsehen. Auch als Ausländer muss man sich an die Gesetze halten. Häufig reicht es dabei nicht, dass die Sünder zerknirscht sind und Besserung geloben. Der Prediger droht ihnen mit dem Fegefeuer und Höllenstrafen, ersatzweise mit hohen Geldstrafen und Kerker. Selbst wenn es nur eine Nacht ist, die kann in einem mexikanischen Gefängnis lang sein. Auf jeden Fall ist das nicht ganz die Art Urlaub, die man sich vorgestellt hat.

Jetzt haben die Sünder nicht nur ein schlechtes Gewissen, sondern ihnen kriecht die Angst den Rücken hoch. Doch siehe: Rettung ist nahe. Der Prediger, der eben noch die schwere Schuld beschworen und höllische Strafen angedroht hat, wird zum mitfühlenden Menschen, ja zum Wohltäter. Niemand wolle etwas Böses und vielleicht ließe sich die Angelegenheit zur Zufriedenheit aller regeln. Dabei bleibt er meist vage, wie eine solche Regelung aussehen kann, nach dem Motto: Über Geld redet man nicht, Geld nimmt man. Selbst das harmlose Wörtchen *cortesía*, das von Höflichkeit über Trinkgeld bis hin zur freundlichen Gabe allerlei bedeuten kann, wird nur in Ausnahmefällen in den Mund genommen. Es wird so lange darum herum geredet, bis im wahrsten Sinne des Wortes der Groschen fällt und der »Gesetzesbrecher« selbst auf die Idee kommt, dem netten Polizisten eine kleine Anerkennung für seine Nachsicht zuzustecken. Dabei ist er gut beraten, seinem Gegenüber nachzueifern und das Thema Geld nicht direkt anzusprechen, und er sollte das Ganze nicht vor Publikum abwickeln. Überhaupt sollte er abwarten, bis der geeignete Augenblick für die *mordida* gekommen ist. Das gebietet die Höflichkeit, aber auch die Vorsicht, denn, wie gesagt, Bestechung ist strafbar, und wer einem unbestechlichen Gesetzeshüter einen Geldschein hinhält, steckt in ernsten Schwierigkeiten.

Gute Spanischkenntnisse können in Situationen wie der geschilderten hilfreich sein, manchmal ist es aber besser, sich begriffsstutziger zu geben, als man eigentlich ist. Wenn man Sie beispielsweise auffordert, mit zur *delegación*, zum Polizeirevier, zu kommen, oder Ihr Auto zu einem *corralón* (einem polizeilichen Abstellplatz für Fahrzeuge) abgeschleppt werden soll, kann es sinnvoll sein, nur gebrochen oder gar kein Spanisch zu sprechen. Das Ganze wird so für die Polizisten zu einer ausgesprochen lästigen und aufwendigen Angelegenheit, sodass man Sie vielleicht gegen eine kleine *mordida* weiterfahren bzw. von dannen ziehen lässt.

Natürlich ist es sinnvoll, sich über grundlegende Regeln und Gesetze zu informieren. Wenn Lily und ihre Freunde gewusst hätten, dass Alkohol in der Öffentlichkeit verboten ist, hätten sie sich einigen Ärger erspart. Es kann aber auch vorkommen, dass man völlig grundlos um eine *mordida* erleichtert werden soll. Immer ist es wichtig, die Ruhe zu bewahren.

18 *Vida y arte*

Verhandlungskunst im Arbeitsleben

Anton ist schon gut erholt und weit, weit weg von Zuhause. Sonst hätte er sich bestimmt nicht breitschlagen lassen und Peter getroffen. Der frühere Kollege war zwar immer ein brillanter Witze-Erzähler und eine Stimmungskanone, aber Anton konnte ihn nie längere Zeit am Stück ertragen. Peter hatte sich per Mail gemeldet: »Ich hab in Mexiko zu tun, alter Junge, hab gehört, dass du dich da rumtreibst, und würde dich gern treffen, zum Tequila-Tasting!«

Der Abend gestaltete sich dann doch ganz nett, nachdem Peter Anton erst einmal ausgiebig von seinen neuesten beruflichen Erfolgen erzählt hatte. Beim Abschied fragte er: »Hör mal, hast du nicht Lust, morgen mitzukommen? Ich hab ein Meeting mit mexikanischen Interessenten. Die sind hier Marktführer in Sachen Bohnenkonserven. Ein fetter Auftrag. Wenn ich den reinhole, bauen wir denen die komplette Sortieranlage inklusive der Hülsenreinigung.«

So richtig begeistert war Anton zunächst nicht, aber dann dachte er, dass eine Geschäftsbesprechung auf mexikanische Art bestimmt interessant sei.

»Die Firma hat mich geschickt, weil ich ziemlich gut Spanisch spreche. *Muy bueno*«, erklärte Peter ihm. »Du kommst einfach mit, Anton, da kannst du bestimmt noch was lernen. Danach machen wir einen Stadtbummel und abends gehen wir mit den Mexikanern noch was essen. Das Meeting wird nicht lange dauern.«

Nicht lange! Geschlagene anderthalb Stunden geht die Besprechung jetzt schon. Für Anton ist das nicht weiter schlimm, seine Erholung ist davon unangetastet. Und, es ist ja nicht sein Job. Bei Peter ist das anders. Der wird sichtlich unruhiger, je länger die Besprechung dauert, zumal er noch keinen Punkt seiner Liste, die vor ihm liegt, abhaken konnte. Stattdessen endlose Gespräche über Privates, Familie, Hobbys ... Anton hört interessiert zu. Hier kann er seinen Spanisch-Wortschatz erweitern, weil es nicht nur um Details der Sortieranlage, um Lieferfristen und Gewährleistungsbedingungen geht, sondern um ein buntes Potpourri von Themen, vom Wetter bis zu Einkaufsmöglichkeiten und lohnenden Ausflugszielen. Nur mit wenig Erfolg versucht Peter das Gespräch immer wieder auf den eigentlichen Zweck des Treffens zu lenken.

»*Con permiso*« (Mit Verlaub), unterbricht er schließlich einen der Mexikaner, der gerade begeistert von Finessen der lokalen Küche erzählt, räuspert sich und sagt: »Ich schlage vor, wir kommen jetzt zu den Punkten auf meiner Liste. Zunächst einmal sollten wir diskutieren ...«

Anton merkt, dass die Mexikaner Peter eigenartig ansehen. Aber der ist jetzt in Fahrt. Ruckzuck hat er die wichtigsten Aspekte erläutert. Ist er eben noch unruhig auf seinem Stuhl herumgerutscht, so sitzt er jetzt konzentriert und aufrecht da. Hin und wieder blickt er von seiner Liste auf, um sich zu vergewissern, dass seine Gesprächspartner ihm folgen können. Tatsächlich schauen sie ihn alle voll Interesse an, allerdings hat Anton den Eindruck, dass sie eher konsterniert als begeistert sind. Schließlich hat Peter alle Punkte abgearbeitet, und das ohne weitere Unterbrechung.

»Nun gut, ich fasse die Punkte, die wir vereinbaren sollten, noch einmal zusammen. Erstens sollten wir genaue Ablaufpläne erstellen, in denen die Fertigungs- und Lieferzeiten festgelegt sind. Zweitens ...« Knapp und präzise erläutert er das weitere Vorgehen. Als er fertig ist, lehnt er sich zufrieden zurück. Jetzt müssen sich seine Gesprächspartner nur noch entscheiden. Doch die schweigen. Und schweigen.

Endlich ergreift der Leiter der mexikanischen Verhandlungsgruppe das Wort: »Ja, das sind sehr gute Ideen. Es wäre gut, wenn sich die CEOs für Technik und für Finanzen noch mal mit uns in Verbindung setzen könnten. Wir werden das hier bei uns noch im Einzelnen besprechen. Wir sind zuversichtlich, dass wir zu einer guten Vereinbarung kommen.«

»*Bueno*, das hätten wir. Das ist gut.« Peter ist sichtlich erleichtert. Mit Daumen und Zeigefinger formt er das Okay-Zeichen. »Details können wir dann ja telefonisch besprechen.«

»Mein Gott, war das eine schwere Geburt«, sagt er im Aufzug zu Anton. »Sind die chaotisch! Was interessiert mich, wie nächste Woche hier das Wetter ist? Da bin ich längst wieder daheim. Aber effiziente Besprechungen, das ist meine Stärke. Der Chef sagt immer: Lass das mal den Peter machen, der hat das drauf. Insgesamt ist es doch gut gelaufen oder? Die Mexikaner brauchen halt ein bisschen länger, aber das wird schon. Nachher beim Abendessen werde ich noch mal nachhaken. Jetzt nehmen wir erst mal einen Aperitif. Zur Feier des Tages.«

Reingetreten

Peters forsche Art entspricht nicht ganz dem Stil, in dem in Mexiko solche Verhandlungen geführt werden. Hier ist es wichtig, erst eine persönliche Verbindung zum Gesprächspartner aufzubauen. Die scheinbar belanglosen Themen Wetter, Familie oder Sehenswürdigkeiten sind dafür bestens geeignet. Man lässt sich deutlich mehr Zeit, bevor man zu den eigentlichen Sachthemen kommt.

Wenn man dann beim Eigentlichen angekommen ist, versucht man nicht, alles minutiös festzuhalten. Das wird schnell als einengend empfunden, denn Arbeiten wird auch als eine Art künstlerischer Akt gesehen, der nicht durch ein zu enges Korsett an Terminen und anderen Festlegungen behindert werden darf. Aus diesem Verständnis heraus ist es bei einer Besprechung auch nicht sinnvoll, Punkt für Punkt der Reihe nach abzuarbeiten. Ein gewisses Maß künstlerischer Sprunghaftigkeit wird gerne gepflegt.

Wenn das Gegenüber immer wieder versucht, aufs Genaueste Ablauf und Vereinbarungen festzulegen, wird das vor diesem Hintergrund schnell als Pedanterie oder Quadratschädeligkeit aufgefasst. Wer also versucht, Abkürzungen zu nehmen oder zu drängeln, kann das Ganze erheblich komplizierter und auch langwieriger machen.

Alles nach Drehbuch: Wie man Menschen kennenlernt und mit ihnen Geschäfte macht

Wenn wir Menschen kennenlernen und mit ihnen ins Gespräch und vielleicht auch ins Geschäft kommen, folgen wir dabei bestimmten Regeln, die wir im Laufe der Zeit gelernt haben. Das funktioniert meist reibungslos, wenn beide Seiten den gleichen Regeln folgen. Manche Dinge sind in Mexiko allerdings anders geregelt, als wir dies gewohnt sind. In sozialwissenschaftlichen Kulturvergleichen gilt Mexiko als ein Land mit einer *high context*-Kultur. Hier sagt man vieles nicht ausdrücklich, sondern man bezieht sich im Sinne von »Ich muss das nicht ansprechen, Sie wissen schon, was ich meine« auf den sozialen Zusammenhang, also den Kontext. In solchen Kulturen ist es sehr wichtig, dass der Zusammenhang erst einmal hergestellt wird, auf den man sich dann beziehen kann, dass man sich kennenlernt und Vertrauen aufbaut. Wenn man demgegenüber eine *low context*-Kultur wie die deutsche gewohnt ist, ist es nicht so wichtig, mit anderen erst warm zu werden und einen gemeinsamen Hintergrund aufzubauen, denn man spricht die Dinge in der Regel ausdrücklich an.

»Der Ton macht die Musik« könnte die Grundregel für die Kommunikation in *high context*-Kulturen lauten. Um im Bild zu bleiben: Welchen Text die Beteiligten singen, ist nicht so wichtig. Die Melodie, die Koloratur, die Zwischentöne sind das Entscheidende. Dies soll natürlich nicht bedeuten, dass Mexikaner nie offen sagen, was sie meinen, oder Nord- und Mitteleuropäer immer mit der Tür ins Haus fallen, sondern unterschiedliche Orientierungen und Tendenzen verdeutlichen, die immer wieder zur Quelle von Missverständnissen werden können. Insbesondere wenn man den Kontext nicht durchschaut oder die Kontextregeln nicht kennt.

Schauen wir uns den Sachverhalt einmal aus mexikanischer Sicht an. So könnte in einem mexikanischen Ratgeber für Geschäftsverhandlungen mit Europäern empfohlen werden: »Benutzen Sie eine direkte Sprache. Ordnung und Planung stehen bei den Menschen in Mittel- und Nordeuropa an erster Stelle. Sie sind individualistisch und kommen rasch zum Kern der jeweiligen Angelegenheit. Das unterscheidet sie übrigens von den Anrainern des Mittelmeeres, die mit einer gewissen Leichtigkeit erst einmal soziale Verbindungen aufbauen.«

Solange die Beziehung nicht aufgebaut ist, dürften auch Verhandlungen am Telefon nicht besonders erfolgversprechend sein. Ähnliches gilt für Briefe oder E-Mails. Auf all diesen

Verständigungswegen ist es schwieriger, ein Vertrauensverhältnis aufzubauen und dabei den Zusammenhang zu klären, auf den man sich beziehen kann.

Völlig danebengegriffen hat Peter übrigens mit dem Okay-Zeichen. Diese in Deutschland verbreitete Geste kann in Mexiko als vulgäres Symbol für Gesäß verstanden werden.

Winke, winke mit dem Stinkefinger: die Sprache des Körpers

Oft fällt es uns nur auf, wenn etwas schiefgeht: Wir kommunizieren miteinander nicht nur durch Sprache, sondern auch durch Gestik und Mimik. Nur weniges – wie etwa das Lächeln oder das Weinen – ist universell, wird also rund um den Globus in gleicher Weise verstanden. Das meiste ist kulturell geprägt, wird gelernt und kann deshalb von Menschen anderer Kulturen falsch oder gar nicht verstanden werden.

Die uns vertraute Okay-Geste, die von Mexikanern meist als vulgär interpretiert wird, ist ein gutes Beispiel für solche kulturell geprägten Signale. Wie stark wir Derartiges lernen, können wir auch am Beispiel des Zählens beobachten: Wir sind gewohnt, beim Zählen auf Eins mit dem Daumen zu beginnen und dann den Zeigefinger für Zwei folgen zu lassen usw. In Mexiko beginnt man mit dem Zeigefinger, der Daumen kommt erst bei der Fünf zum Einsatz. Wundern Sie sich also nicht, wenn Sie statt der per Handzeichen bestellten drei Biere nur zwei bekommen.

Es wäre ziemlich umständlich, Mimik und Gestik in Textform zu erläutern. Außerdem gibt es in Mexiko, ähnlich wie bei uns, eine Fülle unterschiedlicher regional und sozial geprägter Varianten. Deshalb gilt für die mexikanische Welt der Körpersprache: Keine Angst vor der Blamage, Sie sind Ausländer und haben ein Recht, unwissend zu sein. Ansonsten gilt: sehen, staunen, lernen!

Vielleicht stand die ganze Besprechung sogar von vornherein unter einem schlechten Stern. Hierarchien haben in Mexiko eine große Bedeutung. Wenn der Leiter der mexikanischen Seite am Schluss anregt, dass es noch mal Verhandlungen von

Chef zu Chef geben soll, kann das darauf hindeuten, dass Peter aufgrund seiner Position als nicht genügend würdig betrachtet wird und man möglicherweise lieber mit einem höherrangigen Vertreter der Firma gesprochen hätte. Wie sagt es ein mexikanisches Sprichwort? »*Donde manda capitán, no gobierna marinero.*« (Wo der Kapitän steuert, herrscht kein Matrose.)

Umgangen

Geduld und Geschick sind hier ausgesprochen nützlich. Für Verhandlungen sollte man Zeit mitbringen und bereit sein, auch über Privates oder scheinbar Belangloses zu sprechen. Schon im Vorfeld von Geschäftsbesprechungen sollte man darauf achten, welcher Stil von der mexikanischen Seite bei Telefonaten, Mail- und Briefkontakten gepflegt wird. Dabei kann sich möglicherweise herausstellen, dass ein eher internationalisierter Business-Stil Anwendung findet, bei dem eine straffe Agenda und detaillierte Absprachen durchaus üblich sind.

In den meisten Fällen kann man damit rechnen, dass die Hierarchie eine große Bedeutung besitzt und es wichtig ist, dass die eigene Seite in dieser Hinsicht »angemessen« vertreten ist.

19 Wie ein Elefant in der *cacharrería*

Über gutes Benehmen

»Mann, ist das voll hier. Zum Glück haben meine Geschäftsfreunde einen Tisch reserviert.« Peter drängelt sich an einer Gruppe vorbei, die den Eingangsbereich belagert. »Ich hoffe, das Essen ist gut. Ich hab einen Riesenkohldampf.«

»Wenn so viele Leute herkommen, muss es doch gut sein«, erwidert Anton.

»Das muss nix bedeuten. Du kennst das doch: tausend Fliegen auf einem Kuhfladen.« Er lacht herzhaft und ein bisschen zu laut, wie Anton findet.

Nach einem Stadtbummel haben Anton und Peter noch einen kleinen Aperitif genommen, genauer gesagt: Anton hat einen kleinen Aperitif genommen, Peter ein paar mehr und auch nicht ganz so kleine. »Hat mein Arzt mir geraten. Damit ich das mexikanische Essen besser vertrage.«

Jetzt hat er seine Geschäftsfreunde entdeckt und stürmt auf ihren Tisch zu. »*Buenos días*«, ruft er in die Runde und klopft zur Begrüßung mit den Fingerknöcheln kurz auf die Tischplatte.

Floskeln als Zauberworte: Höflichkeit und Routine

»Wie heißt das Zauberwort?« Die meisten kennen diese Frage, mit der man kleine Kinder dezent darauf hinweist, dass eine Bitte mit einem »bitte« besser ankommt. Menschen mit »guter Kinderstube« haben die kleinen Floskeln in dieser Stube kennengelernt, die Höflichkeit in den Umgang mit anderen Menschen zaubern. Guten Tag, auf Wiedersehen, danke, bitte ... Meist denken wir gar nicht (mehr) darüber nach, wenn wir sie verwenden, und sie fallen uns nur auf, wenn sie fehlen.

In Mexiko werden solche Floskel- und Zauberworte gern und oft verwendet. Wenn man sich mit Sprache und Umgangsformen vertraut machen will, ist es daher hilfreich, sich einige dieser Redewendungen einzuprägen. Wenn Sie bereits in Spanien waren, kennen Sie vermutlich die grundlegenden Begrüßungs- und Verabschiedungsfloskeln *(buenos días, buenas tardes, buenas noches, adiós)*, allerdings werden sie in Mexiko häufiger benutzt, als man das möglicherweise aus Spanien gewohnt ist, so etwa beim Betreten und Verlassen von Geschäften und Büros oder in Bussen beim Ein- und Aussteigen. Auch »bitte« *(por favor)* und »danke« *(gracias)* sagt man öfter und steigert den Dank auch bei kleinen Anlässen zum Herzlichen Dank *(muchas gracias)*.

Möchte man von anderen Menschen vorbeigelassen werden oder will man sich durch eine Menschenansammlung zwängen, ist auf jeden Fall ein *¡Con permiso!* angebracht, was wörtlich »mit Erlaubnis«, also »Gestatten Sie!« bedeutet. *¡(Pase) adelante!* – »Treten Sie ein!« ist das Sesam-öffne-dich, mit dem man beispielsweise in Büros oder Privathäuser gebeten wird. Aus Gründen der Höflichkeit ist es ratsam, diese Aufforderung abzuwarten und nicht vorher hineinzumarschieren.

»Komm, wir setzen uns«, fordert Peter Anton auf und nimmt auf einem der freien Stühle Platz. Er öffnet eine der Speisekarten, die auf dem Tisch liegen, und beginnt seine Menüfolge auszusuchen. Anton ist derweil noch damit beschäftigt, Hände zu schütteln und Höflichkeiten auszutauschen.

»Siehst du, das hab ich mir gespart. Deshalb hab ich mich so schnell hingesetzt. Ich mag dieses Getue nicht. Wir haben uns doch heute schon bei der Besprechung gesehen. Und außerdem: Dieses ewige Händeschütteln oder, noch schlimmer, das Betatschen geht mir gehörig auf den Geist. Achte mal drauf, die machen das dauernd, nicht nur bei der Begrüßung. Da, guck, der legt seinem Nachbarn die Hand auf die Schulter, während sie miteinander reden. So geht das ständig. Manche umarmen sich sogar, die reinste Bussi-Bussi-Gesellschaft. Ist doch ätzend!«

Die Tischgesellschaft hat gerade ihre Bestellungen aufgegeben, da treten zwei Herren an ihren Tisch. Es sind anscheinend gute Bekannte der mexikanischen Geschäftsfreunde, denn die springen jetzt auf und es beginnt ein heftiges Händeschütteln und Umarmen. *»Tengo el gusto de presentarle ...«* (Ich möchte Ihnen ... vorstellen.) Die Neuankömmlinge sind offenbar zufällig ins selbe Restaurant geraten. Peter und Anton werden jeweils als *licenciado señor* vorgestellt und von den Neuen auch so begrüßt. Einer der beiden ist, wie Anton und Peter bei der Vorstellung erfahren, *maestro*, der andere *arquitecto*. Nachdem der umfangreichen Begrüßung eine ebensolche Verabschiedung mit allerlei Händeschütteln, Schulterklopfen und Umarmungen gefolgt ist, die beiden zu ihrer eigentlichen Verabredung weitergezogen sind und die Tischgesellschaft wieder Platz genommen hat, flüstert Peter: »Unglaublich, was die für'n Bohei um ihre Titel machen. *Licenciado* hier, *maestro* dort. Jetzt fehlt nur noch ein ›Küss die Hand‹, dann fühl ich mich wie am österreichischen Kaiserhof.«

Sie können ruhig »Oberhofrat« zu mir sagen: Titel und Höflichkeit

Berufsabschlüsse und Titel spielen in Mexiko im Umgang miteinander eine große Rolle. In Deutschland sagt man in der Regel nur zu Ärzten »Herr Doktor«. Ansonsten wird bei uns meist nicht viel Wert darauf gelegt, andere mit ihren Titeln anzusprechen oder von ihnen mit dem eigenen angesprochen zu werden. Niemand würde auf die Idee kommen, jemanden im direkten Kontakt als »Herrn Architekt« oder »Frau Ingenieurin« zu bezeichnen. Schon wenn man über die Grenze nach Österreich fährt, ist das anders. Dort wird oft die »Frau Magistra« begrüßt oder der »Herr Lizenziat« vorgestellt.

Mexiko ähnelt Österreich in dieser Hinsicht. Verbreitet sind die Titel *licenciado/-a* für Hochschulabsolventen im Allgemeinen, *inginiero/-a* für Ingenieure oder Techniker, *arquitecto/-a* (Architekt) sowie *maestro/-a* für Angehörige anderer qualifizierter Berufsgruppen, darunter Lehrer in Primarschulen. Lehrer und Lehrerinnen in Sekundarschulen und Hochschuldozenten werden oft als *señor profesor* bzw. *señora profesora* angesprochen.

Die Frage »Mit welchem Titel rede ich mein Gegenüber an?« lässt sich meist anhand der Visitenkarte beantworten, die bei Geschäftskontakten überreicht wird. Bei der Anrede mit Titel geht es oft nicht nur um die richtige Branche bzw. den richtigen Berufszweig, sondern auch um die richtige Stufe in der Bildungshierarchie. Der *licenciado* entspricht in etwa dem im Rahmen des Bologna-Prozesses auch in Deutschland zunehmend verbreiteten Bachelor, der *maestro* dem Master bzw. dem Magister. Für die in Deutschland wichtigen Berufe und Berufsbezeichnungen in Industrie, Handwerk und Handel, die man allenfalls ironisch bei der Anrede (»Herr Bäcker«) verwendet, gibt es oft keine exakte Entsprechung. Beispielsweise hat ein *técnico* in Mexiko häufig seine handwerkliche oder industrielle Ausbildung nicht in einem Betrieb, sondern in einer Schule oder Hochschule absolviert.

Ein umfangreiches Menü und mehrere Getränke später will Peter noch »ein bisschen was zur Verdauungsanregung« bestellen. Mit einem gezischten »Pssst!« macht er den Kellner auf sich aufmerksam. Anton denkt, dass der Ausdruck Fremdschämen vermutlich extra für Peter erfunden worden ist.

»Das macht man hier so«, belehrt der ihn. »Hab ich schon ein paar Mal in Bars beobachtet.«

Am Ende des Abends verabschieden sich die Teilnehmer der geselligen Runde auf der Straße vor dem Restaurant voneinander. Peter hat die nötige Bettschwere sichtlich erreicht und Anton ist erleichtert, als sein Ex-Kollege wankend von dannen zieht.

Reingetreten

Peter bemüht sich recht intensiv, ein schlechtes Vorbild zu sein. Vielleicht helfen ihm auch die Getränke dabei, die er tüchtig konsumiert. Die Begrüßung der Geschäftsfreunde gerät ihm für mexikanische Verhältnisse sehr karg. Einfach auf den Tisch klopfen würde man auch in Deutschland wohl nur bei einer Runde mit guten Bekannten oder im Kollegenkreis, wo einem diese Hemdsärmeligkeit nicht krumm genommen wird. Da man in Mexiko großen Wert auf Höflichkeit und gute Umgangsformen legt, ist das Fettnäpfchen noch ein Stück tiefer.

Da fällt es schon kaum mehr auf, dass Peters *buenos días* nicht ganz der Tageszeit entspricht. Ab mittags bis in den Abend hinein sagt man *buenas tardes*, vom Einbruch der Dunkelheit an sagt man in der Regel *buenas noches*. Seien Sie also nicht überrascht, wenn Sie bei einer abendlichen Begegnung mit *buenas noches* begrüßt werden, das ist nur eine Begrüßungsformel, während ein deutsches »Gute Nacht« in einer solchen Situation so viel heißen würde wie »Es ist spät, ich gehe jetzt zu Bett«.

Ausgeprägt höfliche Umgangsformen verbinden sich in Mexiko oft mit einer Nähe und Körperlichkeit, die für uns ungewohnt ist. Es ist verständlich, dass Peter da das Gefühl bekommt, die anderen rückten ihm zu sehr auf die Pelle. Übrigens raten mexikanische Benimm-Ratgeber ihren Lesern, auf das Distanzbedürfnis nord- und mitteleuropäischer Gesprächspartner Rücksicht zu nehmen, also Abstand zu halten und sie, außer zum Händeschütteln, nicht zu berühren.

Auf keinen Fall sollte man das Verhalten von Anwesenden kommentieren, wie Peter dies tut, auch wenn man sich sicher ist, dass sie kein Deutsch verstehen. Dass er dabei flüstert, macht die Sache eher noch schlimmer, weil das in Mexiko und in der Regel auch bei uns als sehr unhöflich empfunden wird. Auch wenn die anderen kein Wort verstehen oder überhaupt hören können, ist es für sie meist nicht schwer zu erraten, dass es gerade um sie und ihr Verhalten geht.

Es ist nicht immer sinnvoll, sich scheinbar landestypische Verhaltensweisen wie den »Pst«-Lockruf für Kellner abzugucken und zu kopieren. Peter hat recht, es gibt ihn – manchmal. Wir kennen das auch aus Deutschland: Was in einer kleinen Eckkneipe oder einem einfachen Straßencafé angemessen ist, kann in einem gehobenen Restaurant ausgesprochen unpassend wirken.

Umgangen

Als Faustformel können Sie sich merken: Man kann kaum zu höflich sein. Lieber einmal zu viel gegrüßt, verabschiedet oder bedankt als einmal zu wenig. Wenn einem das deutsche Höflichkeits-Thermometer sagt: »Das ist jetzt ein bisschen zu dick aufgetragen«, liegt man in Mexiko meist genau richtig.

Das gilt in ähnlicher Weise für die Anrede mit akademischem oder Berufs-Titel. Hier sollte man im Zweifelfall lieber zu hoch als zu niedrig greifen. Für das falsch betitelte Gegenüber ist es einfacher, Bescheidenheit zu zeigen (»Ich bin doch nur ...«) als darauf hinzuweisen, dass man zu einer höheren Statusgruppe bzw. einer angeseheneren Berufsgruppe zählt.

Bei Begrüßungen und Verabschiedungen ticken in Mexiko die Uhren anders. Beides dauert länger, als wir das gewohnt sind, auch und gerade bei Gelegenheiten wie Geschäftsessen. Man schüttelt sich länger die Hände und man rückt sich mehr auf die Pelle als bei uns üblich. Man steht näher beieinander und geht im Laufe der Bekanntschaft rascher zu Umarmungen oder, je nach Geschlechterkonstellation, zu Begrüßungsküsschen über.

Gerade in geschäftlichen Zusammenhängen werden Sie häufig auf Mexikaner treffen, die bereits ihre Erfahrungen mit Nord- und Mitteleuropäern gemacht haben. Schon deshalb können Sie mit einer gewissen Nachsicht rechnen, wenn Sie in das eine oder andere Fettnäpfchen treten.

Vielleicht begegnen Sie hin und wieder auch Mexikanern, die sich bereits intensiv mit den »europäischen« Umgangsformen vertraut gemacht haben, im direkten Kontakt oder auch über Ratschläge in den Medien. Dann kann es zu interessanten und vielleicht sogar unterhaltsamen Verwicklungen kommen. So kann es gut sein, dass Ihr mexikanisches Gegenüber annimmt, dass er Ihnen gegenüber Abstand wahren und auf Umarmungen oder Begrüßungsküsschen verzichten sollte, weil das – wie er gelesen hat – Europäern unangenehm ist, wenn sie nicht gerade aus der Mittelmeerregion kommen. Sie wiederum, in Sachen Fettnäpfchen in Mexiko bewandert, suchen Nähe und Körperkontakt, sodass es schließlich zu einer körpersprachlichen Kulturbegegnung mit vertauschten Rollen kommt.

20 Sensibel im Panzer
Wie man Schildkröten artgerecht bewundert

Was für eine herrliche Nacht! Anton kann sich gar nicht sattsehen an diesem Himmel, der so ganz anders aussieht als der, den er von seinem Schlafzimmerfenster in Köln aus sehen kann. Im Gegensatz zu der schwarzgrauen Schicht über der Stadt, von der sich höchstens einmal der Große Wagen oder die Kassiopeia abheben, gleicht der Nachthimmel über dem Strand von Tulúm vielmehr einem Schwarm aus abertausenden glitzernden und funkelnden Glühwürmchen. Unzählige Sternenbilder vermischen sich mit dem Leuchten des Halbmonds, der hier seltsamerweise auf dem Rücken zu liegen scheint. Selbst der Mond geht es in Mexiko also gemütlich an, denkt Anton und schmunzelt. Er schließt die Augen und genießt die sanfte Brise, die vom Meer her etwas Erfrischung in die tropisch heiße Nachtluft bringt.

Da durchschneiden plötzlich vier grelle Lichtkegel die Nacht und ein lautes »Ich hoffe, ihr habt das Autan-Spray benutzt« durchdringt die zuvor nur vom Meeresrauschen unterbrochene Stille. »Die Moskitos hier sind nicht zu unterschätzen. Und auch wenn wir Malariaprophylaxe genommen haben, möchte ich nicht, dass ihr ein Risiko eingeht! Und, Alexander, habe ich dir nicht gesagt, du sollst keine kurzen Hosen anziehen? Du wirst später die ganzen Beine zerstochen haben. Und dann sag nicht, ich hätte dich nicht gewarnt!«

Anton hält die Augen weiterhin geschlossen und hofft, dadurch seine Begleitung einfach ignorieren zu können. Hätte er sich doch bloß nicht darauf eingelassen, mit dieser deutschen Musterfamilie auf nächtliche Schildkrötenexpedition zu gehen! Aber mit den beiden Kindern hat er sich im Hotel so nett unterhalten, und als der Vater ihm schließlich vorschlug, die Familie nachts auf einer kleinen Tour zu begleiten, konnte er schlecht ablehnen. Die weiß besockten Füße des Familienvaters, die in den hellbraunen Ledersandalen vortrefflich zur Geltung kommen, hätten ihn warnen sollen.

Hans Dieter – er hat Anton mit einem jovialen »unter Landsleuten« das Du angeboten – verteilt gerade eine weitere Runde Autan an seine Familie und nutzt die Eincreme-Pause, um einen Energieriegel hervorzuziehen und im Licht seiner Stirnlampe einen Blick auf seinen Kompass zu werfen. Anton seufzt. Sie sind nicht einmal zwei Kilometer vom Hotel entfernt und die Möglichkeit, sich zu verlaufen, ist denkbar gering, wenn sich der Strand nicht unerwarteterweise gabeln sollte. Während also Hans Dieter diverse überlebenswichtige Maßnahmen ergreift, nutzen wiederum die beiden Kinder Alexander und Marie die Gelegenheit, unbemerkt ihre Schuhe auszuziehen, um die nackten Füße im feinen, noch warmen Sand zu versenken. Sie grinsen Anton an, der erleichtert zurückgrinst – die zwei scheinen ihren Vater zumindest nicht allzu ernst zu nehmen. Die Mutter zupft an ihrer Frisur, die trotz der Meeresbrise bombenfest sitzt, und lauscht scheinbar interessiert den Ausführungen ihres Mannes.

»Jetzt ist genau die richtige Zeit, um Schildkröten zu sehen. Sie legen nämlich von Mai bis Oktober ihre Eier und kommen dafür an die Strände – allerdings immer im Schutz der Nacht«, doziert Hans Dieter und gibt dann das Kommando, ihm weiter zu folgen.

Anton lässt sich ein wenig zurückfallen, um dem grellen Licht der Stirnlampen zu entgehen und die sternklare Nacht noch ein bisschen auf sich wirken zu lassen – und bekommt bald Gesellschaft von Alexander und Marie, die mittlerweile ihre Lampen ausgeschaltet haben und andächtig schweigend die Ruhe genießen.

Auf einmal stoppt Hans Dieter abrupt, ruft laut: »Hab ich's euch nicht gesagt?«, und weist mit ausgestreckter Hand hinüber zur Brandung: ein großes, dunkles Etwas schiebt sich langsam aus dem Wasser. Anton stockt der Atem.

»Das ist ja wie bei Jurassic Park«, flüstert Marie. Ihr Bruder nickt stumm.

Mit den kleinen Landschildkröten, die Antons Eltern bis vor Kurzem im Garten hielten und denen er als Kind immer Salat und Apfelstückchen gebracht hatte, hat dieses Wesen hier nur sehr wenig gemein. Der riesige Panzer muss um die anderthalb Meter messen, schätzt Anton, und von ein paar Salatblättern wird dieses Tier sicherlich nicht satt. Mit kräftigen Stößen schiebt sich die Schildkröte auf den Strand und hinterlässt dort, wo ihre Flossen sich in den Sand gegraben haben, zwei tiefe Rillen neben der vom massigen Panzer gezogenen breiten Schleifspur. Je näher das Tier kommt, desto besser erkennt man auch sein Gesicht: Der runzelige Hals mit dem im Verhältnis zum gigantischen Rumpf fast schon grazilen Kopf streckt sich weit aus dem Panzer hervor, der Mund ist wie zu einem Lächeln leicht gebogen und die zwei runden, tiefschwarzen Augen glänzen im Mondlicht.

Schildkröten: begehrte Kolosse

Schildkröten verfügen über einen enormen Orientierungssinn: In der Regel dauert es zehn bis 50 Jahre bis sie geschlechtsreif sind, dennoch finden sie zur Eiablage stets an den Strand ihrer Geburt zurück. Die tragenden Weibchen graben nachts ein ca. 50 cm tiefes Loch in den Sand, in das sie anschließend 50 bis 200 weiße, etwa pingpongballgroße Eier ablegen. Insgesamt legen die Weibchen alle zwei bis drei Jahre ungefähr 1.000 Eier, von denen es jedoch meist nur ein einziges bis zum Erwachsenen bringt, da die Eier und die Schildkrötenbabys v.a. in der ersten Zeit diversen Gefahren von tierischer wie menschlicher Seite ausgesetzt sind. Die Sonne übernimmt das Ausbrüten. Bei Temperaturen über 29,9 Grad entstehen aus den Eiern Weibchen, bei niedrigeren Temperaturen Männchen. Bis die kleinen Schildkröten schlüpfen, dauert es etwa 40 bis 75 Tage, da wiegen sie gerade mal 50 Gramm. Ausgewachsene Exemplare können je nach Art bis zu 2,4 Meter lang sein und an die 500 Kilogramm auf die Waage bringen. Das Alter der Tiere ist schwer zu schätzen, aber man nimmt an, dass sie mehr als 100 Jahre alt werden können.

Noch bis in die 1990er-Jahre hinein war die Zeit der Eiablage von großem Interesse für mexikanische Jäger, die auf das Fleisch und den Panzer der Tiere aus waren. Einige Dörfer, wie z.B. das kleine Mazunte im Bundesstaat Oaxaca, lebten von der Jagd auf die gepanzerten Meerestiere, sodass es zu regelrechten Massakern kam, die beinahe das Aussterben der Tiere bedeutet hätten. Seit jedoch im Jahr 1990 die Schildkrötenjagd verboten wurde, hat ein Umdenken stattgefunden. Viele Orte setzen nunmehr auf die Anziehungskraft, die die Urtiere des Meeres auf Touristen ausüben, und verdienen ihr Geld mit Schildkrötentouren per Boot statt mit der Jagd und dem Verkauf von Fleisch und Panzer. Zahlreiche Umwelt- und Tierschutzorganisationen bemühen sich um die Erhaltung der verschiedenen Schildkrötenarten. Weltweit hat man derzeit sieben Meeresschildkrötenarten identifiziert, von denen fast alle in den Monaten der Eiablage auch an mexikanischen Stränden zu finden sind.

Anton überläuft ein Schauder und plötzlich merkt er, wie ihm leise eine Träne die Wange hinabrinnt – noch nie hat er etwas Vergleichbares erlebt. Verstohlen wischt er sich über das Gesicht und wirft einen schnellen Blick auf die anderen, die wie er stumm und gebannt auf das Tier blicken. Allein Hans Dieter scheint sich schon wieder gefangen zu haben, er fingert an seiner Kamera herum und läuft dann zielstrebig auf die Schildkröte zu.

»Papa, lass sie doch! Du störst sie nur!«, ruft Alexander – doch zu spät. Hans Dieter hat schon die Kamera gezückt und knipst wild drauf los, natürlich mit dem extra für solche Anlässe gekauften externen Blitz. Seine weißen Socken leuchten im Blitzlichtgewitter, was dem Ganzen einen surrealen Anstrich gibt.

Die Schildkröte ist stehen geblieben, hebt den Kopf – was Hans Dieter nutzt, um ein Porträt zu schießen –, dreht dann unter lautem Schnaufen und Stöhnen um und schiebt sich, für ihre Masse erstaunlich behände, ins Meer zurück.

Hans Dieter kommt mit einem zufriedenen und selbstgefälligen Grinsen zurück zu seiner Familie und Anton, der ihm fassungslos entgegenblickt. Hans Dieter haut ihm freundschaftlich auf die Schulter: »Ja, mein lieber Anton. Bei so was, da muss man schnell sein. Solche Gelegenheiten darf man sich nicht entgehen lassen!«, und hält ihm das Display der Kamera unter die Nase, auf dem Anton zwei große schwarze Augen und ein sanft geschwungener Mund entgegenblicken.

Anton dreht den Kopf weg, um nicht die Beherrschung zu verlieren, da stürmt ihnen ein Mann in dunklen Stoffhosen und einem hellen T-Shirt, auf dem das Bild einer Schildkröte zu erkennen ist, entgegen. »Señor, packen Sie bitte sofort Ihre Kamera weg!« Man merkt, dass es dem Mann nur mühsam gelingt, seine Wut zu unterdrücken.

Hans Dieter verdreht die Augen. »Was soll denn das jetzt? Wird jetzt etwa auch noch Geld fürs Fotografieren verlangt? Diese Mexikaner wollen aber auch wirklich an allem verdienen!« Lässig zieht er sein Portemonnaie hervor. »Hundert Pesos?«, fragt er auf Deutsch. Der Mann blickt ihn entgeistert an, und Anton wünscht sich nichts sehnlicher, als sich hier und jetzt in Luft aufzulösen.

Reingetreten

Beim Thema Schildkröten ist Hans Dieter mit seinen weiß besockten Füßen ordentlich ins Fettnäpfchen getreten. Seit sich in Mexiko zunehmend ein Bewusstsein für den Schutz der Tiere entwickelt hat, gibt es auch immer mehr Organisationen, die besonders in Zeiten der Eiablage die Strände kontrollieren, um die Gefährdung von Schildkröten und deren Eiern zu verhindern. Einerseits gilt Schildkrötenfleisch in manchen Regionen und Kreisen noch immer als Delikatesse, sodass die Tiere vor allem in den Legemonaten, obwohl verboten, immer wieder gejagt werden. Andererseits hat sich der potenzsteigernde Ruf der Schildkröteneier teilweise so hartnäckig gehalten, dass diese – natürlich ebenfalls illegal – aus den Nestern gestohlen und für viel Geld an den Mann gebracht werden.

Aber auch Touristen stellen eine ernst zu nehmende Gefahr für die Schildkröten und ihre Eier dar. Laute Geräusche und grelles Licht können die sensiblen Schildkrötenweibchen derart erschrecken, dass sie die Eiablage abbrechen und den Strand wieder verlassen. Der Stress, dem die Tiere durch solch ein Verhalten seitens rücksichtsloser Urlauber ausgesetzt sind, gefährdet die Reproduktion und damit den Erhalt ihrer Art. Nicht zuletzt deshalb gibt es immer häufiger nächtliche Patrouillen an den Stränden, zu deren Zweck Naturschutzorganisationen auch gerne auf die Hilfe von Freiwilligen aus aller Welt zurückgreifen.

Moskitos sind, vor allem in der Regenzeit, in den tropischen Regionen Mexikos eine regelrechte Plage. Dennoch ist gerade in touristischen Gebieten wie in und um Tulúm eine Malariaprophylaxe sicherlich übertrieben, da es sich nicht um malariagefährdete Zonen handelt. Hans Dieter hat hier also überängstlich reagiert. Nur wenn man tatsächlich einen längeren Aufenthalt im mexikanischen Dschungel plant, empfiehlt sich eine Prophylaxe. Autan schreckt hartgesottene mexikanische Plagegeister nur bedingt ab, lange Hosen sind – in diesem Fall muss man Hans Dieter zustimmen – wohl die einzige Maßnahme, die einigermaßen Schutz verspricht. Aber auch ein paar Stiche bringen einen nicht um. Der Autor B. Traven schreibt 1928 in seinem Buch *Mexiko – Land des Frühlings*: »Gäbe es keine Moskitos, keine Zecken, keine Sandflöhe, dann wäre Mexiko nicht zu ertragen, so wenig zu ertragen, wie man das Paradies auf die Dauer ertragen kann. Alle Schönheiten und Herrlichkeiten kann der Mensch nicht auf einem Haufen haben, wenn er nicht verblöden soll.«

Umgangen

Viele Strände Mexikos, unter anderem die Strände in der Nähe von Tulúm, sind vor allem in den Monaten Mai bis Oktober Anlaufstelle für Hunderttausende Schildkröten, die zur Eiablage an den Ort ihrer Geburt zurückkehren. Die

Begegnung mit den majestätischen Tieren ist sicherlich ein unvergessliches Highlight jedes Mexiko-Urlaubs und durchaus nicht verwerflich – im Gegenteil: Gerade die touristische Aufmerksamkeit und Begeisterung für die Urtiere des Meeres dient schließlich auch ihrem Schutz, da nicht zuletzt dadurch die Tiere als schützenswerte Touristenattraktion und nicht mehr als Jagdobjekte gesehen werden. Dennoch sollte man beim Beobachten der Schildkröten einige Verhaltensregeln beachten und es nicht wie Hans Dieter angehen.

Das Schildkrötenweibchen muss für die Eiablage das schützende Meer verlassen, das ist sehr gefährlich. Sobald es hierbei gestört wird, kann es sein, dass es ohne seine Eier abzulegen sofort ins Meer zurückeilt. Die Tiere hören und sehen ausgesprochen gut, zumindest so lange sie nicht gerade die Eier ablegen. Das bedeutet für Beobachter, dass man sich erstens nicht zu dicht heranwagen sollte, um das Tier nicht zu verschrecken, sowie zweitens, dass man laute Geräusche und grelles Licht vermeiden sollte. Dazu gehört natürlich auch das unbedingte Unterlassen von Fotografieren mit Blitz. Die einzige Situation, in der man sich gegebenenfalls näher heranwagen darf, ist die tatsächliche Eiablage. Dabei ist das Schildkrötenweibchen derart konzentriert, dass es normalerweise nicht merkt, wenn man sich ihm nähert. Diesen Umstand nutzen auch Umweltschützer, die, insbesondere an von Touristen stark frequentierten Stränden, die Eier schon während der Ablage einsammeln – ohne dass dies von der Schildkrötenmutter bemerkt wird – und in ein geschütztes Gehege bringen.

Mit etwas gesundem Menschenverstand und Respekt vor der Natur sollte man diese Regeln eigentlich von selbst befolgen, dennoch zeigen Beispiele wie das Hans Dieters, dass es immer wieder Menschen gibt, die auf solche Dinge ausdrücklich hingewiesen werden müssen ...

21 Ölwanne ade!

Schlafende Polizisten und grüne Engel

Anton liegt träge am Strand und hebt als einzige Anstrengung hin und wieder den Kopf, um den Pelikanen zuzusehen, die sich zwischen ihren Pirschflügen auf den verwitterten Pfosten im Wasser niederlassen. Sicher, so richtig idyllisch ist Progreso, das Hafenstädtchen, nicht, aber der Hafenpier, der sich auf seinen Bögen über vier Kilometer weit ins Meer schwingt, ist schon von eigener Eleganz, und trotz der vielen Menschen, die den Strand bevölkern und sich auf der Promenade und in der Einkaufsstraße drängeln, strahlt das Städtchen eine entspannte Leichtigkeit aus.

Stachliges zu Seilen: die Sisal-Agaven

Von Progreso aus wurde Sisal in die Welt geschickt. Schon Inkas und Mayas haben aus den Blättern der Sisal-Agave Fasern gewonnen, die sie zu Seilen, Kleidung, Netzen und vielem mehr verarbeiteten. Ihren heutigen Namen bekam die Kulturpflanze von den Spaniern, die sie nach der Hafenstadt Sisal in Yucatán tauften. Von dort aus wurden die Pflanzenfasern verschifft, bis Mitte des 19. Jahrhunderts das näher an der Provinzhauptstadt Mérida liegende Progreso gegründet wurde.

Der Anbau von Sisal und der Henequen-Agave, deren Fasern etwas geschmeidiger sind, war ab Mitte des 19. Jahrhunderts ein wichtiger Wirtschaftszweig in Yucatán. Mit dem Siegeszug der Kunststofffasern nach dem Zweiten Weltkrieg begann der Niedergang der Sisalproduktion. In den letzten Jahren hat Sisal aber, u.a. als Werkstoff im Verbund mit Kunststoff oder als Dämmmaterial, wieder an Bedeutung gewonnen. Mexiko teilt sich mit Kenia weltweit den zweiten Platz, allerdings mit großem Abstand zum Hauptproduzenten Brasilien.

Nach dem anstrengenden Herumliegen stärkt sich Anton in einem der Strandrestaurants mit Fisch, einem frisch gegrillten Roten Schnapper. Ein Nachmittag ganz nach seinem Geschmack, doch jetzt ist es Zeit aufzubrechen.

Eigentlich hätte er die zwanzig Kilometer von Mérida nach Progreso auch mit dem Bus fahren können. Da er aber den Mietwagen hat, beschließt er nun, nicht den direkten Weg über die Carretera 261 zurück zu nehmen, sondern noch eine kleine Spritztour über Land zu machen. Kreuz und quer führt ihn seine Fahrt an der Ausgrabungsstätte Dzibilchaltún und an Ortschaften mit Namen wie Chicxulub und Xcunyah vorbei, die sich für Anton lesen, als hätte ein Logopäde sie erfunden.

Die Seitenscheiben hat er heruntergelassen, sodass ihm der laue Fahrtwind ein wechselndes Bouquet von Gerüchen, mal nach Meer und Fischen, mal nach Erde und Pflanzen oder auch nach Holzfeuer, um die Nase weht. Der Wagen liegt gut auf der Straße, da kann ich's ruhig laufen lassen, denkt Anton und drückt das Gaspedal weiter durch. Die kleine Landstraße windet sich wie ein sanft geschlungenes Band durch Felder und Gehölz, keine anderen Autos weit und breit. Vor ihm liegt an eine Baumgruppe geschmiegt eine kleine Ansiedlung. Im Vorbeisausen sieht Anton ein Verkehrsschild, das in Gelb und Schwarz gehalten wie ein Nuklear-Warnschild aussieht, es fliegt aber zu schnell vorbei, sodass er nicht lesen kann, was darauf steht.

Reglamentos: Verkehrsregeln in den Bundesstaaten

Jeder Bundesstaat hat seine eigene Verkehrsordnung *(reglamento de tránsito)*, in der auch die Strafen aufgelistet sind, die bei Verstößen *(infracciones)* gegen das *reglamento* anfallen. Die Geldbußen werden üblicherweise in Tagessätzen des gesetzlichen Mindestlohns aufgeführt, so müssen die Angaben nicht ständig der Inflation angepasst werden. 2011 betrug der Mindestlohn pro Tag umgerechnet etwa 3,50 Euro. In D.F. und im Estado de México sind im *reglamento* auch die Einzelheiten der Umweltzonenregelung »*Hoy No Circula*« (Heute fährt man nicht) mit Fahrverboten an einzelnen Tagen (jeweils für Fahrzeuge mit bestimmten Kennzeichen-Endziffern) aufgeführt.

Die meisten Dinge sind in den *reglamentos* der verschiedenen Bundesstaaten ähnlich geregelt. So ist mittlerweile fast überall das Telefonieren am Steuer verboten. Die zulässige Höchstgeschwindigkeit beträgt in Ortschaften (einschließlich ländlicher Ansiedlungen) 40, auf Landstraßen 70 und auf den (meist gebührenpflichtigen) Autobahnen 110 km/h. Vor Krankenhäusern und Schulen sind höchstens 20 km/h erlaubt.

Anton überlegt noch, was dort auf dem Schild wohl gestanden haben mag, da durchfährt ein Ruck den Wagen, der erst vorn, dann hinten kurz in die Luft hüpft, mit hässlichen Geräuschen aufsetzt und ins Schlingern gerät. Anton steigt in die Bremsen und versucht, das Auto durch Gegensteuern wieder in seine Gewalt zu bekommen. Endlich bringt er es zum Halten. Es steht schräg, mit den Hinterrädern im Gestrüpp neben der Straße.

Eine Weile bleibt Anton sitzen, die Hände ums Lenkrad geklammert versucht er sich zu beruhigen. Das war knapp. Es hat nicht viel gefehlt und er wäre gegen einen Baum geschleudert. Schließlich rafft er sich auf und steigt aus. Ein Blick die Straße zurück zeigt ihm, wovor mit dem Schild – das sich auch auf der Gegenfahrbahn findet – offenbar gewarnt werden sollte:

Quer über die Landstraße sind wie Hügel, die aus dem Asphalt wachsen, wuchtige Bodenschwellen angebracht, die heranrasende Autofahrer zwingen, die Geschwindigkeit zu verringern, oder die das notfalls auf die brachiale Art für sie erledigen.

Anton geht ums Auto herum und sucht nach Schäden. Anscheinend ist alles heil geblieben. Er atmet ein paar Mal tief durch, dann steigt er wieder ein und startet den Motor. Irgendetwas muss aber doch kaputt gegangen sein, denn schon beim Anfahren hört er von unten ein ausgesprochen unangenehmes Geräusch, das umso lauter wird, je schneller er fährt. Anton hält an, schaltet die Warnblinkanlage ein und lehnt sich aus der geöffneten Fahrertür nach unten. Jetzt kann er es deutlich hören: Unter dem Wagen röhrt und knirscht es beim Gasgeben. Als er erneut aussteigt, sieht er, dass sich auf der Straße langsam ein Ölfleck ausbreitet.

Was tun? Einfach weiterfahren und versuchen, das Knirschen und das auslaufende Öl zu ignorieren? Das könnte riskant sein, vielleicht geht dann noch mehr kaputt. Einen Abschleppwagen rufen? Sein Handy hat er im Hotel gelassen, damit es am Strand nicht abhandenkommt. Anton beschließt, sich auf die Suche nach einem Telefon zu machen. Er hat das Auto gerade abgeschlossen, da hält neben ihm ein Pickup, und der Fahrer, ein älterer Herr, ruft ihm zu: »*Buenas tardes. ¿Tiene un problema?*« (Haben Sie ein Problem?)

»*Sí, sí, un accidente.*« (Ja, ein Unfall.)

»*¡Ay, el policía durmiendo otra vez!*« (Ach, wieder mal der schlafende Polizist!) Anton kann weit und breit keinen Polizisten entdecken. Der Mann erklärt: »*Los topes.*« Er deutet auf die Bodenschwellen. »Man nennt sie auch schlafende Polizisten.« Er zückt sein Handy und bittet telefonisch um Hilfe.

»*Los ángeles verdes están llegando*« (Die grünen Engel kommen), sagt er dann zu Anton gewandt. Grüne Engel?

Nach einer halben Stunde löst sich das Rätsel: Einem grün-weißen Lieferwagen entsteigt ... kein Engel, sondern ein Mechaniker.

Wenn irdische Engel helfen: Autopannen

Beim Autofahren kann natürlich immer etwas passieren. Typisch mexikanische Pannen- und Unfallquellen sind neben den *topes* (wörtlich: Puffer) tiefe Schlaglöcher, die v.a. auf entlegenen Straßen und besonders während der Regenzeit enorme Ausmaße annehmen können. Zu unangenehmen Begegnungen kann es insbesondere bei Dunkelheit mit anderen Verkehrsteilnehmern, zu Fuß, auf Rädern oder auch zu Pferd oder Esel kommen.

Auf den mautpflichtigen Autobahnen erwirbt man mit dem Ticket auch einen Versicherungsschein gegen Pannen oder Unfälle, die durch Straßenschäden verursacht werden. Auf den großen Bundesstraßen gibt es in regelmäßigen Abständen Notrufsäulen, und rund um die Uhr sind die *ángeles verdes* (grünen Engel), der Pannendienst der Tourismuszentrale, in ihren grün-weißen Fahrzeugen unterwegs. Die Engel schleppen bei Bedarf ab, machen kleinere Reparaturen und helfen mit gängigen Ersatzteilen, Öl und Benzin aus. Daneben unterhält auch die *Asociación Mexicana Automovilista* einen Pannendienst.

Erst Stunden später kommt Anton endlich in seinem Hotel in Mérida an. Erschöpft trinkt er ein Bier an der Bar. Der Mietwagen musste abgeschleppt werden und es wird zwei bis drei Tage dauern, bis die Ölwanne repariert ist.

Reingetreten

Anton ist passiert, was vielen Autofahrern, und zwar nicht nur ausländischen, passiert: Er ist ungebremst auf eine der vielen Bodenschwellen gerast, die überall in Mexiko dafür sorgen sollen, dass die Tempolimits eingehalten werden. Allerdings war er besonders unaufmerksam, denn hier wurden die Schwellen sogar durch Schilder angekündigt. Das ist nicht immer so. Manchmal sind sie nur farbig markiert, meist in Gelb und Schwarz. Besonders tückisch kann es werden, wenn sie weder angekündigt noch markiert sind. Es gibt die *topes* aus Beton, Metall oder Gummi, manchmal legt man einfach dicke, alte Taue als Bremser über die Straße. Diese Variante wird auch gerne vor Kontrollposten von Polizei und Militär eingesetzt.

Anders als die uns bekannten Schwellen sind die mexikanischen *topes* meist so hoch, dass sie nur im Schritttempo überfahren werden können, sonst geht es einem wie Anton und seinem Wagen. Ihr mexikanischer Spitzname *policía durmiendo* (schlafender Polizei) sollte nicht missverstanden werden, sie geben unermüdlich und unerbittlich Acht, dass Geschwindigkeitsbeschränkungen eingehalten werden. Harmloser sind die sogenannten *vibradores*, mehrere hintereinander angeordnete, flachere Bodenschwellen, die durchs Wagenrütteln zum Langsamfahren ermuntern sollen.

Die *topes* wären ein interessantes Objekt für kulturelle und soziale Studien. So könnte man vermutlich von der Zahl, der Anordnung und der Bauweise der *topes* auf Reichtum bzw. Armut der jeweiligen Bevölkerung schließen, denn die Bodenschwellen auf den kleineren Straßen müssen von den Ortschaften bzw. den Anwohnern bezahlt werden.

Lästermäuler behaupten, die *topes* seien nur als Alternative zum Fernsehen erfunden worden. Viele Mexikaner würden Stunden um Stunden an besonders riskanten *topes* sitzen, um die Brems- und Sprungfähigkeit verschiedener Autos und die Reaktionsschnelligkeit ihrer Fahrer fachmännisch zu beurteilen. Letztlich sind sie aber eine ausgesprochen effiziente Art der Geschwindigkeitsbeschränkung. Ohne sie wäre die Zahl der Verkehrstoten, die in Mexiko im Verhältnis zur Bevölkerung fast dreimal so hoch ist wie in Deutschland, vermutlich noch höher.

Umgangen

Umgehen lassen sich die *topes* nicht, sie sind überall und sie sind unausweichlich. Aber durch angepasste Geschwindigkeit und vorsichtige Fahrweise kann man unangenehme Begegnungen mit ihnen vermeiden. Wenn Anton von einer Polizeistreife erwischt worden wäre, hätte er vermutlich ein Bußgeld berappen müssen. Wer in ländlichen Wohngebieten schneller als 40 Stundenkilometer fährt, muss nach der Verkehrsordnung von Yucatán eine Strafe von rund 18 Euro bezahlen.

Falls Sie sich beim Autofahren in Mexiko über besonders nervende Schwellen ärgern, stellen Sie sich einfach vor, es sei Ihr Kind, das auf seinem Schulweg oder beim Spielen die Straße an dieser Stelle überquert. Sehen Sie, schon bremst es sich viel leichter und frohgemuter!

22 Wann Besserwisser besser schweigen
Das heikle Thema Drogen

Lautes Schnarchen aus dem Sitz hinter ihr reißt Lily aus dem Halbschlaf. Verwirrt blickt sie sich um und braucht eine Weile, um sich daran zu erinnern, dass sie im Bus sitzt. Kristina neben ihr auf dem Fensterplatz ist anscheinend auch gerade geweckt worden, sie gähnt und reckt sich verschlafen. Die Sonne ist schon untergegangen und für einen Moment scheint die Dämmerung der vorbeifliegenden kargen Landschaft die Farben auszusaugen, bald wird auch dieses letzte unwirkliche Licht verschwunden sein. Lily schaut auf die Uhr – noch fast sieben Stunden bis San Cristóbal de las Casas. Genug Zeit, um ein kleines Abendessen einzunehmen und dann zu versuchen trotz schnarchendem Nachbar noch ein wenig zu schlafen.

»Willst du auch ein Sandwich?«, fragt sie Kristina, während sie ihren Rucksack durchwühlt.

Verschlafen und kauend sitzen die beiden nebeneinander und blicken aus dem Fenster, um vor Einbruch der Nacht noch etwas von der Gegend mitzubekommen. Plötzlich wird der Bus langsamer und hält an. Die Türen gehen auf und zwei Männer in Militäruniformen betreten den Bus. Lily merkt, wie Kristina neben ihr auf einmal hellwach ist, sich ruckartig aufsetzt, die Luft einzieht – und sich am Rest ihres Sandwichs verschluckt. Hustend und nach Luft schnappend blickt sie Lily an. Aber ausnahmsweise hat auch Lily keine Ahnung, was hier gerade passiert. Die beiden Männer gehen langsam durch den Gang und fordern die Insassen höflich, aber bestimmt auf, auszusteigen und ihre Taschen kontrollieren zu lassen. Einer der Soldaten pflanzt sich vor Lily und Kristina auf und wiederholt die Aufforderung auf Englisch. Zwar lächelt er ihnen angesichts ihres verängstigten Gesichtsausdrucks aufmunternd zu, aber ein kurzer Blick auf das Gewehr, das ihm lässig über der Schulter hängt, reicht aus, um jede Bemühung um Aufmunterung zunichte zu machen. Beunruhigt schauen sich die beiden Freundinnen an. Selbst Lily hat mittlerweile ihre sonst so ansteckende Zuversicht verloren und ihr Blick huscht nervös zu den anderen Passagieren. Der Mann hinter ihnen hat aufgehört zu schnarchen und steigt mit seiner Freundin, gefolgt von den anderen Passagieren aus dem Bus aus. Lily und Kristina folgen ihnen zögernd.

Draußen ist es mittlerweile dunkel, der Bus scheint mitten im Nirgendwo zu stehen, man sieht nur ein kleines niedriges Gebäude, vermutlich die Kontrollstation, um das es von Soldaten wimmelt. Ein großer, muskelbepackter, aber glücklicherweise angeleinter Hund sitzt neben einem der Soldaten am Ausgang des Busses. Der Gepäckraum steht weit offen, und ein Gepäckstück nach dem anderen wird von den Soldaten herausgeholt und in Anwesenheit des jeweiligen Besitzers auf einem grell beleuchteten Klapptisch inspiziert.

»Das ist doch lächerlich!« Lily hat ihre Sprache und damit auch ihr Selbstvertrauen wiedergefunden. Wenn die anderen Leute so entspannt reagieren, scheint es sich wohl um nichts Ungewöhnliches zu handeln. Nervig ist es trotzdem.

Die Untersuchung des Gepäcks ist tatsächlich nicht der Rede wert: Lily muss nur die Schnallen ihres Rucksacks öffnen, der uniformierte Mexikaner hebt ein paar Kleidungsstücke an und schon nach ein paar Sekunden nickt er ihr zu und sie darf den Rucksack wieder verschließen.

Als kurze Zeit später alle Passagiere wieder im Bus sitzen und die Fahrt weitergeht, sind Lily und Kristina noch immer irritiert von dem Erlebten.

»Warum machen die das bloß?«, wendet sich Kristina fragend an ihre Freundin. Die zuckt nur ahnungslos mit den Schultern. Dann dreht sie sich kurzerhand um. »¿Saben por qué se hace esto?«, stellt sie die gleiche Frage an das Pärchen hinter ihnen.

Der Mann nickt und erklärt: »Ja, seit Felipe Calderón und damit die *PAN* die Präsidentschaft übernommen hat, haben die Kontrollen stark zugenommen. Man versucht damit, den Drogenhandel einzudämmen.«

Die Parteienlandschaft

Die Ursprünge des mexikanischen Parteiensystems liegen in der Revolution von 1910 bis 1920. Deren Führungspersönlichkeiten gründeten 1929 die *PNR (Partido Nacional Revolucionario)*, die Partei der Nationalen Revolution, Vorgängerin der heutigen *PRI (Partido Revolucionario Institucional)*, der Partei der Institutionalisierten Revolution, als Partei der breiten Bevölkerung, v.a. der Arbeiter und Bauern. Mehr als sieben Jahrzehnte lang stellte die *PRI* den mexikanischen Staatspräsidenten. Dieser wird alle sechs Jahre für eine Amtszeit gewählt und darf danach nicht noch einmal antreten.

Im Jahr 2000 schließlich wurde die *PRI* jedoch in ihrer Regierungstätigkeit von der *PAN (Partido Acción Nacional)*, der Partei der Nationalen Aktion, abgelöst, aus deren Reihen auch der noch bis Ende 2012 regierende Präsident Felipe Calderón stammt. Die *PAN* wurde 1939 gegründet und befand sich jahrzehntelang in Opposition zur regierenden *PRI*. Sie gilt als Partei der Mittelschichten mit eher konservativer Prägung.

Schließlich ist noch die *PRD (Partido de la Revolución Democrática)*, die Partei der Demokratischen Revolution, zu nennen, die als Protestbewegung gegen die jahrelange Herrschaft der *PRI* im Jahr 1989 gegründet wurde und den linken Flügel in der mexikanischen Parteienlandschaft besetzt.

Lily horcht auf. Das mit dem Drogenkrieg hat sie natürlich schon mitbekommen, das wurde auch unter ihren Kommilitonen hin und wieder diskutiert. »Ach«, bemerkt sie lässig, »man sollte einfach alle Drogen legalisieren, dann würde man den Kartellen den Wind aus den Segeln nehmen und die Probleme würden sich erübrigen« – irgendwo hat sie das Argument mal aufgeschnappt, und mit einer Diskussion über die Drogenpolitik könnte man die Fahrtzeit sicher kurzweilig gestalten und gleichzeitig vermeiden, dass der Mitreisende hinter ihnen wieder zu schnarchen beginnt.

Doch der zeigt auf einmal einen abweisenden Gesichtsausdruck, murmelt an seine Freundin gerichtet: »Die haben doch keine Ahnung«, und steckt sich demonstrativ die Kopfhörer seines MP3-Players in die Ohren – und beginnt kurz darauf zu schnarchen.

»Welche Laus ist dem denn über die Leber gelaufen?«, wendet sich Lily laut an Kristina, die schon bei Lilys letzter Bemerkung ein bisschen tiefer in ihren Sitz gerutscht ist.

Reingetreten

Politik im Allgemeinen und die mexikanische Drogenpolitik im Besonderen sind ein heißes Pflaster, auf das man sich als

Ausländer nur begrenzt begeben sollte. Straßenkontrollen sind in der Tat seit dem Regierungsantritt Calderóns und seiner Kriegserklärung an die mexikanischen Drogenkartelle recht häufig geworden, wobei vor allem das Militär verstärkt eingesetzt wird, da die Polizei als zu korrupt gilt. Die Straßenkontrollen verlaufen eigentlich immer sehr friedlich, man hat oft das Gefühl, dass nur pro forma kontrolliert wird, vor allem als Tourist hat man normalerweise nichts zu befürchten. Dennoch sollte man es natürlich vermeiden, Marihuana oder sonstige Drogen mit sich zu führen, da ab einer gewissen Menge sogar langjährige Haftstrafen drohen können.

Das rigorose Vorgehen Calderóns und der verstärkte Militäreinsatz führten allerdings nicht wie gehofft zu einer Entspannung der Situation. Im Gegenteil, die Gewalttaten seitens der Drogenkartelle haben in den letzten Jahren vor allem im Norden des Landes, an der Grenze zu den USA, deutlich zugenommen.

Das Problem des Drogenhandels in Mexiko und der damit verbundenen steigenden Kriminalität ist sehr vielschichtig und sicherlich nicht allein – wenn überhaupt – durch die Legalisierung des Drogenhandels zu erreichen. Lily hat sich durch ihre vorlaute Äußerung auf ein äußerst emotionales und schwieriges Diskussionsfeld begeben. In Mexiko selbst wird immer wieder heiß über Lösungsmöglichkeiten diskutiert. Wenn dann eine Ausländerin die vermeintlich einfache Lösung parat hat, ist es kein Wunder, dass ihr Gesprächspartner pikiert reagiert.

Der mexikanische Drogenkrieg

Mexiko gilt als Transitland für den Handel mit Drogen aus Lateinamerika (insbesondere aus Kolumbien) in die USA. In den letzten
Jahren konnten sich am Rauschgifthandel v.a. einige Familien im
Norden, also in den Grenzgebieten zu den USA, extrem berei-
chern und ihre Macht ausbauen. Die wachsende Konkurrenz
zwischen diesen Familien sowie die Auseinandersetzungen zwischen den als *narcos* bezeichneten mexikanischen Drogenkartel-
len und den mexikanischen Streitkräften führten in den letzten
Jahren zu einem Anstieg der Gewalttaten. Mit seinem Regierungsantritt im Jahr 2006 erklärte Felipe Calderón *(PAN)* den
narcos den Krieg und versprach, mit harter Hand und mit Hilfe
eigener und US-amerikanischer Soldaten gegen die Drogenkartelle vorzugehen, was letztlich zu einer weiteren Eskalation der
Gewalt führte, zumal nicht selten auch Polizisten und Streitkräfte
in kriminelle Aktivitäten verwickelt sind.

Angesichts der problematischen Situation fordern einige Stimmen
eine Legalisierung der Produktion, des Vertriebs und Verkaufs von
Rauschgift. Neben anderen ist v.a. Ex-Präsident Vicente Fox *(PAN)*
ein vehementer Befürworter dieser Position. Damit, so die Argumentation, würde man der organisierten Drogenkriminalität die
wirtschaftliche Grundlage entziehen. Eine Legalisierung, so die
Kritiker dieser Vorschläge, hätte jedoch nur dann Chancen auf
Erfolg, wenn auch die USA, als größter Abnehmer und Drogenkon-
sument, mitzögen, was zumindest vorläufig nicht umsetzbar ist.
Zudem finanzieren sich die Kartelle nicht nur durch den Drogenhandel, sondern auch durch den Verkauf von Raubkopien sowie
durch Menschen- und Waffenschmuggel, sodass man durch eine
Legalisierung nur einen Teil ihres Geldflusses abgraben würde.
Außerdem wird befürchtet, eine Legalisierung könne den Anstieg
des Drogenkonsums zur Folge haben sowie die Isolation Mexikos
von den Nachbarstaaten, die Drogen verbieten.

Korruptionsexperte Edgardo Buscaglia vertritt die Ansicht, dass
eine verstärkte Investition in Bildung und die Verbesserung von
Arbeitsbedingungen v.a. in den ärmeren Gesellschaftsschichten
nötig seien, um den Zulauf perspektivloser Jugendlicher zur
organisierten Kriminalität zu stoppen. Da die mächtigen Drogenkartelle mittlerweile viele Bereiche der Wirtschaft, Politik und
Gesellschaft durchsetzt hätten, so Buscaglia, sei ein ganzheitli-
cher Ansatz zur Bekämpfung des Problems, der über eine bloße
Legalisierung hinausgeht, notwendig.

Umgangen

Das Thema Drogenkrieg ist zwar kein Tabuthema und wird in vielen Kreisen immer wieder diskutiert, allerdings sollte man sich als Ausländer vor allzu pauschalen Meinungen hüten, vor allem wenn man sich mit Fremden oder nur flüchtigen Bekannten unterhält. Eine Vereinfachung eines so komplexen Problems seitens eines Ausländers kann auf Einheimische – und vielleicht sogar Betroffene – nur wie ein Affront wirken. Lily hätte sich in dem Gespräch lieber etwas zurückhalten sollen, zumal sie nicht wirklich informiert ist, sondern nur eine Meinung wiederholt, die sie irgendwo aufgeschnappt hat.

Zwar ist die Drogenlegalisierung eine von vielen Lösungsvorschlägen, über die diskutiert wird, allerdings spricht auch einiges gegen eine Legalisierung. Die Schwierigkeit, der organisierten Kriminalität der Kartelle das Handwerk zu legen, besteht nicht zuletzt im Problem der Korruption in Politik und Polizei, den vielfältigen Verstrickungen der Kartelle in die mexikanische Wirtschaft und Politik und der Rolle der USA als Hauptabsatzmarkt der Drogen aus Mexiko und Lieferant von Waffen ins Land, die sich bislang noch in zu geringem Maße an der Bekämpfung beteiligen.

Grundsätzlich ist eine Diskussion über das Thema Drogenkrieg bzw. organisierte Kriminalität in Mexiko kaum zu vermeiden, da es sich um ein äußerst präsentes Problem handelt, von dem viele Mexikaner, insbesondere im Norden des Landes, betroffen sind. Jedem interessierten Reisenden wird früher oder später die Problematik begegnen, und es wäre schade, sich aus jeglicher Diskussion darüber herauszuhalten. Dennoch sollte man gerade bei so heiklen Themen den entsprechenden Rahmen – unter Freunden und in einem längeren Gespräch – abwarten und sich lieber zunächst genau informieren, bevor man scheinbar einfache Lösungen herausposaunt. Auf der sicheren Seite ist man, wie so oft, wenn man interessierte Nachfragen stellt, sich die verschiedenen Meinungen der Einheimischen anhört und sich mit Ratschlägen zurückhält.

23 Feilschen auf Mexikanisch
Zwischen Geschäftstüchtigkeit und Geiz

»Einfach herrlich diese mexikanischen Märkte!« Kristina wickelt sich probeweise einen bunten Schal um den Hals. »*Tiene un espejo?*« (Haben Sie einen Spiegel?), fragt sie die Verkäuferin, stolz, dass sie das schwierige Wort für Spiegel von ihrem letzten Marktbesuch behalten hat.

»*Aquí tiene*«, sagt die Frau freundlich und reicht ihr einen kleinen Handspiegel.

»Was sagst du, Lily? Steht er mir?«

Doch Lily ist bereits weiter zum nächsten Stand auf der Plaza de Santo Domingo, um sich den Bernstein-Schmuck anzusehen, für den San Cristóbal de las Casas so bekannt ist.

Bartolomé de las Casas

Der Namensgeber der Stadt war 1544–1546 Bischof der Diözese Chiapa, die damals ein weitaus größeres Gebiet als das heutige Chiapas umfasste, nämlich zusätzlich die Halbinsel Yucatán sowie das nördliche Guatemala. Seinen Amtssitz hatte der Kirchendiener in der Ciudad Real de los Llanos de Chiapa (wörtlich: Königliche Stadt der Ebenen Chiapas), dem heutigen San Cristóbal de las Casas. Bartolomé de las Casas setzte sich Zeit seines Lebens für die Rechte der Indigenen ein. Durch seine detaillierten Berichte an den spanischen König und Kaiser Karl V. über die Lage der indigenen Bevölkerung und die Grausamkeiten der spanischen *conquistadores* konnte er einige Verbesserungen und schließlich 1542 die Verabschiedung der *Leyes Nuevas*, der »Neuen Gesetze«, erreichen, die die indigenen Gruppen dem königlichen Schutz unterstellten. Zu einer Umsetzung der Gesetze in den Kolonien kam es jedoch nie.

Las Casas trat auch nach seiner Rückkehr nach Spanien im Jahre 1546 bis zu seinem Tod 1566 für die indigene Bevölkerung ein. Neben seinem Einsatz für Menschenrechte betätigte er sich außerdem als Chronist und Ethnologe, sodass seine Schriften aus dem 16. Jahrhundert wichtige Zeugnisse für die Geschichte der *Conquista* – der Eroberung und Erschließung des mittel- und südamerikanischen Festlandes – und für die Kultur der indigenen Bevölkerung Mexikos und Guatemalas darstellen.

Auf dem Platz vor der Kirche reiht sich ein Stand an den anderen. Zwar gibt es hier kein Obst – Kristina hat bereits vergeblich nach Ananas und Melonen Ausschau gehalten –, aber dafür umso schönere Dinge, die eigentlich kein Mensch braucht. Neben unzähligen Schmuckständen, an denen die Verkäuferinnen Bernstein und Türkise kunstvoll in Silberdraht einflechten, sieht Kristina Tische mit Auslagen voller leuchtend bunter Tücher. An einem anderen Stand werden kleine Säckchen mit Miniaturpuppen aus gewickelter Wolle verkauft – Sorgenpüppchen, wie Kristina mit einem Blick auf das auf Spanisch, Englisch und Deutsch verfasste Etikett erkennt. Na, das ist wohl eher was für *richtige* Touristen, denkt sie bei sich. Ganz anders sieht es an einem niedrigen Klapptisch aus, wo ein älterer Mann etwas feilbietet, das wie eine Mischung aus hölzernem Musikinstrument und geschnitztem Werkzeug wirkt. Auf ihre Nachfrage zeigt er ein strahlendes zahnloses Lächeln und erklärt ihr, das Gerät verwende man zum Aufschäumen von Schokolade. Kristina nickt wissend – obwohl sie keine Ahnung hat, warum man Schokolade aufschäumen, geschweige denn, wie man das mit diesem Ding bewerkstelligen soll. Aber weil der Mann so nett gewesen ist und sie sowieso noch ein paar interessante und typisch mexikanische Mitbringsel braucht, kauft sie dem Alten zwei der seltsamen Küchengeräte ab.

Glücklich über ihren Kauf gesellt sie sich zu Lily, die bereits ein Paar Bernstein-Ohrringe anprobiert.

»Sehen super aus«, meint Kristina und nimmt interessiert ein weiteres Paar in die Hand. »Was sollen die denn kosten?«

»Zweihundert Pesos, aber wenn du auch ein Paar nimmst, können wir sicherlich noch handeln.«

Kristina blickt ihre Freundin skeptisch an. War das wieder so eine typische Lily-Idee? »Lass mal lieber, das ist doch unangenehm.«

Aber Lily beschwichtigt sie: »Keine Sorge, ich mach das schon. Hier ist das so üblich. Die Preise sind von vornherein zu hoch und *müssen* runtergehandelt werden. Ich kenn mich da aus.« Und schon beginnt sie mit dem Verkäufer auf Spanisch zu verhandeln.

Hundertfünfzig Pesos für zwei Paar – Kristina sieht dem Händler seine Fassungslosigkeit förmlich an. »Lily«, raunt sie, »das ist doch echt ein bisschen dreist.«

»Ach was, beim Handeln muss man immer ganz besonders niedrig anfangen, um sich dann irgendwann in der Mitte zu treffen«, entgegnet Lily selbstbewusst und guckt den Verkäufer herausfordernd an.

Der scheint jetzt richtig wütend zu werden. »*Cientocincuenta para los dos? Estás bromeando?*« (Hundertfünfzig für beide? Machst du Witze?)

Kristina merkt, wie ihr mal wieder die Röte ins Gesicht steigt. Leise zischt sie ihrer Freundin zu: »Lass gut sein, Lily, wir zahlen einfach die vierhundert Pesos. Nicht, dass es noch Ärger gibt.«

Aber Lily grinst sie nur an. »*Bueno, doscientos para los dos*«, sagt sie triumphierend in Richtung Händler. Zweihundert für beide Paare, das müsste doch in Ordnung sein.

Der Mann lässt ein schnaubendes Geräusch ertönen, reißt ihr die Ohrringe aus der Hand und murmelt, während er sie wieder an ihrem Platz verstaut: »*¡Malditos gringos!*«

»Was war das denn?«, empört sich Lily, während Kristina sie schon weiterzieht. »Verdammte Gringos?«

Grünes, Griechen und Gehacktes: das Wort *gringo*

In Mexiko und in weiteren lateinamerikanischen Ländern werden US-Amerikaner oft als *gringos*, die Frauen als *gringas* bezeichnet. Es existieren verschiedene Erklärungen dafür, woher das Wort eigentlich stammt. So gibt es z.B. die Vermutung, dass der Begriff im Amerikanisch-Mexikanischen Krieg (1846–1848) wurzelt, wo Parolen wie »*green go home*« oder verkürzt »*green go*« gegen die amerikanischen Soldaten in ihren grünen Uniformen kursierten. Da das Wort jedoch bereits vor dem Amerikanisch-Mexikanischen Krieg auftauchte und die Uniformen der Amerikaner zudem nicht grün, sondern blau waren, ist diese Erklärung, so schön sie auch sein mag, wohl nur eine Erfindung. Vielleicht hat sich das Wort auch aus dem spanischen *griego* für Griechisch entwickelt. So wie uns etwas spanisch vorkommt, sagt man im spanischen Sprachraum »*es griego para me*« (es ist Griechisch für mich), übrigens genau wie im Englischen: »*It's all Greek to me.*« Das Wörterbuch der Königlich Spanischen Akademie (für Sprache), der *Real Academia Española*, erklärt die Herkunft des Wortes *gringo* demnach kurz und bündig als »ungeklärt«.

Wenn US-Amerikaner sich selbst als *americans* bezeichnen, stößt das bei Mexikanern nicht unbedingt auf Begeisterung, weil sie sich selbst zu Recht auch zu den Amerikanern zählen. Eine korrekte spanisch-mexikanische Bezeichnung für US-Amerikaner wäre *estadounidenses*, also Bürger der Vereinigten Staaten. Sie ist aber etwas umständlich und eher in der Schriftsprache üblich. Manchmal begegnet man auch der Bezeichnung *yanqui*, vom angloamerikanischen *Yankee*. *Gringo* wie auch *yanqui* können je nach Zusammenhang und Intonation neutral oder auch abwertend gemeint sein.

Eine *gringa* kann man übrigens manchmal essen. Nur ist dann keine Nordamerikanerin damit gemeint, sondern ein süß-saures Gericht aus fein gehacktem, vor dem Brutzeln in einem Essigsud mariniertem Schweinefleisch, das mit Ananas, Zwiebeln und Käse in *tortillas* gerollt wird.

Reingetreten

Auch wenn es in Mexiko in der Tat üblich ist, auf Märkten zu handeln, und die Preise häufig zu hoch angesetzt sind, um noch Handels-Spielraum nach unten zu haben, sollte man als Ausländer darauf bedacht sein, die Verkäufer nicht vor den Kopf zu stoßen. Ein übertrieben niedriges Angebot kann beleidigend wirken, insbesondere bei Produkten aus Handarbeit *(artesanías)*, wie selbstgemachter Schmuck, handgewebte Tücher oder geschnitzte Küchengeräten. Lily hat es hier mit ihrem sportlichen Ehrgeiz etwas übertrieben, die Reaktion des Händlers zeigt dies sehr deutlich. Vermutlich ist der Verkäufer sogar selbst *artesano*, er hat also seine Produkte in mühevoller Handarbeit selbst hergestellt. Eine so drastische Preissenkung, wie Lily sie vorschlägt, ist also auf einem Künstlermarkt noch viel beleidigender aufzufassen, als sie es im Falle des Feilschens um ein Zuliefererprodukt wäre.

Umgangen

Das Erfolgserlebnis, den mexikanischen Verkäufer um die Hälfte des Preises gedrückt zu haben, sollte bei genauer Betrachtung der sozialen Unterschiede zumindest einen schalen

Beigeschmack hinterlassen, sodass man es sich beim nächsten Mal überlegt, ob man nicht lieber seine Geldbörse um ein paar Pesos mehr erleichtern, aber dafür mit besserem Gewissen nach Hause fahren soll. Gerade bei den Preisen für *artesanía*-Produkte handelt es sich meist um sogenannte *precios fijos*, also Fixpreise, bei denen Handeln von vornherein ausgeschlossen ist. Dies sollte man auch als Ausländer berücksichtigen. Auch sollte man den Preis selbst bei handelswilligen Verkäufern nicht zu sehr drücken. Manchmal ist es nur eine Kleinigkeit, eine winzige Differenz, um die man aus einer Art sportlichem Interesse feilscht, die für den Händler aber die Sicherung seines Lebensunterhaltes bedeuten kann.

Natürlich soll dies keine völlige Ablehnung des Feilschens ausdrücken – das Spiel um den Preis ist nämlich nicht nur für den Käufer, sondern auch für den Verkäufer reizvoll. Dennoch sollte man stets die Spielregeln beachten und sensibel sein für die Grenzen, die einem die Reaktion des Verkäufers recht schnell aufzeigen wird. Das gegenseitige Umkreisen und das vorsichtige Herantasten an den für beide Seiten akzeptablen Preis machen einen so abgewickelten Kauf zu einem spannenden Erlebnis und erfordern einiges an Übung, zumal man als Europäer oder zumindest als Deutscher das Feilschen erst erlernen muss. Das ist wohl auch ein Grund dafür, dass viele es entweder als unangenehm empfinden und lieber vermeiden möchten – wie Kristina – oder aber im Gegenteil so viel Freude an diesem Wettbewerb finden, dass sie über die Stränge schlagen, ohne es zu merken.

24 Hühner für den Himmel

Religiöses Allerlei

Zu dieser Stunde ist noch wenig los auf den Straßen und auch im *camión* selbst merkt man, dass es noch früh ist. Die meisten Leute dösen, nur zwei Frauen unterhalten sich leise, begleitet vom dezenten Scheppern des altersschwachen Busses. Lily beißt in ein triefendes Stück Mango und reicht Kristina den Rest der leuchtend orangefarbenen Frucht. Sie haben keine Zeit mehr gehabt zu frühstücken, schließlich wollen sie so früh wie möglich in San Juan Chamula sein, da – wie sie gehört haben – Touristen noch vor Sonnenuntergang das Dorf wieder verlassen müssen. Während sie Mango kauend im kleinen *camión* sitzen, der sie in das rund zehn Kilometer von San Cristóbal entfernte Dorf bringen soll, schaut Lily schnell noch einmal nach, ob sie in der Eile des Aufbruchs auch ihre Kamera eingesteckt hat. Ja, da ist sie. Das letzte Stück des Weges zuckeln sie über eine einfache lehmige Straße, dann hält der Bus am Ortsrand. Die zwei Frauen, die sich eben noch unterhalten haben, hieven ihre schweren Säcke aus der Gepäckablage und steigen gefolgt von Lily und Kristina aus.

Draußen ist es diesig. Eine Wolkenschicht verdeckt die Sonne, mindert aber nicht die schwüle Hitze, mit der die beiden Freundinnen mittlerweile so gut vertraut sind. Lily und Kristina sind stolz, dass sie es so früh aus den Federn geschafft haben – gar nicht so einfach, nachdem es letzte Nacht mal wieder ziemlich spät geworden ist. Bis in die frühen Morgenstunden haben sie mit den anderen Hostelgästen zusammengesessen, gegessen und erzählt, es wurde Gitarre gespielt und auf diversen Sprachen, manchmal auch gleichzeitig, lautstark gesungen. Lily gähnt herzhaft. Da sie die Kamera noch in der Hand hält, nutzt sie die Gelegenheit, um ein Panoramafoto zu schießen. Von hier aus kann man den kleinen Ort mit seinen niedrigen, etwas ärmlichen Häusern gut überblicken. Malerisch liegt er umgeben von dunklem, saftigem Grün im klaren Morgenlicht, das ideal zum Fotografieren ist. Noch ist kaum jemand unterwegs, nur die zwei Frauen folgen der lehmigen Straße hinein in den Ort – und verschwinden bald aus Lilys Blickfeld.

»Die Kirche, die müsst ihr euch unbedingt anschauen. Ihr werdet überrascht sein.« Mehr war aus Sebastián nicht herauszubekommen. Der Spanier ist schon seit Monaten unterwegs und nervt mittlerweile alle mit seiner überheblichen »Eigentlich bin ich schon ein richtiger Mexikaner«-Art. Trotzdem sind Lily und Kristina neugierig geworden und wollen sich »die Überraschung« nicht entgehen lassen. Sie folgen den beiden Frauen ins Dorf und entrichten in der Stadtverwaltung eine Gebühr für die Besichtigung der Kirche – diesen Tipp hat Sebastián ihnen immerhin gegeben, natürlich begleitet von einem mitleidigen Lächeln ob ihrer Unwissenheit.

Als sie vor dem hübschen, weiß getünchten Gebäude mit blauen und grünen Stuckverzierungen stehen, ist Lily begeistert, während Kristina enttäuscht feststellt: »Na ja, also bis jetzt kann ich noch nichts Besonderes entdecken.«

Doch Lily kann sich gar nicht sattsehen an den mexikanischen Kirchen, sie liebt den robusten und zugleich irgendwie exotisch bunten Kolonialstil und hat schon in Cholula unzählige Gotteshäuser besichtigt und fotografiert.

Katholizismus

Mit fast 90 Prozent Katholiken ist Mexiko nach Brasilien das zweitgrößte katholische Land der Erde. Die Menschen sind zum Großteil sehr gläubig, viele tragen kleine Kreuze oder Heiligenbildchen mit sich herum und bekreuzigen sich häufig. Dieser starken Religiosität in der Praxis steht die strikte Trennung von Staat und Kirche gegenüber, die in der mexikanischen Verfassung von 1917 festgeschrieben ist. Der Schulunterricht ist säkular und humanistisch ausgerichtet und der Kirche ist jegliche politische Aktivität untersagt. Die Religionsfreiheit ist ebenfalls fest in der mexikanischen Verfassung verankert, dennoch kam es in den vergangenen Jahrzehnten immer wieder zu Diskriminierungen und Vertreibungen von Protestanten oder evangelikalen Sekten durch radikale Katholiken. Besonders im Süden des Landes und v.a. in ländlichen Gegenden, so auch in der Region Chiapas und in San Juan Chamula, gab es immer wieder Ausschreitungen gegen Protestanten, sodass viele ihre Heimatorte verließen und ein großer Teil sich in den Außenbezirken San Cristóbals de las Casas ansiedelte.

»Jetzt komm schon«, drängt Kristina ihre Freundin und zieht sie hinter sich her in das Gebäude, das nach dem Schutzpatron und Namensgeber der Stadt, Johannes dem Täufer, benannt ist.

Johannes statt Christus

Johannes der Täufer (San Juan Bautista) steht für die Chamula-Indigenen, die dem Volksstamm der Tzotzil (Nachfahren der Maya) angehören, noch über Jesus Christus, da dieser, so die Argumentation, sich von Johannes taufen ließ und nicht umgekehrt. Über dem Altar in der Kirche von San Juan Chamula hängt ein großes Gemälde des Stadtheiligen. Jesus Christus und Maria müssen sich mit Plätzen weiter hinten, zwischen den anderen Heiligen, begnügen. Der Namenstag von Johannes dem Täufer am 24. Juni wird in San Juan Chamula festlich begangen, viele lassen an diesem Tag ihre Kinder taufen.

Das helle Äußere der Kirche war trügerisch, wie Lily und Kristina schnell feststellen müssen. Sie finden sich in einem düsteren Raum wieder, nur erhellt vom Licht einiger Kerzen, die zuckende Schatten auf die mit Webtüchern behängten Wände werfen. Der schwere, leicht erdige Geruch alter Kiefernnadeln liegt in der Luft.

»Tannenzweige – interessanter Bodenbelag«, raunt Lily Kristina zu.

Auf dem Boden knien ein paar Frühaufsteher, die Männer in hellen Hosen und weißen Hemden, die Frauen in hellblauen Blusen und mit leuchtend blauen Schals um die Schultern. Ein paar scheinen zu beten, andere wiederum unterhalten sich und trinken dabei Coca Cola.

»Das soll ein Gotteshaus sein?«, zweifelt Kristina halblaut. Doch Lily ist bereits weitergegangen – die Kamera hat sie zur Erleichterung ihrer Freundin wieder in der Tasche verstaut –, und Kristina beeilt sich, sie einzuholen.

Lily steht rätselnd vor einer kopflosen Heiligenfigur. »Sag mal, gab es im Christentum außer Johannes noch einen Heiligen, dem der Kopf abgeschlagen wurde?«, fragt sie Kristina, in der irrigen Annahme, dass diese sich als bibelfester erweist als sie selbst.

»Bestimmt. Aber doch nicht so viele! Und sieh mal, dem da fehlt der Arm«, antwortet diese und weist auf weitere ramponierte Steingestalten.

Während die beiden noch rätselnd vor den angeschlagenen

Figuren stehen, wird die Ruhe in der Kirche plötzlich von einem lauten Gackern durchbrochen. Urheber ist ein Huhn, das zappelnd und flügelschlagend gegen den festen Griff eines Mannes ankämpft, der sich dadurch jedoch keineswegs beirren lässt. Etwas vor sich hin murmelnd reibt er das Huhn auf Brust und Rücken eines kleinen Jungen, während ein paar große Kerzen unheimliche Schatten auf das Szenario werfen. Der kleine Junge sitzt gebückt und still da, während der Mann das Huhn schließlich fester packt, es einige Male in kreisförmigen Bewegungen über die Kerzen schwenkt und ihm dann mit einer geübten Handbewegung den Hals umdreht.

Kristina wird bleich. »Ich hätte doch nicht so viel trinken sollen gestern«, würgt sie und verlässt, gefolgt von Lily, fluchtartig die Kirche.

Reingetreten

In der Kirche San Juan Bautista zeigt sich ein für Mexiko nicht unübliches Bild: das Nebeneinander und das direkte Verschmelzen von christlichen Bräuchen und indigenen Riten. Die Stadt San Juan Chamula ist seit ihrer Gründung durch die Spanier im 16. Jahrhundert nicht nur Verwaltungssitz der Gemeinde Chamula im Hochland der Region Chiapas, sondern gleichzeitig auch das religiöse und politische Zentrum des dort ansässigen Maya-Stammes, der Tzotziles. Die Taufe ist das einzige Sakrament, das die Chamula anerkennen, die Täuflinge erhalten dabei zusätzlich zu ihrem Maya-Namen, den sie direkt nach der Geburt bekommen, einen christlichen Namen.

Das Nebeneinander von christlicher und vorkolumbischer Kultur kann auf Europäer oftmals irritierend wirken, so auch auf Lily und Kristina. In der Kirche gibt es weder Bänke noch Stühle, der Boden ist mit Zweigen und Kiefernnadeln bedeckt, die Gläubigen sitzen am Boden, teilweise trifft man auf Schamanen, die ihrer Tätigkeit in der Kirche nachgehen. Beschädigungen an Heiligenfiguren – auch nichts Unübliches für die Christen in San Juan Chamula. Wenn mehrmals ausgesprochenen Bitten nicht nachgekommen wird, bekommen die jeweiligen Heiligen ihr Verfehlen »körperlich« zu spüren. Und auch Opfergaben für die Heiligen sind keine Seltenheit. Die spirituelle Heilung wird durch einen indigenen Priester je nach Art des Problems durch die Einreibung mit Eiern, Gewürzen oder lebenden Hühnern vollzogen, das Huhn wird danach dem jeweiligen Heiligen geopfert. Dieses Ritual wird nicht selten in der Kirche ausgeführt – für Kristina und Lily ein schockierendes Erlebnis, für die Bewohner Chamulas jedoch ein wichtiger Teil ihrer Kultur und ihres alltäglichen Lebens.

Wie in vielen anderen indigenen Ortschaften der Region Chiapas sind Touristen in San Juan Chamula nicht sonderlich gerne gesehen. Zwar werden sie als Einnahmequelle akzeptiert, jedoch gibt es weder Hotels noch andere Unterkünfte, und die Besucher sind tatsächlich verpflichtet, vor Sonnenuntergang den Ort wieder zu verlassen. Direkt nach der Ankunft ist in der Stadtverwaltung eine Gebühr zu entrichten, die zur Besichtigung der Stadt und zum Besuch der Kirche berechtigt.

Umgangen

Zunächst gilt für Reisen in Chiapas, was für Reisen im Allgemeinen gilt: dass man sich auch irritierenden oder verstö-

renden Bräuchen anderer Völker gegenüber so unvoreinge-
nommen wie möglich verhält. Natürlich ist das nicht immer
einfach. Gerade die »Mischkulturen« in Mexiko erschweren
eine eindeutige Stellungnahme. Einerseits erfüllen sie die
Erwartungen – katholische Kirche im Kolonialstil –, können andererseits aber auch enorm irritieren, wenn gerade die
scheinbar so vertrauten Muster – wie eine Kirche auszusehen
hat, wie sich Kirchenbesucher verhalten etc. – durchbrochen
werden. In diesem Fall lohnt es sich immer, einen tieferen
Blick zu wagen und sich mit den, auch historischen, Hinter-
gründen bestimmter Verhaltensweisen auseinanderzusetzen,
statt angeekelt oder schockiert das Weite zu suchen. Was im
Falle eines erwürgten Huhns zugleich allzu verständlich ist.

Mit der Eroberung Mexikos durch die Spanier setzte
auch die Missionstätigkeit der Franziskaner, Dominikaner
und Augustiner ein, politische und religiöse Unterwerfung
gingen hier also Hand in Hand. Man zwang die indigenen
Völker zum Katholizismus, ein hundertprozentiges Auf-
zwängen der christlichen Religion erwies sich jedoch schnell
als ein Ding der Unmöglichkeit. Daher begann man schon
im 16. Jahrhundert, das europäische Christentum an die
Gegebenheiten in den Kolonien anzupassen. Schon beim
Bau christlicher Kirchen bediente man sich häufig bereits
»mystifizierter« Stätten: So ist es durchaus üblich, dass sich
Kirchen auf ehemaligen Bauten indigener Religionen finden (wie die Kirche auf der Pyramide in Cholula). Auch bei
den Heiligen griff man nicht selten auf bereits vorhandene
Figuren zurück oder man »indigenisierte« christliche Heili-
ge. Ein bezeichnendes Beispiel hierfür ist die Jungfrau von
Guadalupe.

Mexikanische Maria: Nuestra Señora de Guadalupe

Die Verehrung »ihrer« Muttergottes, der *Culto Guadalupano*, ist ein schönes Beispiel für die Verwobenheit von indigenen und christlichen Elementen. Die auch liebevoll *la Morena* genannte dunkelhäutige Muttergottes ist eine der wichtigsten Heiligen in Mexiko, man findet kaum einen Ort, zu dem das Abbild der mexikanischen Maria noch keinen Zugang gefunden hat. In Wohnungen, privaten wie öffentlichen Verkehrsmitteln, als Anhänger oder als Bildchen, das man im Portemonnaie zum eigenen Schutz bei sich trägt – wohl kein anderer Heiliger kann sich einer solchen Beliebtheit erfreuen.

Einmal im Jahr, am 12. Dezember, pilgern viele Tausende Mexikaner zu dem Tempel auf dem Berg Tepeyac im Nordosten von Mexiko-Stadt, der ihr zu Ehren Mitte des 16. Jahrhunderts errichtet wurde. Auf dem Berg hatte sich zuvor ein Tempel der aztekischen Göttin Tonantzín, der Göttin des Lichts und der Fruchtbarkeit, befunden, der im Zuge der Eroberung durch Hernán Cortés zerstört worden war. Die Figur der aztekischen Göttin soll von einem Hauptmann aus Cortés' Truppe während der Belagerung Tenochtitlans durch ein Abbild der in Spanien verehrten Jungfrau von Guadalupe ersetzt worden sein. Am 9. Dezember des Jahres 1531 dann, so die Legende, war dem getauften *indígena* Juan Diego an dem sakralen Ort ein dunkelhäutiges Mädchen aus einer Wolke erschienen, das auf Nahuatl, der Sprache der Azteken, zu ihm sprach. Sie wies ihn an, den Bischof der Gemeinde mit dem Bau eines Tempels ihr, Maria, zu Ehren zu beauftragen. Doch erst nachdem besagter Azteke dem Bischof am 12. Dezember ein auf wundersame Weise auf der Innenseite seines Umhangs erschienenes Bildnis der indigenen Muttergottes inmitten frischer Rosen zeigte, glaubte dieser ihm und gab den Bau in Auftrag.

Später wurden »Unserer lieben Frau von Guadalupe« zahlreiche Wunder zugeschrieben. Die dunkelhäutige Maria wurde schnell zur bedeutendsten Heiligen in Mexiko und zur Identifikationsfigur für die indigenen Kulturkreise, was die Glaubwürdigkeit und den Einfluss der katholischen Kirche in Mexiko nachhaltig unterstützte. Besonders bezeichnend ist jedoch, dass die »aztekische Maria« nie mit dem Christuskind im Arm dargestellt wird. Für viele *indígenas* ist Jesus Christus, in dessen Namen die spanischen Eroberungszüge geführt wurden, für die Zerstörung ihrer Kultur und die Ermordung von Millionen ihrer Ahnen verantwortlich.

Die Jungfrau von Guadalupe diente auch immer wieder politischen Zwecken, dies zeigt nicht zuletzt der im Unabhängigkeitskrieg gegen die spanischen Kolonialherren verwendete Schlachtruf »Tod den Spaniern, es lebe die Jungfrau von Guadalupe!«.

Auch in anderen Bereichen zeigt sich immer wieder die Verschmelzung der Religionen, so zum Beispiel auf einigen Friedhöfen in Chiapas, wo sich Kreuze in blauer und grüner Farbe – den heiligen Farben der Maya – finden, oder auch bei dem alljährlich zu beobachtenden Spektakel um die Toten an Allerheiligen.

B. Traven schreibt in seinem 1928 erschienenen Mexikobuch *Land des Frühlings*, den indigenen Kulturen sei die Übernahme des Katholizismus nicht sehr schwer gefallen, hatten sie doch einige Parallelen zu ihrer Religion entdecken können. So entsprachen für sie die vielen katholischen Heiligen ihren Untergöttern, die Muttergottes sahen sie als Äquivalent der Göttin der Fruchtbarkeit. Letztlich ist uns diese Art des Synkretismus doch gar nicht so unvertraut: Betrachtet man nur einmal etwas eingehender unsere Traditionen am Weihnachtsfest, sollten uns die mexikanischen Mischformen gar nicht mehr so sehr in Erstaunen versetzen. So ist es zum Beispiel kein Zufall, dass Weihnachten in die Zeit der Wintersonnenwende fällt, die schon lange vor Christi Geburt für diverse heidnische Völker als Beginn der Rückkehr von Fruchtbarkeit und Leben Anlass zu Feierlichkeiten gab.

25   Paparazzi in Chiapas

Fotografieren verboten?

Als sie aus der Kirche hinaus auf den Marktplatz treten und sich ihre Augen nach dem dämmerigen Halbdunkel wieder an das helle Sonnenlicht gewöhnt haben, geht es ihnen schon besser. Rund um den Platz sind mittlerweile zahlreiche kleine Stände aufgebaut, an denen Frauen Web- und andere Handarbeiten, Obst und Gemüse sowie Haushaltsgegenstände verkaufen. Es sind Indio-Frauen, denkt Lily, doch dann korrigiert sie sich: Héctor hat sie aufgeklärt, dass man besser von *indígenas*, also indigenen Frauen, spricht, das sei weniger diskriminierend.

Lily und Kristina sind begeistert von dem bunten Treiben und haben das irritierende Erlebnis in der Kirche schon fast wieder vergessen. Gerade hat Lily ein besonders schönes Fotomotiv entdeckt: zwei kleine Mädchen, die auf einer bunten Decke sitzen und spielen, während ihre Mutter in lebhafte Verhandlungsgespräche mit einer potenziellen Käuferin verstrickt ist. Sie zückt ihre Kamera und fängt an, wie wild zu knipsen. Doch schon wenige Augenblicke später wird sie von einem kleinen Mann in typischer Dorftracht – einem weißen Wollumhang, der von einem braunen Ledergürtel zusammengehalten wird – unterbrochen. Der Mann baut sich, einen bedrohlichen Knüppel in der Hand, vor ihr auf und redet in einem einzigen Wortschwall auf sie ein. Lily versteht rein gar nichts.

Indígenas

Statt der Bezeichnungen »Indios« oder »Indianer«, deren Ursprung in Columbus' irriger Annahme, Indien entdeckt zu haben, liegt, wird seit den 80er-Jahren des 20. Jahrhunderts der neutralere Begriff »indigene Völker« bzw. *pueblos indígenas* verwendet. Das Wort »indigen« bedeutet im ursprünglichen Sinne nach Altlateinisch *indi- (indu-)* »innen« bzw. »ein« und *-genus* »geboren«, also »eingeboren«, jedoch ohne die abwertende Konnotation, die das Wort im Deutschen hat. Es bezeichnet die (ehemals oder noch immer) diskriminierten Nachfahren einer Bevölkerungsgruppe, die von anderen Völkern unterworfen und kolonialisiert worden war.

Zehn bis elf Prozent der mexikanischen Bevölkerung sind indigener Abstammung. Dabei handelt es sich nicht um eine einzige homogene Gruppe, sondern um eine Vielzahl unterschiedlicher Stämme, die sich in Tradition, Religion und Sprache oft deutlich unterscheiden. Man geht von etwa 62 verschiedenen indigenen Stämmen in Mexiko aus, deren Sprachen als eigenständig anerkannt sind. Dazu zählen u.a. die Nahuas, die zahlenmäßig die größte Sprachfamilie des Nahuatl ausmachen und als Nachfahren der Azteken in etwa zwölf Bundesstaaten des Landes zu finden sind, sowie die Tzeltales und Tzotziles, zur Familie der Maya gehörend und im Hochland von Chiapas angesiedelt, und die Mixteken, die vornehmlich im Gebiet Oaxacas zu finden sind. Viele Sprachen haben eigene Dialektausprägungen erfahren, die teilweise untereinander nicht verständlich sind, sodass letztlich von einer sehr viel höheren Zahl verschiedener Stämme auszugehen ist.

Das vorkolumbische Mittelamerika war geprägt durch die Hochkultur der Azteken im Norden und die der Maya im Süden. Die erfolgreiche Unterwerfung der mittelamerikanischen Regionen durch die Spanier erklärt sich nicht zuletzt auch durch eben jene Vielzahl indigener Stämme. Die Spanier verstanden es, die unterschiedlichen Interessen der Stämme gegeneinander auszuspielen und so Verbündete, z.B. gegen die von vielen kleineren ethnischen Gruppen als Übermacht wahrgenommenen Azteken, zu gewinnen.

Als Lilys Blick auf den Holzknüppel fällt, wird ihr ein wenig flau im Magen. Was will der bloß von ihr? Die Antwort folgt auf dem Fuße. Er zeigt auf die Kamera und bedeutet ihr, den Speicherchip zu entnehmen. Lily blickt sich hilfesuchend nach Kristina um. Doch durch die Menschentraube, die sich mittlerweile um sie herum gebildet hat, kann sie ihre Freundin nicht entdecken. Die ist, gelangweilt von Lilys fotografischem Ehrgeiz, bereits weitergegangen, um sich Schnitzereien aus getrockneten Maiskolben anzuschauen. Gerade überlegt sie, ein paar davon als Mitbringsel zu erstehen, als das Stimmengewirr um Lily ihre Aufmerksamkeit weckt.

»Was ist denn hier los?«, fragt sie ihre Freundin, als es ihr endlich gelungen ist, sich zu ihr durchzukämpfen.

»Keine Ahnung, ich wollte nur ein paar Fotos machen, da kommt der« – sie zeigt auf den Mann mit dem Holzknüppel – »und fängt an, mich zu beschimpfen.«

Der Mann hat sich angesichts der hilf- und ratlosen Gesten Lilys etwas beruhigt und meint, nun zwar in verständlicherem Spanisch, aber immer noch brüskiert: »Está prohibido.« Verboten also? Das Fotografieren? Das hat Lily noch nie erlebt. Klar, sie kennt das aus Kirchen oder Museen mit blitzempfindlichen Ausstellungsstücken. Aber hier, auf dem Marktplatz? Sie blickt zu Kristina hinüber, die zuckt nur mit den Schultern.

»Mira, por hoy está bien.« Für heute lässt er wohl noch einmal Gnade vor Recht ergehen. Aber die Kamera muss Lily wegpacken. Nachdem sie versprochen hat, keine Fotos mehr zu machen, lässt die Menge langsam von ihr ab und die Leute widmen sich wieder ihrem Tagesgeschäft.

Der Mann positioniert sich neben der Kirche. Was für ein Glück, dass er vorhin noch nicht da war, als Lily Fotos von der Kirchenfassade geschossen hat – wer weiß, ob das nicht auch verboten ist?

»Oh Mann, was für ein Morgen! Ich glaub, ich brauch jetzt erst mal ein richtiges Frühstück und einen Kaffee.«

Reingetreten

In San Juan Chamula wird, wie auch in anderen mexikanischen Orten mit hohem indigenen Bevölkerungsanteil, sehr genau auf die Einhaltung gewisser Regeln und Vorschriften geachtet. So ist beispielsweise das Fotografieren – wenn überhaupt – nur sehr eingeschränkt gestattet, insbesondere das Fotografieren von Personen sollte man als Tourist tunlichst vermeiden. In der Vorstellung der indigenen Bevölkerung raubt man dem Fotografierten durch die Aufnahme die Seele, wodurch er seine Kräfte verliert und anfällig für Krankheiten wird.

Innenansicht von Chiapas

Längst nicht alle *indígenas* glauben an den Seelenraub durch Fotografie, gerade in der indigen geprägten Region Chiapas sind mittlerweile sogar eigene Fotoprojekte entstanden. Einige Frauen und Männer bekamen Kameras und eine Einführung in die Technik der Fotografie und machen es sich nun zur Aufgabe, ihr Leben und ihre Kultur aus dem eigenen – und nicht dem sonst so typischen kolonialen – Blick in den Bildern einzufangen. Als Fotografen sammeln sie Zeugnisse ihrer Welt, was sowohl ihre eigene Wahrnehmung für kulturelle Besonderheiten schärft als auch den Blick von außen sensibilisiert: Die Menschen sollen nicht mehr als interessante, weil exotische Fotoobjekte für ausländische Fotografen gesehen werden, sondern die Fotografie soll ihnen Mittel und Instrument sein, selbstbewusst ihre eigene (Bilder-)Geschichte zu erzählen.

Einige Dorfbewohner sind wie eine Art Bürgerwehr dafür zuständig, die Einhaltung der Regeln zu überwachen. Bekleidet mit dem traditionellen Strohhut, einem Poncho aus schwarzer oder weißer Wolle und ausgerüstet mit Holzstöcken stehen sie in San Juan Chamula vor dem Rathaus und passen auf, wie sich die Touristen – ob nun mexikanische, europäische oder US-amerikanische – verhalten. Macht jemand Anstalten, zu filmen oder zu fotografieren, können sie sehr ungemütlich werden. Absolutes Fotografierverbot gilt unter anderem im Inneren der Kirche San Juan Bautista. Die Außenfassade darf zwar abgelichtet werden, jedoch nur solange man sich außerhalb des Kirchenvorplatzes, der von einer kleinen Mauer abgegrenzt ist, aufhält. Bei Zuwiderhandeln wird dem »Straftäter« nicht selten die Kamera oder der Film bzw. die Speicherkarte abgenommen. Im schlimmsten Fall kann sogar Gefängnis drohen, im günstigsten Fall kommt man mit einem kleinen Bußgeld davon. Lily hat also Glück gehabt, dass sie so glimpflich davongekommen ist.

Umgangen

Grundsätzlich empfiehlt es sich gerade bei dem Besuch indigener Dörfer, einen Reiseleiter anzuheuern bzw. sich einer Reisegruppe anzuschließen. Die Angebote sind zahlreich, so kann man beispielsweise den Weg von San Cristóbal de las Casas bis nach San Juan Chamula auch auf dem Pferderücken zurücklegen. Die Reiseleiter kennen die jeweiligen Vorschriften in den Ortschaften und achten darauf, dass sich die Teilnehmer daran halten. Aber auch wer ohne Reiseleiter unterwegs ist, sollte sich vor dem Besuch bestimmter Regionen genau über die dortigen Gegebenheiten informieren. Entsprechende Informationen bekommt man in jedem Touristenbüro, in der jeweiligen Ortsverwaltung oder in Reiseführern.

Natürlich sind Fotos von Menschen, insbesondere wenn sie die regionale Tracht tragen, die interessantesten und schönsten Urlaubserinnerungen. Dennoch sollte man sich bewusst machen, dass das Fotografieren einen Eingriff in die Privatsphäre der fotografierten Person darstellt – und das nicht nur dort, wo das Ablichten als Seelenraub gefürchtet ist. Sicherlich wird man auch auf *indígenas* und vor allem auf *mestizos* (Mestizen), also Nachkommen spanisch-indigener Eltern, treffen, die nichts dagegen haben, fotografiert zu werden. Dennoch sollte man immer vorher das Einverständnis der betreffenden Person einholen. Ansonsten empfiehlt es sich, die Kamera nie direkt auf Personen zu richten, sondern lieber »Schwenkaufnahmen« zu machen.

Regelkatalog: Fotografieren und Filmen

Das Fotografieren und Filmen ist in Mexiko nicht überall gleich geregelt. So darf in den meisten Museen, Kirchen und archäologischen Stätten zwar fotografiert werden, allerdings nur ohne Blitz, doch für das Filmen und die Benutzung eines Stativs muss fast immer eine Sondergebühr entrichtet werden. Die Genehmigung kann man meist zusammen mit der Eintrittskarte erwerben. Auch in Arealen, die zum *patrimonio nacional* (nationales Kulturerbe) und damit zur *zona federal* gehören, wie z.B. der Palacio de Bellas Artes in Mexiko-Stadt, wird für die Benutzung von Videokameras und/oder Stativ eine Gebühr verlangt. Entrichtet man diese nicht und wird beim Fotografieren mit Blitz oder Stativ erwischt, muss man mit einer Geldstrafe rechnen. Für die Benutzung professionellen Equipments (wozu auch das Dreibein-Stativ gehört) ist ein Antrag beim *INAH*, dem *Instituto Nacional de Antropología e Historia* (Nationales Institut für Anthropologie und Geschichte) zu stellen. Wie in anderen Ländern auch, ist das Fotografieren militärischer Anlagen sowie in Flughäfen verboten bzw. nur sehr eingeschränkt gestattet.

26 Gebrannte Scheiben
Wenn man Raubkopien bekommt, ohne sie zu bezahlen

Einkaufsbummel sind eigentlich nichts für Anton. Aber hier, das ist was anderes. Dicht gedrängt stehen die Verkaufsstände. Vor, neben und hinter ihnen die Händler, die lautstark ihre Waren feilbieten: Essbares und Haltbares, Verderbliches und Langlebiges, Nützliches und Tand. Anton hat den Eindruck, was immer es auf der Welt gibt, das sich verkaufen lässt und in einen Beutel passt, hier bekommt man es. Der Gehweg ist so voll gestellt, dass die Passanten auf die Straße ausweichen, die sie sich mit den im Dauerstau schrittweise dahinzuckelnden Autos teilen.

Am liebsten würde sich Anton ein Stück mit geschlossenen Augen vorwärts tasten und sich ganz auf die Geräusche, vor allem aber auf die Gerüche konzentrieren, die auf ihn einströmen. Da duftet es nach frisch ausgebackenen *tortillas*, nach brutzelndem Fleisch mit Zwiebeln und wenige Schritte weiter nach Mangos, Ananas und anderem Obst, das unter einem orangeroten Plastikdach vom Verkäufer in mundgerechte Stücke geschnitten und als bunter Obstsalat in Plastikbechern verkauft wird. Von einem Tisch mit Handtaschen und Gürteln steigt ihm ein kräftiges Lederaroma in die Nase und kurz darauf attackieren ihn die beißenden Ausdünstungen, die von einem Stand mit grellbuntem Plastikspielzeug ausgehen. Bei diesem Gedränge wäre es jedoch keine gute

Idee, sich den Weg mit geschlossenen Augen zu bahnen. Außerdem würde er einiges verpassen, denn nicht alles macht sich aromatisch bemerkbar. So hätte er zum Beispiel den im bunten Treiben unscheinbaren Stand mit kleinen Keramiken, Obstschalen, Skulpturen und Geschirr nicht bemerkt. Anton ersteht ein Figürchen, das aussieht wie ein aztekischer Häuptling im Schneidersitz, der eine Maske zwischen seinen Beinen auf den Boden gestellt hat. Ein nettes Mitbringsel und gut zu verstauen.

Geformt, gebrannt und gern geseh'n: Keramik

Schon lange vor den Spaniern kannte man im Gebiet des heutigen Mexikos verschiedene Wege, Keramiken herzustellen. In den indigenen Kulturen spielten Töpferwaren als Gebrauchsgegenstände und Luxusobjekte, aber auch für religiöse Zwecke, etwa zum Einsatz bei Zeremonien, eine wichtige Rolle.

In einer Reihe von Regionen hat man die in jenen Zeiten ortsüblichen Formen, Muster und Brennweisen wieder aufgegriffen, sie nachgeahmt und zu typischen lokalen Varianten weiterentwickelt. So ist das in der Nähe von Oaxaca gelegene Dorf San Bartolo Coyotepec (was so viel heißt wie »Heiliger Bartholomäus Kojotenhügel«) im ganzen Land für seine schwarze Keramik bekannt. Den Trick, beim letzten Brennvorgang den Sauerstoff fernzuhalten und so die schwarze Färbung hinzubekommen, kannten angeblich schon die prähispanischen Vorfahren.

Viele Techniken, Muster und Formen wurden auch von den Spaniern mitgebracht. So hat die Talavera-Keramik aus dem Gebiet von Puebla ihre Wurzeln in der kastilischen Stadt Talavera. Auch dort wurde sie allerdings nicht im strengen Sinne erfunden, sondern man hatte ursprünglich aus China stammende, in Italien und Mallorca verfeinerte Techniken weiterentwickelt und eine farbig bemalte und zinnglasierte Keramik geschaffen, die von Fachleuten »Majolika«, wie die alte italienische Bezeichnung Mallorcas, genannt wird.

Anton schiebt sich weiter durchs Gewühl, als sein Blick auf den Boden fällt. Dort hat jemand Musik-CDs auf einer Decke ausgebreitet, eingezwängt zwischen einem *taco*-Verkäufer und einem, der T-Shirts zu derart günstigen Preisen anpreist, dass selbst Modemuffel Anton skeptisch ist, ob sie wirklich zu den Edelmarken gehören, deren Label sie tragen. Hunger hat er im Moment keinen und Kleidung kauft er als überzeugter Nicht-Shopper nur im allerdringendsten Bedarfsfall ein. Aber Musik, da stöbert er gern.

Er geht in die Hocke und schaut sich das Angebot näher an. Schnell sieht er, dass hier wahre Schätze versammelt sind. Die Mischung ist bunt, rockige Klassiker, Salsa, aber auch Folklore verschiedener lateinamerikanischer Regionen, einige Raritäten, von denen er zum Teil noch nicht einmal gehört hat. Vieles davon passt in sein Beuteschema als Musikliebhaber. Als der junge Verkäufer ihm die Preise nennt, glaubt Anton seinen Ohren nicht zu trauen. Spottbillig! Da muss er zuschlagen. Offenbar sind es keine Raubkopien. Hüllen und Aufdrucke sehen original aus und nicht wie die in Schwarz-Weiß-Kopien gehüllten CDs, die Anton hin und wieder bei windigen Händlern auf heimischen Flohmärkten gesehen hat. Schon nach kurzer Zeit hat er einen Stapel zusammen, den er mit einer Hand unters Kinn geklemmt hält, während er mit der anderen die ausgelegten CDs weiter durchstöbert. Er ist gerade aus der Hocke aufgestanden, um mal kurz die Beine durchzustrecken, da hört er aus der Nähe einen scharfen Pfiff. Sofort wird es rundherum hektisch. Als sich Anton umblickt, sieht er, dass einige Verkäufer, die eben noch lauthals ihre günstigen Preise verkündet haben, hastig ihre Decken mit den Waren zusammenraffen, alles in Plastiksäcken verstauen, die Säcke schultern und davoneilen. Mit raschen Schritten, aber ohne zu rennen mischen sie sich unter die übrigen Passanten und verschwinden. Nur die Händler an den größeren Verkaufsständen sind geblieben.

Als Anton sich wieder umdreht, um zu bezahlen, sieht er, dass sein CD-Verkäufer ebenfalls auf und davon ist, mit seiner Decke und seiner Ware. Aber ohne Antons Funde, die er immer noch hält und die er noch nicht bezahlt hat. Was mache ich jetzt, denkt er. Ich kann die Scheiben doch nicht mitnehmen. Das wäre Diebstahl. Er überlegt noch, als er den Anlass der ganzen Aufregung erkennt. Fünf Polizisten bahnen sich ihren Weg zwischen Passanten und Verkaufsständen. Immer wieder bleiben sie bei Händlern stehen, lassen sich deren Papiere zeigen und nehmen die Ware in Augenschein.

Die Straße als Laden

Straßenhändler prägen das Stadtbild in vielen Gegenden Mexikos. Das hat eine lange Tradition. Schon bevor die Spanier kamen, wurde auf Straßen und Plätzen gekauft und verkauft. Aus dem Nahuatl haben die Mexikaner das Wort *tianguis* für »Markt« übernommen.

Wenn man genauer hinschaut, sieht man, dass Straßenhändler alles Mögliche sein können: Menschen, die an fest eingerichteten Plätzen ihre Waren feilbieten, *vagoneros* (abgeleitet von *vagon* – Waggon), die durch U-Bahnen, Vorortzüge und Busse ziehen, oder fliegende Händler, die den Autofahrern ihr Angebot an Straßenkreuzungen durch die Seitenfenster anpreisen oder es auf dem Gehweg auf Tüchern ausbreiten und es in Windeseile zusammenraffen, wenn sich die Polizei nähert. Das sind nur einige der Varianten.

Niemand weiß genau, wie viele Straßenhändler es in Mexiko gibt, aber Schätzungen bewegen sich zwischen anderthalb und zwei Millionen. Ein großer Teil des Straßenhandels gehört zur sogenannten informellen Wirtschaft, in der nicht registriert, besteuert und versichert gearbeitet wird und die in Mexiko nicht nur im Handel, sondern auch in Produktion und Dienstleistung große Bedeutung besitzt. Zu den Informellen gehören auch die ihre Dienste ebenfalls an Kreuzungen anbietenden (oder auch aufdrängenden) *limpiaparabrisas* (Windschutzscheibenputzer) und *payasitos* (Clowns).

Immer wieder kommt es zu Konflikten zwischen Straßenhändlern und Staatsmacht, wenn beispielsweise die Stadtverwaltung historische Stadt- oder Ortskerne vom überbordenden Wirrwarr der Stände befreien will oder sich Ladenbesitzer beschweren, weil die *ambulantaje* (der Straßenhandel) ihnen unfaire Konkurrenz macht. So beklagt die mexikanische Handelskammer regelmäßig, dass Straßenhändler dem Spielwarenhandel die Hälfte des wichtigen Weihnachtsumsatzes abspenstig machen. Der wird übrigens in der Zeit vor dem *día de los reyes* (Dreikönigstag) gemacht, denn an diesem Tag und nicht an Heiligabend findet die eigentliche Bescherung statt, während man den Kindern an Weihnachten selbst allenfalls Nützliches wie Kleidung schenkt. Zum Teil sind die Straßenhändler so gut organisiert, dass sie sich in der Vergangenheit immer wieder gegen massive Einschränkungen und Verbote zur Wehr setzen oder Kompromisse aushandeln konnten.

Das Missfallen von Staat und Ordnungshütern erregt der Straßenhandel zudem immer wieder, weil nicht nur Informelles, sondern auch Illegales stattfindet. In Sachen Produktpiraterie, also dem Kopieren von Markenartikeln sowie von Musik und Filmen, nimmt Mexiko in der Weltrangliste einen vorderen Platz ein.

Befürworter des Straßenhandels räumen ein, dass Illegales natürlich verfolgt werden müsse und dass die Rahmenbedingungen für den Handel in der Tat geordnet sein müssten, dass die *ambulantaje* aber wichtige Aufgaben in der Versorgung erfülle und als Arbeitsmöglichkeit gerade für die vielen jungen Leute, die jedes Jahr ins Wirtschaftsleben drängen, unentbehrlich sei.

Reingetreten

Der entfleuchte Musikhändler dürfte den Verlust der nicht bezahlten CDs verschmerzen und ihn als Werbungskosten kalkulieren. Er bezahlt keine Tantiemen, keine Standmiete und vermutlich keine Steuern, dafür arbeitet er mit dem Risiko vertrieben oder sogar erwischt zu werden und Strafe zu zahlen oder, wie in diesem Fall, Ware zu verlieren. Das bedeutet natürlich nicht, dass Straßenhändler wohlhabende und kühl kalkulierende Geschäftsleute sind.

Die Begeisterung, all die schönen Titel zu so günstigen Preisen erstehen zu können, hat Antons Urteilsfähigkeit vermutlich ein wenig getrübt. Die CDs sind wahrscheinlich genauso schwarz gebrannt wie die dilettantisch gestalteten, die Anton von zu Hause kennt, nur dass hier höherwertige Drucker eingesetzt wurden. Aber wir wollen nicht zu streng mit unserem Protagonisten sein. Denn nur, wer noch nie Musik oder Filme aus dem Internet heruntergeladen und auch noch nie von Freunden und Kollegen Schwarzgebranntes bezogen hat, darf den ersten Stein werfen.

Kommen wir von den moralischen zu den praktischen Überlegungen. Die beste Zeit sich von den vermutlich nicht legal produzierten und von Anton mit Sicherheit nicht legal erworbenen Scheiben zu trennen, war vor ein paar Minuten. Die zweitbeste ist jetzt. Anton sollte sie schleunigst und unauffällig loswerden, denn die Polizei rückt näher und ist vielleicht daran interessiert, sich ausführlicher mit den CDs und dann auch mit Anton zu beschäftigen. Und das könnte unangenehm oder zumindest kompliziert werden.

Umgangen

Der Straßenhandel lässt sich nicht umgehen und es wäre ein Jammer, wenn man es als Mexiko-Reisender versuchen würde. Er hat seine wunderbaren, vielfältigen und schönen Seiten und er hat seine nicht so schönen oder, sagen wir es ruhig, hässlichen und stinkenden Seiten. Und er ist alles andere als regellos, sondern folgt bestimmten Gesetzen, den offiziellen des Staates, aber auch den inoffiziellen des Gewerbes. All das braucht man als Reisender nicht zu kennen (als Händler schon), aber ein einigermaßen ungetrübtes Urteilsvermögen und ein wacher Blick für das, was um einen geschieht, sind hilfreich.

27 Wertvolle Tropfen

Wasser sparen auf Mexikanisch

Zufrieden streckt Anton die Beine von sich. Es war schön, einige Wochen alleine unterwegs zu sein, aber jetzt freut er sich darauf, vor der Abreise seine Nichte noch einmal zu sehen.

Eigentlich ist er gut gesättigt, doch ein kleiner Nachtisch passt schon noch rein. »*Palanqueta de cacahuate*« steht unter *postres* (Nachtische) auf der Speisekarte. *Cacahuate* bedeutet Erdnuss, das weiß Anton. Aber *palanqueta*? Das Wörterbuch bietet ihm »Brecheisen« an, das ist keine große Hilfe. Er bestellt es trotzdem, und der Nachtisch entpuppt sich als eine Art großer, flacher Keks aus Erdnüssen und karamellisiertem braunem Zucker. Beim Reinbeißen merkt er, dass die Bezeichnung *palanqueta* mit Bedacht gewählt ist. Die *palanqueta de cacahuate* ist steinhart, aber sehr schmackhaft. Vielleicht ein bisschen kalorienreich nach dem sehr üppigen Abendessen, doch ein *mezcal* hilft ihm sicher bei der Verdauung und sorgt für ausreichende Bettschwere.

Raupen-Bowle aus Agaven: der *mezcal*

Mezcal kommt vom Herzen, vom Herzen der Agave. Wenn die Pflanzen nach einigen Lebensjahren das einzige Mal geblüht haben, gart man die vom großen Blütenstand und den Blättern befreiten Herzen der Pflanze, zerstampft sie und lässt den Brei mit Hilfe von zugesetzter Hefe gären. Anschließend reift das Destillat, bis daraus nach etwa zwei Monaten *mezcal blanco* (weißer Schnaps) geworden ist oder nach längerer Lagerung ein *mezcal reposado* (abgelagert, zwei Monate bis ein Jahr) bzw. ein *mezcal añejo* (alt, länger als ein Jahr gelagert). Als Mitbringsel mit leichtem Ekel-Effekt für die Lieben daheim ist jener *mezcal* beliebt, in dem eine Agaven-Raupe schwimmt, ein seit den 1950er-Jahren verbreiteter Marketingtrick.

Tequila wiederum darf nur jener Agavenbrand genannt werden, der in den Bundesstaaten Jalisco, Tamaulipas, Guanajuato, Nayarit oder Michoacan hergestellt worden ist und der aus der Blauen Agave gewonnen wird. Der Ort Tequila, nach dem der Schnaps benannt ist, liegt übrigens in Jalisco. Hin und wieder kann es Verwirrung geben, weil die Bezeichnung *mezcal* mal als Oberbegriff für alle Agavenschnäpse, mal für alle außer dem Tequila verwendet wird.

Bei all diesen Bränden ist die *Denominación de Origen* (Herkunftsbezeichnung, abgekürzt *DO*) wichtig und vorgeschrieben sowie die Angabe, ob es sich um reinen Agavenschnaps oder um einen *mixto* handelt, bei dem die Maische auch Zucker oder Mais enthalten hat. Außerdem nennen die Brennereien auf dem Etikett die Agavenart, aus dem er gewonnen ist.

Kenner und Verehrer des *mezcal* wählen ihn mit großer Sorgfalt aus. Sofern es kein Schnaps vom Fass ist, prüfen sie die Angaben auf dem Etikett, schütteln die Flasche und beobachten, ob die Art, wie sich dabei Luftperlen bilden, auf eine hohe Qualität schließen lässt. Beim Kosten zerreiben sie zunächst einen Tropfen auf der Hand und schnuppern dem aufsteigenden Aroma nach ... Um es kurz zu machen: Sie zelebrieren eine Art Hochamt des kultivierten Genusses.

Träge tupft Anton die letzten Erdnusskrümel vom Teller, es wäre zu schade, sie wegzuwerfen. Eine wohlige Müdigkeit breitet sich in ihm aus und er ist froh, dass er in seinem Hotel zu Abend gegessen hat. Jetzt muss er sich nur noch die Treppe hochwuchten und dann ins Bett. Aber duschen muss er. Nach diesem heißen Tag hat er das Gefühl, von einem dicken Film aus Schweiß und Staub umhüllt zu sein.

Eine Viertelstunde später steht er gründlich eingeseift, die Haare mit einem Schaumhelm aus Shampoo bedeckt, unter der Dusche. Sonst liebt er es, im Badezimmer zu singen, doch jetzt ist er zu müde und außerdem ist es schon spät und er könnte die anderen Gäste stören. Um die Umwelt zu schonen, hat er sich schon lange angewöhnt, beim Einseifen das Wasser abzustellen. Auch in Mexiko tut sich anscheinend was in Sachen Umwelt, hat er gedacht, als er neben dem Badezimmerspiegel einen Aushang mit der Aufforderung »¡Ahorra agua!« (Spar Wasser!) entdeckte. Darunter stehen vermutlich Tipps zum Wassersparen – ganz so genau hat er nicht hingeguckt.

Als er den Hebel wieder hochzieht, um Seife und Shampoo abzuspülen, drückt er sich vorsichtshalber an die Wand der Duschkabine. Vorhin hätte er sich fast verbrüht, weil das Wasser so heiß herausschoss und die Temperatur nur schwer einzustellen war. Doch jetzt: nichts. Ein einziger Tropfen wagt sich aus dem Duschkopf hervor, baumelt einen Moment unschlüssig herum und fällt dann mit einem leisen Plopp in die Duschtasse, wo er sich in den dünnen Wasserfilm seiner Artgenossen schmiegt.

Anton drückt den Hebel wieder herunter und zieht ihn erneut hoch. Nichts. Er dreht ihn auf »kalt« und anschließend auf »warm«. Nichts. Er wischt das Shampoo beiseite, das ihm mittlerweile in die Augen gelaufen ist, und klopft mit der Faust erst vorsichtig und dann immer fester auf die Wasserleitung, die quer über die Fliesen zum Wasserhahn verläuft. Aber auch das entlockt dem Hahn kein Tröpfchen. Seufzend steigt Anton aus der Dusche. Vielleicht hat er am Waschbecken mehr Glück.

Hat er nicht. Die Toilettenspülung probiert er erst gar nicht aus, selbst wenn sie mehr als eine Spülkastenfüllung von sich geben würde, nützte ihm das wenig, wie er von Kopf bis Fuß von Seife und Shampoo bedeckt dasteht. Er zieht ein Handtuch vom Wandhaken und versucht sich, so gut es geht, von seiner seifigen Umhüllung zu befreien. Dann zieht er seine Sachen wieder über, die er vorhin schon zu der übrigen Schmutzwäsche unten in den Kleiderschrank gestopft hat, und geht zur Rezeption hinunter.

Es dauert es einige Zeit, bis sich der Nachtportier vom Fernseher im Hinterzimmer löst, wo den Schüssen und Schreien nach zu urteilen ein Krimi läuft, und an die Rezeption kommt.

»*Buenas noches. No hay agua en la ducha*« (Es gibt kein Wasser in der Dusche), informiert ihn Anton.

»Das weiß ich. Das ist schon seit bestimmt acht Wochen so. Von zehn bis sechs gibt's kein Wasser. Steht ja auch auf dem Hinweisschild, das wir in allen Badezimmern angebracht haben: *¡Ahorra agua!*«

Als Anton ihn ungläubig anschaut, kramt der Portier einen Moment in der Schublade, bis er ein weiteres Exemplar des Badezimmeraushangs hervorkramt. Jetzt erst liest Anton, dass es nicht um die ihm aus Hotels bekannten Aufforderungen wie »Werfen Sie die Handtücher, die gewaschen werden sollen, auf den Boden!« geht, sondern die Wassergesellschaft informiert, dass wegen der anhaltenden Dürre drastisch Wasser gespart werden muss. Daher wird einiges verboten, das Rasensprengen und Autowaschen zum Beispiel, und es wird angekündigt, dass bis auf Weiteres das Wasser jede Nacht komplett abgestellt wird.

Sintflut und Wüste: das Wasser in Mexiko

Mexiko ist von Natur aus sehr ungleichmäßig mit Wasser versorgt. Man kann im Groben sagen, dass zwei Drittel des Landes wasserarme oder sogar Wüstengebiete sind, die Mitte und der Norden, während im südlichen Drittel tropische bzw. subtropische Bedingungen mit entsprechend reichhaltigen Niederschlägen herrschen. In der Regenzeit kommt es dort immer wieder zu Überschwemmungen, fast 70 Prozent der Niederschläge fallen innerhalb von nur vier Monaten, während der Norden manchmal über ganzjährige Trockenheit klagt.

Im Süden konzentrieren sich rund 70 Prozent des verfügbaren Wassers, aber es lebt dort nur ein Viertel der Mexikaner, während das Gros der Bevölkerung und auch große Teile der Landwirtschaft und der Industrie in den trockeneren Gebieten weiter im Norden ansässig sind. An erster Stelle ist hier Mexiko-Stadt zu nennen, das in einem wasserarmen Hochtal liegt und zugleich einen riesigen Teil der mexikanischen Bevölkerung und der Industrie beherbergt. Es liegt eine gewisse bittere Ironie darin, dass die meisten armen, oft von der indigenen Bevölkerung besiedelten Gegenden, in denen die Menschen noch nicht angemessen mit Trinkwasser versorgt werden und in denen es noch keine wirklich funktionierende Abwasserentsorgung gibt, im Süden, also im eigentlich üppiger mit Wasser versorgten Landesteil liegen.

Eine große Herausforderung für die Wasserversorgung stellt das wirtschaftliche und Bevölkerungswachstum der letzten Jahrzehnte dar. Man versucht seit Längerem durch Maßnahmen wie dem Bau neuer und damit dichterer Leitungen, die Errichtung von Kläranlagen und durch Sparkampagnen gegenzusteuern. Außerdem gibt es Bestrebungen, die Subventionen des Wasserpreises zurückzufahren, weil künstlich niedrig gehaltene Wasserpreise nicht gerade zum sparsamen Verbrauch verleiten. Auch und besonders in der Landwirtschaft, wo bislang drei Viertel des Wassers verbraucht werden, spielt das eine wichtige Rolle, was das Thema zusätzlich politisch brisant macht.

Reingetreten

Hier könnte man den alten Spott zitieren: »Wer lesen kann, ist klar im Vorteil.« Wenn Anton den Aushang rechtzeitig gelesen hätte, wäre er vielleicht frisch geduscht zum Abendessen stolziert und hätte sich keine Gedanken um eine vom klebrigen Seifefilm beeinträchtigte Nachtruhe machen müssen.

Manchmal versuchen die Wasserversorger und die Behörden mit so einfachen wie wirksamen Methoden wie dem Wasserabstellen den Kollaps der regionalen Wasserversorgung zu verhindern. Manchmal kommt es aber auch zum nicht geplanten Verebben des Leitungswassers, weil Reservoirs leer, Leitungen überlastet oder defekt sind. Allerdings gibt es auch bei diesen ungeplanten Dürren am Wasserhahn eine gewisse Regelmäßigkeit, weshalb in mexikanischen Medien immer wieder darüber geklagt wird, dass einzelne Ortschaften oder Stadtviertel besonders häufig von derartigen Zwischenfällen betroffen sind.

Umgangen

Jetzt werden Sie vielleicht denken: Wenn man einmal nicht oder, was fast noch schlimmer ist, nur halb geduscht zu Bett geht, ist das doch kein Beinbruch. Da haben Sie recht, wie bei vielem anderen gibt es auch hier Schlimmeres. Zudem werden Sie in touristisch gut erschlossenen Gebieten und in höherwertigen und -preisigen Unterkünften eher selten mit solchen Wasserproblemen zu tun haben. Je nach Gegend und Unterkunft kann es aber sinnvoll sein, sich mit der Stabilität der Wasserversorgung zu beschäftigen und sich gegebenenfalls auf Probleme einzustellen. Wenn diese auftauchen, wird man oft die Erfahrung machen, dass die Menschen vor Ort darauf vorbereitet sind und sich deshalb notfalls immer mal ein Eimer oder ein Kanister mit bereitgestelltem Wasser finden lässt, das Seife- und andere Probleme löst.

28 Von hinten durch die Brust ins Auge
Kritisieren auf Mexikanisch

Die Stille in ihrem Zimmer kommt Lily gespenstisch vor an diesem Morgen. Der Abschied von Kristina ist einfach zu traurig gewesen – was allerdings nicht nur dem Abschied selbst, sondern wohl auch dem Restalkohol im Blut geschuldet war. Beide standen sie völlig übermüdet in der Kälte des Morgens und umarmten sich immer wieder unter der Beteuerung, dass sie sich ja bald schon wiedersähen und bis dahin noch oft skypen würden. Dann kam endlich der Bus und der langen Abschiedszeremonie wurde ein abruptes Ende gesetzt. Nachdem Lily sich zum Trost noch einen Donut im kleinen Lädchen um die Ecke gekauft hatte, fiel sie wie erschlagen ins Bett. Jetzt ist es zwölf Uhr und nach reiflicher Überlegung beschließt sie, langsam das Aufstehen in Angriff zu nehmen.

In der Küche, die, wie sie mit einem gequälten Blick erfasst, leider noch genauso aussieht, wie sie sie gestern Nacht verlassen hat, trifft sie auf Héctor. Inmitten leerer Flaschen und Chipstüten sitzt er am Küchentisch und trinkt seelenruhig Kaffee. Als er Lily erblickt, legt er die Zeitung weg, steht auf und umarmt sie.

»¡Buenos días guapita! Ist Kristina gut abgereist?«

Lily gähnt. »Hm. Ist doch irgendwie ziemlich spät geworden gestern. Und der *pulque* hat mir dann echt den Rest gegeben.«

»Ach, und ich dachte, du willst vielleicht noch einen Schluck? Es ist noch was übriggeblieben. Und du weißt ja, der hat Heilkräfte.« Héctor hält ihr mit einem genüsslichen Grinsen einen Becher der weißlich, schleimigen Flüssigkeit hin.

Kaktus-Spätlese: *pulque*

Pulque ist ein mexikanisches Nationalgetränk mit jahrhundertealter Tradition, schon die Azteken wussten um seine Herstellung. Der Saft wird aus dem Maguey-Kaktus, einer Agavenart, gewonnen, dabei muss der Kaktus mindestens zehn Jahre alt sein, da er erst ab diesem Alter Saft abgibt. Die abgeschöpfte Flüssigkeit wird anschließend in tiefe Gruben gefüllt, wo sie innerhalb kurzer Zeit (etwa 24 Stunden) zum *pulque* vergärt. In *pulquerías* wird er schließlich an den Mann, seltener an die Frau gebracht.

Traditionellerweise waren die *pulquerías* nur für Männer vorgesehen, aus dem einfachen Grund, dass es keine Toiletten, sondern bloß Rinnen für das Wasserlassen gab. Die mexikanischen *pulquerías* sind eine Sache für sich. Meist sehr schlicht ausgestattet befinden sie sich häufig unter freiem Himmel oder in einer Art Hinterhof. An einfachen Holz- oder Plastiktischen sitzen die Gäste, überwiegend Menschen aus ärmeren Bevölkerungsschichten, und legen hier bei einem Krug des Nationalgetränks eine Arbeitspause ein, genießen den Feierabend, unterhalten sich oder spielen Karten.

Pulque wird nicht destilliert. Er behält seine milchige Färbung und hat aufgrund der kurzen Gärzeit nur etwa vier bis fünf Prozent Alkohol. Der milde, leicht prickelnde Geschmack erinnert an Cidre, nur die dickflüssige, fast schon schleimige Konsistenz ist etwas gewöhnungsbedürftig. Wegen seines Reichtums an Kalzium und Vitaminen wird ihm eine heilende und stärkende Wirkung zugesprochen. Schon beim Bau der Pyramiden wurde *pulque* als schmerzstillendes und anregendes Mittel eingesetzt, ähnlich wie die Kokablätter in Südamerika.

Im Zuge der Verbreitung von Wein und Bier in Mexiko und einer Diffamierungskampagne gegen den *pulque*, bei der behauptet wurde, das Getränk würde krank und schwachsinnig machen, ging der *pulque*-Konsum drastisch zurück. Heute sind jedoch wieder mehr *pulque*-Fans, jetzt auch aus der Mittelschicht, zu beobachten. Gerade unter jungen Menschen scheint es in Mode zu kommen, statt eines Feierabendbiers gemeinsam *pulque* trinken zu gehen. Viele Mexikaner bringen zu ihrem *pulquería*-Besuch Plastikflaschen mit, um sich einen kleinen Vorrat für das Wochenende abfüllen zu lassen – viel länger hält sich der »Zaubersaft« auch nicht, da bei der traditionellen *pulque*-Herstellung keinerlei Konservierungsstoffe verwendet werden.

Lilys Eingeweide machen einen hektischen Hopser und sie reißt das Fenster auf – der Geruch von Bier, Tequila und *pulque* ist einfach unerträglich auf leerem Magen.

»*¿Qué te parece un desayuno en el centro?*«, fragt Héctor versöhnlich. Ein Frühstück irgendwo draußen im Stadtzentrum? Das klingt verlockend – dann kann man das Aufräumen noch ein bisschen aufschieben. Außerdem ist ein Katerfrühstück mit Ei, Bohnen und *tortillas* jetzt genau das Richtige.

Als sie die Wohnung verlassen, treffen sie im Hof Álvaro, den netten Vermieter. »*¡Buenos días Lilita, buenos días Héctor! ¿Cómo están?*«

Nachdem Héctor ihm versichert hat, dass es ihnen blendend gehe – ein Blick in ihre Gesichter sollte eigentlich genügen, ihn vom Gegenteil zu überzeugen, denkt Lily –, erkundigt er sich nach Álvaros Gesundheit und nach seiner Familie. Die Tochter, so erfahren sie, ist zu Gast, mit dem Enkelchen. Na, ist ja alles hochinteressant, aber der Magen meldet sich lautstark zu Wort. Muss Héctor denn gerade jetzt Smalltalk betreiben? Lily sieht ihn mit einem drängenden Seitenblick an.

»*¿Tienen un momentito?*«, fragt schließlich Álvaro, als sie Anstalten machen, das Gespräch seinem Ende zuzuführen.

Nein, eigentlich haben wir keine Zeit, ist Lily versucht zu sagen, aber Héctor kommt ihr zuvor: »*Por supuesto.*« (Natürlich.)

Lily seufzt und stellt sich auf eine längere Verzögerung des ersehnten Frühstücks ein. So gut kennt sie mittlerweile die Mexikaner, dass sie weiß, dass ein *momentito* niemals nur ein »Momentchen« bedeutet.

»Du weißt ja, dass meine Frau und ich immer darauf bedacht sind, dass es euch hier gut geht und sich alle wohlfühlen«, fängt Álvaro an.

Héctor bestätigt: »Ja, klar, das wissen wir. Wir fühlen uns auch sehr wohl hier und sind froh, dass Sie sich so gut um alles kümmern. Dadurch fühlt man sich gleich wie zu Hause.«

»Ganz genau, und das wollen wir natürlich auch. Dass sich alle wie zu Hause fühlen. Und natürlich kann man auch Besuch empfangen. Wir freuen uns ja, wenn hier ein bisschen Leben ist – solange es niemanden stört.«

Lily verdreht die Augen. Was soll denn diese Lobhudelei jetzt, dafür hält er sie auf? Das kann doch nicht wahr sein! Unauffällig kneift sie Héctor in den Arm. Der ignoriert sie und sagt: »Wissen Sie, auch Kristina, Lilys Freundin aus Deutschland hat sich hier sehr wohl gefühlt. Wir haben gestern eine kleine Abschiedsparty für sie gefeiert.«

Álvaro nickt wohlwollend. »Das ist schön, das haben wir uns schon gedacht, dass die jungen Leute ein bisschen feiern und Musik hören. Dagegen haben wir auch gar nichts. Schließlich sollen sich alle wohlfühlen. Auch die anderen Mieter.« Er lächelt.

Was für ein netter, verständnisvoller Vermieter. Davon könnte sich unserer in Köln echt 'ne Scheibe abschneiden, denkt Lily, und wieder macht ihr Magen knurrend auf sich aufmerksam. Die Vorstellung, gleich in eine noch warme *tortilla* gefüllt mit genau der richtigen Mischung aus Rührei,

Bohnen und eingelegten Chilischoten hineinzubeißen, lässt ihr das Wasser im Munde zusammenlaufen.

»Ich hoffe, dass wir nicht zu laut waren und die anderen Mieter sich nicht allzu gestört gefühlt haben«, setzt Héctor jetzt an. »Das war wirklich eine Ausnahme, weil es Kristinas letzter Abend war. Das nächste Mal werden wir besser aufpassen.«

Lily blickt Héctor erstaunt an. Wie kommt er denn jetzt darauf? Schließlich ist die Musik doch gar nicht so laut gewesen und draußen war es viel zu kalt, sodass sich die Party ausschließlich bei ihnen in der Küche abgespielt hat. Außerdem hat sich doch niemand beschwert! Álvaro hat doch eben noch ausdrücklich gesagt, dass er nichts dagegen hat, wenn die jungen Leute ein bisschen feiern.

Reingetreten

Kommunikation ist immer schwierig. Selbst wenn es sich um unser eigenes Land, unsere Kultur und unsere Muttersprache handelt, kommt es nicht selten zu Missverständnissen. Zwischentöne und kontextuelle Bezüge erschweren zuweilen die eindeutige Interpretation des Gesagten und machen doch auch gerade den Reiz menschlicher Kommunikation aus. Was Lily hier als unwichtigen Smalltalk und sinnloses Geplänkel versteht, ist im Gegenteil wichtige Konfliktklärung. Die mexikanische Kultur gilt, wie wir bereits in Kapitel 18 »Vida y arte« (S. 150) gesehen haben, als high context-Kultur. Das bedeutet, dass vor allem bei konfliktträchtigen Themen vieles nicht ausdrücklich angesprochen, sondern durch den Kontext, durch Anspielungen und durch die Färbung des Gesagten, also durch Tonfall, Mimik, Gestik usw. ausgedrückt wird.

Was der Vermieter eigentlich klarzumachen versucht, ist, dass die Party wohl doch zu laut war und die nachbarschaftliche Ruhe gestört wurde. Diese Kritik wird jedoch in einen Rahmen des Wohlwollens gepackt, der es Lily, die die deutsche *low context*-Kultur, in der man direkter ausdrückt, was gemeint ist, gewohnt ist, erschwert, das eigentliche Problem herauszuhören. In Mexiko ist es üblich, Kritik nicht unverblümt zu äußern, sondern man bemüht sich zunächst um die Schaffung einer Atmosphäre des gegenseitigen Einvernehmens. Das macht Álvaro, indem er das gemeinsame Interesse an einem ungestörten Zusammenleben betont. Alle sollen sich wohlfühlen. Hat man sich auf dieses Ziel geeinigt und damit eine positive Gesprächsatmosphäre geschaffen, lässt sich durch Andeutungen die Kritik anbringen. Diese wird auch wieder weich gepolstert verpackt, sodass nur ein geübter Zuhörer den wahren Kritikpunkt heraushören oder -spüren kann, zumal in der Fremdsprache. Für Héctor ist dieses Spiel vollkommen normal, er weiß entsprechend darauf zu reagieren, sodass alle ihr Gesicht wahren und niemand allzu direkt – und vielleicht verletzend – werden muss.

Umgangen

Offen Kritik zu äußern mag zwar in Deutschland und in vielen anderen Ländern als konstruktiv und wünschenswert angesehen werden, in Mexiko ist zu viel Direktheit jedoch ein Zeichen von Unhöflichkeit. Das ausgeprägte mexikanische Harmoniebedürfnis lässt eher dazu tendieren, Konflikte auszuhalten statt sie anzusprechen und dadurch womöglich das Gleichgewicht zwischenmenschlicher Beziehungen zu gefährden. Wird ein Konflikt dennoch einmal angesprochen, geschieht dies meist auf subtile Weise, um niemanden vor den Kopf zu stoßen. Als Europäer kann man da schon mal auf dem Schlauch stehen. Wenn man das dumpfe Gefühl hat, dass etwas nicht stimmt, empfiehlt es sich immer, vorsichtshalber noch einmal nachzufragen, um Missverständnisse zu vermeiden. Ein »Habe ich das richtig verstanden?« oder »Hat es Sie (vielleicht ein wenig) gestört, dass ...?« ist nie verkehrt und kann zur Klärung der Situation hilfreich sein.

Gerade Ausländern gegenüber wird Kritik häufig in eine Erklärung, wie man dies oder jenes in Mexiko üblicherweise tut, verpackt. Die Schuld wird also minimiert, indem schon der Kritisierende selbst feststellt, dass der Kritisierte ja nicht absichtlich, sondern nur aus Unwissenheit gehandelt habe. Dadurch wird die Kritik aussprechbar für denjenigen, der sie anbringt, und annehmbar für den Kritisierten – und keiner verliert das Gesicht.

Gerade in einer fremden Kultur sollte man hellhörig gegenüber Andeutungen sein. In einer höflichen Gesellschaft wie der mexikanischen kann auch eine leise Anspielung bereits ein Hinweis auf das eigene Fehlverhalten sein. Aufmerksames Zuhören und eine gewisse Sensibilität bei der Interpretation nonverbaler Zeichen sind gefragt. Aber natürlich gilt auch hier die goldene Mitte: bloß nichts überinterpretieren und sich bei jeder Kleinigkeit angegriffen fühlen, stattdessen lieber einmal zu viel nachfragen!

29 Ein Momentchen, ich komm' soförtchen
Über die Relativität von Zeit

»Willst du wirklich Sauerkraut kochen? Das ist doch zu sehr Klischee.« Lily ist nicht sonderlich begeistert von Antons Menü-Ideen, aber der lässt sich nicht abbringen.

»Ich finde, das ist passend. Zum Abschied koche ich für dich und deine Freunde etwas typisch Deutsches.«

Obwohl sich Anton in Cholula mittlerweile ganz gut auskennt, ist es gar nicht so leicht gewesen, Sauerkraut und Würstchen aufzutreiben. Erst nach längerer Suche wurde er fündig.

»Die Kartoffeln sind geschält. Ich hoffe, die sind weich kochend. Fürs Püree ist das besser. Ich stell sie erst um viertel nach sieben an. Dann bin ich pünktlich um acht mit allem fertig, wenn die Gäste kommen.« Anton wischt sich zufrieden die Hände an der Schürze ab. Jetzt ist alles vorbereitet. Die Würstchen müssen am Ende noch kurz gebrüht werden und das Sauerkraut will er nur eben erwärmen, »dann behält es seinen kräftigen Geschmack und bleibt bissfest«.

»Fang bloß nicht zu früh an. Die kommen bestimmt nicht um Punkt acht«, warnt Lily ihn und geht dann erst mal duschen.

Sie hat den Nachtisch gemacht, *natilla*, eine Vanillecreme. Der Name, der sich mit »Sähnchen« übersetzen lässt, verrät eine der wichtigsten Zutaten der Creme. Allein das Lesen des

Rezepts hat schon bei Dutzenden Weight Watchern zu Nervenzusammenbrüchen geführt. Anton hat kein Problem mit den Kalorien (»Meine Oma hat schon gesagt: Gute Butter hat noch keinem geschadet, nur meinem neuen Kleid«), aber er hätte lieber etwas typisch Deutsches gehabt. Doch Lily hat sich standhaft geweigert, eine Schwarzwälder Kirschtorte zu backen. »Da kann ich ja gleich ein Trachtenkleid oder Dirndl anziehen und so einen Hut mit roten Kugeln drauf. Du übertreibst es, Onkelchen.«

Anton weiß, dass er sich nicht durchsetzen wird. Onkelchen nennt Lily ihn nur im äußersten Notfall. Was soll's, er freut sich, die jungen Leute, von denen er einige recht gut kennengelernt hat, zu bekochen und mit ihnen und natürlich mit seiner Nichte einen schönen Abend zu verbringen. Es war eine spannende Zeit hier in Cholula und auch unterwegs. Er hat viel von Land und Leuten gesehen und eine Menge interessanter Menschen kennengelernt. Doch jetzt freut er sich auf zu Hause. Seinen Koffer und die neu erworbene Reisetasche, vollgepackt mit Mitbringseln, Gewürzen, CDs (natürlich nur legal hergestellten, die anderen hat er ... weggeworfen) und allerlei Keramiken hat er schon gepackt. Besonders vorsichtig hat er die wunderschöne Skulptur eines Flötenspielers verpackt, die Rosa ihm noch nach Cholula geschickt hat, mit vielen Grüßen, auch von ihrem Mann. Morgen Vormittag geht's los. Viel schlafen wird er vorher wohl nicht, doch das kann er ja im Flieger oder zu Hause nachholen. Jetzt wird erst mal gefeiert.

Eine Stunde später ertönen von den umliegenden Kirchen die Stundenglocken. Cholula ist berühmt für seine vielen Kirchen, angeblich gibt es hier für jeden Tag im Jahr eine. Pünktlich mit dem letzten Glockenschlag klingelt es und die ersten beiden Gäste kommen die Treppe hoch. Es sind Studenten aus Frankreich und den USA, die wie Lily ein Auslandsjahr in Cholula absolvieren. Anton ist gerade fertig geworden und wischt sich die Hände an der Schürze ab, bevor er die beiden begrüßt. Lily ist noch nicht wieder aufgetaucht, aber immerhin hört man jetzt den Föhn rauschen, lange kann es also nicht mehr dauern, bis sie ... – Anton überlegt, was der passende Ausdruck ist, wenn eine Frau nach einer Stunde im Bad ... erscheint, auftritt, hereinschwebt?

»Wenn die übrigen Gäste da sind, können wir sofort essen.« Er hat die gegarten Kartoffeln mit Butter, heißer Milch, Salz, Pfeffer und einer Prise frisch geriebener Muskatnuss zu einem leckeren Püree verarbeitet, das jetzt dampfend und duftend auf die Gäste wartet.

Eine Viertelstunde später wartet es immer noch, nicht mehr dampfend und nicht mehr ganz so duftend, weil Anton den Topf zum Warmhalten in mehrere Decken gewickelt hat. Das Sauerkraut ist nicht mehr bissfest, die Würstchen hat er zum Glück rechtzeitig wieder aus dem Wasser genommen.

Lily, die dafür umso duftender aus dem Bad kommt, stellt eine Flasche Wasser auf den Tisch. »Gleich gibt's Bier. Héctor und Simon sind gerade zum Einkaufen. – Ah, das müssen sie sein.«

Die beiden Einkäufer kommen mit Tüten bepackt in die Küche und begrüßen die ersten Gäste. »¿Quieren una michelada?« (Wollt ihr eine michelada?) Héctor reibt den Rand von großen Gläsern mit Limettenhälften ein und taucht die Gläser mit den feuchten Rändern in einen Teller mit Salz. In die Gläser mit dem weißen Besatz aus Salzkristallen füllt er nacheinander Limettensaft, Salz, Pfeffer, Worcestersoße, Maggi, Tabasco und schließlich Bier, das sich über dem braunen Mix zu einer hellen Schaumkrone aufbaut. Das Ganze schmeckt eigenartig, aber nicht schlecht, findet Anton.

»¿*Cerveza mexicana?*«, fragt er Héctor.

»Natürlich. Bier ist eines unserer Nationalgetränke. Wir trinken zwar nicht ganz so viel davon wie die Deutschen, aber es wird schon einiges konsumiert.«

Man kann es mit Chilisoße trinken: mexikanisches Bier

Héctor hat recht. Bier ist ein mexikanisches Nationalgetränk, auch wenn der Pro-Kopf-Verbrauch mit gut 50 Litern pro Jahr »nur« halb so hoch ist wie der deutsche. In vielen Orten findet man deutsche, belgische und andere ausländische Biere, aber überall im Land gibt es mexikanisches Bier. Meist wird helles Lagerbier angeboten, das seinen Namen übrigens trägt, weil es sich auch in Zeiten ohne vollautomatische Kühlung besser aufbewahren und transportieren ließ und nicht so schnell schlecht wurde wie einige andere Biersorten.

Das Bierbrauen hat in Mexiko eine lange Tradition. Schon 1542 verlieh der spanische König das erste Brauprivileg im Gebiet des heutigen Mexikos. Heute sind die gängigsten Biersorten das auch in den USA und mittlerweile in Europa verbreitete Corona sowie Dos Equis, Sol, Tecate und Superior. Nach dem Tequila ist Bier das mexikanische Export-Getränk Nummer zwei. Der mexikanische Biermarkt wird fast vollständig von zwei großen Brauereigruppen beherrscht, der Modelo-Gruppe, die u.a. Corona herstellt, und der FEMSA-Gruppe, die zugleich der weltweit zweitgrößte Coca-Cola-Abfüller ist.

Es entwickelt sich eine kleine Diskussion über deutsche, mexikanische, französische und amerikanische Biersorten und Mixgetränke, bei der Lily Héctor zu erklären versucht, warum ein Radler Radler heißt.

»Wo bleiben die anderen denn?« Anton wird immer unruhiger und denkt: Es kann ja mal sein, dass man eine Viertelstunde zu spät kommt. Aber eine Dreiviertelstunde, nein, jetzt sind es schon – er schaut auf die Uhr – fünfzig Minuten! Er findet das nicht besonders höflich. Die Gäste lassen ihm noch weitere zehn Minuten Zeit, über den Zusammenhang von Pünktlichkeit und Höflichkeit nachzudenken. Endlich klingelt es und ein Grüppchen mexikanischer Kommilitonen kommt gut gelaunt die Treppe hoch. Jetzt klingelt es Schlag auf Schlag, und bald sitzen alle um den Tisch. Anton hat Sauerkraut und Würstchen aufgewärmt und den Topf mit Püree vorsichtig im Wasserbad erhitzt. So richtig zufrieden ist er nicht mit seinem Menü. Die Gäste sehen das anders.

»¡*Muy rico!* (Sehr lecker!) *It's very good*«, sagt einer und die anderen stimmen ihm zu – die meisten können nur nicken, weil sie den Mund voll haben.

»Und es schmeckt noch besser, wenn es frisch gemacht und nicht aufgewärmt ist!« Anton sieht vorwurfsvoll in die Runde und erntet betretenes Schweigen.

»*This is mexican puntuality*« (Das ist mexikanische Pünktlichkeit), meint schließlich Greg, der US-amerikanische Student, und erzählt von seinen Erfahrungen, die er beim Praktikum in einem Betrieb in Mexiko-Stadt gemacht hat. »Ehrlich gesagt«, wendet er sich Verständnis suchend an seine mexikanischen Kommilitonen, »hat mich das am Anfang halb wahnsinnig gemacht. Keine Besprechung fing pünktlich an. Man konnte von Glück sagen, wenn sich das Ganze nur um zwanzig Minuten verzögert hat. Und die Kollegen kamen morgens, wann sie wollten. Abends haben die dann kein Ende gefunden. Wir hätten längst Feierabend gehabt und die haben immer noch weitergemacht. Und dann«, jetzt redet er sich in Fahrt, »dieses ewige *mañana*. Am Anfang habe ich geglaubt, das heißt ›morgen‹, aber das heißt eher so was wie ›irgendwann, aber ganz sicher nicht morgen‹. Mein Gott, wie oft habe ich das *mañana* gehört!«

Mañana, ahorita und momentito – der Schleier der Unbestimmtheit

Mañana bedeutet eigentlich »morgen«. In Lateinamerika, v.a. aber in Mexiko, wird es auch gern benutzt, um Ereignisse oder Handlungen für die nicht näher präzisierte Zukunft anzukündigen. Wenn der nächste Bus oder das bestellte Ersatzteil *mañana* kommen, bedeutet das: Man weiß nicht, wann sie eintreffen werden. *Mañana* ist zum Namenspatron des Prinzips geworden, Entscheidungen oder Handeln auf die lange Bank zu schieben.

Während sich *mañana* auf die weitere Zukunft bezieht, bezeichnet *ahorita* die nähere Zukunft, die aber mit einem ähnlichen Schleier der Unbestimmtheit verhängt ist. *Ahorita*, wörtlich mit »jetztchen« zu übersetzen, ist gewissermaßen die kleine Schwester von *ahora* (jetzt) und deutlich weniger zuverlässig. *Ahorita* kann bedeuten, dass etwas in den nächsten Minuten passiert oder erledigt wird, es kann aber auch erst irgendwann später Wirklichkeit werden. Ginge es tatsächlich um »jetzt«, spräche man von *ahora mismo*. Bei *ahorita* dauert es ein Momentchen *(un momentito)* – noch so ein kleiner Bruder, der zu einem großzügigen Umgang mit Zeit neigt.

Jetzt schaltet sich François, der französische Kommilitone ein: »Ich hab drei Monate in einer Bank in Puebla gearbeitet. Mit den Kollegen dort war's eigentlich okay. Gut, zehn, fünfzehn Minuten Verspätung, aber da gewöhnt man sich dran. Früher war es wohl extremer, hat mir ein Franzose erzählt, der schon seit ein paar Jahren dort arbeitet. Aber dann haben sie eine elektronische Zeiterfassung eingeführt. Die Angestellten kommen jetzt pünktlich. Allerdings lassen sich viele am Eingang registrieren und gehen dann erst mal in die nächste Bar frühstücken. Der Kollege hat mir erzählt, dass die unheimlich viele Tricks drauf haben, um die Kontrollen zu überlisten. Er hat gesagt: Wenn die diese Energie und diesen Erfindungsgeist in Wissenschaft und Technik stecken würden, gäb's auf dem Mond schon *tacos*. Unser Abteilungsleiter hat alles übertroffen. Der kam manchmal vierzig, fünfzig Minuten zu spät zu Meetings. Und hat kein Wort darüber verloren. Keine Erklärung, geschweige denn eine Entschuldigung. Wir Franzosen sind ja nicht so super-pünktlich wie die Deutschen«, er zwinkert Lily, Simon und Anton grinsend zu, »aber das finde ich schon heftig. In Frankreich gibt es ein Sprichwort: *L'exactitude est la politesse des rois* – die Pünktlichkeit ist die Höflichkeit der Könige.«

Reingetreten

Man kann Anton verstehen. Wer schon einmal für eine größere Gruppe Kartoffelpüree gemacht hat und dann zusehen musste, wie das Püree langsam erkaltete und von der cremigen zur schnittfesten Konsistenz überging, kann nachempfinden, dass Anton über die Verspätung seiner Gäste nicht begeistert ist. Auch Greg und François sind mit ihrer Irritation wegen der mexikanischen Pünktlichkeitsauffassung in recht großer Gesellschaft. Wer in Mexiko arbeitet, macht immer wieder die Erfahrung, dass es zum Teil andere Vorstellungen über Pünktlichkeit oder Anfangs- und Endpunkte von Besprechungen und sonstigen beruflichen Terminen gibt, als man das aus Deutschland und einigen anderen Ländern gewohnt ist.

Allerdings kann die Offenheit, mit der Anton das Zuspätkommen seiner Gäste kritisiert und mit der Greg und François ihre Erfahrungen und Probleme ausdrücken, als ziemlich rüpelig aufgefasst werden. Im Allgemeinen bevorzugt man in Mexiko eher vorsichtige Formen von Kritik bzw. kritischen Äußerungen (s. Kapitel 28 »Von hinten durch die Brust ins Auge«, S. 222). Unter jungen Leuten (zu denen Anton allerdings definitiv nicht mehr zählt) geht es oft weniger formell und daher auch nicht ganz so dezent zu.

Es ist meist keine gute Idee, sich über Land und Leute lustig zu machen, wie dies François tut, indem er den Spott seines früheren Kollegen wiedergibt. Das kann schnell als arrogant und überheblich aufgefasst werden. Außerdem machen die Mexikaner in der Regel selbst die besseren Sprüche und Witze über Mexiko. So wird in selbstironischer Manier geäußert: Man merke, dass man in Mexiko ist, am ehesten daran, dass der Pizzaservice schneller da ist als der Notarztwagen.

Umgangen

Die Gäste sind aus ihrer Sicht pünktlich gekommen. Bei privaten Einladungen in Mexiko gehen Einladender wie Eingeladene davon aus, dass niemand exakt zur angegebenen Zeit kommt (zu früh schon gar nicht), sondern einige Zeit später, wobei eine Stunde nach der angegebenen Zeit das Äußerste an Abweichung ist. Das kann und sollte man bei Verabredungen und bei Einladungen, ob man sie nun ausspricht oder erhält, einplanen. Das Zuspätkommen hat nichts mit fehlender Wertschätzung oder gar Missachtung zu tun, etwa nach dem Motto »Ich habe so Wichtiges zu tun, da musst du halt warten«.

Bei geschäftlichen Terminen gelten etwas andere Regeln als bei privaten. Hier würde man nicht eine ganze Stunde später als verabredet erscheinen. Es sei denn, äußere Umstände erzwingen das. In Mexiko-Stadt beispielsweise lässt sich erhebliches Zuspätkommen oft schon wegen der Verkehrsverhältnisse kaum vermeiden. Viertel- oder halbstündige Verspätungen sind bei geschäftlichen Verabredungen durchaus normal und es schwingt auch hier keine Missachtung mit.

Allerdings spielen in vielen Unternehmen und öffentlichen Verwaltungen die Hierarchie und die Position, die Beteiligte dort einnehmen, eine wichtigere Rolle, als man das aus Deutschland gewohnt ist. Wenn François' früherer Vorgesetzter regelmäßig erheblich zu spät kam, kann das mit seiner Position, die ein solches Zuspätkommen gewissermaßen rechtfertigt, zusammenhängen. Je bedeutender jemand ist, desto später kommt er, das ist in diesen Fällen die Botschaft.

Zusätzlich kompliziert wird das Ganze, weil – der Kalauer sei erlaubt – auch beim Umgang mit der Zeit die Uhr nicht stehen bleibt. Der Wandel von Technik und Arbeitswelt, aber auch die zunehmenden Beziehungen und Kontakte zu ausländischen Unternehmen haben in Mexiko Gewohnheiten und Erwartungen zum Teil verändert. So kann es sein, dass einheimische Geschäftspartner davon ausgehen, dass man als Deutscher, Franzose, US-Amerikaner etc. exakt zur vereinbarten Uhrzeit erscheint. Wenn man selbst nun ein mexikanisches Viertelstündchen einkalkuliert und ganz entspannt fünfzehn Minuten später erscheint, kann das zu einer neuen Peinlichkeit führen.

Anton jedenfalls hat seine Lektion gelernt. Als Lily ihn am nächsten Morgen zum Busbahnhof bringt, ist er darauf vorbereitet, dass sich der Bus verspätet. Er hat genügend Lesestoff dabei. Juan Rulfos *El Llano en Llamas** dürfte ihn mit seinen Spanischkenntnissen, hat Lily versichert, so lange mit Lesen und Vokabeln nachschlagen beschäftigen, dass selbst eine Verspätung um zwei, drei Tage kein Problem wäre.

Der Bus kommt pünktlich. Als Anton sein Gepäck abgegeben und einen Platz gefunden hat, steigt er noch einmal aus, um sich von Lily zu verabschieden. »*Hasta pronto en Alemania, cielito.* (Bis bald in Deutschland, Schätzchen.) Und pass auf dich auf. Bestell Héctor noch mal viele Grüße. Und Simon und den anderen natürlich auch. Sag Héctor, er soll bald mal nach Deutschland kommen. Damit der arme Kerl endlich Schwarzwälder Kirschtorte probieren kann.«

»Ach, Onkelchen.«

---

* Juan Rulfo (1917–1986), mexikanischer Schriftsteller. Die Sammlung von Kurzgeschichten *El Llano en Llamas* (1953, deutsch: *Der Llano in Flammen*) ist neben seinem einzigen Roman *Pedro Páramo* (1955) eines der beiden Bücher, mit denen er als Schriftsteller berühmt wurde.

Glossar

Survival-Pack mit den wichtigsten Wörtern und Abkürzungen – mit Aussprachehilfe

Das Spanische macht es dem ungeübten Leser und Sprecher einfacher als viele andere Sprachen. Während man beispielsweise im Englischen oder Deutschen oft wissen muss, wie ein Wort ausgesprochen wird, weil ein und derselbe Buchstabe verschiedene Laute symbolisieren kann oder weil ein und derselbe Laut unterschiedlich geschrieben wird, funktioniert die Faustformel »Schreib, wie du sprichst« bzw. »Lies, wie es geschrieben ist« im Spanischen meist problemlos. Wenn ein Akzent auf einem Buchstaben steht, bedeutet das nur, dass diese und nicht, wie bei den meisten akzentfreien spanischen Wörtern, die vorletzte Silbe betont wird. Vorsichtshalber ist die Aussprache im Glossar trotzdem mit einer einfachen Lautschrift wiedergegeben. Die betonte Silbe ist jeweils unterstrichen. Das »ch« in der Lautschrift steht für ein im Rachen artikuliertes »ch« wie in »Dach«.

adiós [adi<u>os</u>]	Auf Wiedersehen
agua de Jamaica [<u>a</u>gwa de cha<u>mai</u>ka]	Erfrischungsgetränk aus Hibiskusblüten
buenas noches [bu<u>e</u>nas <u>not</u>sches]	Guten Abend/Gute Nacht; Grußformel in der Zeit ab etwa 19 Uhr bzw. ab Einbruch der Dunkelheit

buenas tardes [bue<u>na</u>s <u>tar</u>des]	Guten Tag/Guten Abend; Grußformel in der Zeit ab dem Mittagessen, also ab ca. 15 Uhr
buenos días [bue<u>n</u>os <u>di</u>as]	Guten Morgen; Grußformel für die Zeit bis etwa 15 Uhr
¡buen provecho! [bu<u>en</u> pro<u>we</u>tscho]	Guten Appetit!
caballeros [kawa<u>je</u>ros]	Aufschrift »Herren« auf Toiletten; leitet sich von *caballo* (Pferd) ab und bedeutete ursprünglich Ritter
cantina [kan<u>ti</u>na]	Gaststätte/schlichte Kneipe; traditionell vor allem für Männer
chilango/-a [tschi<u>lan</u>go]	Bewohner/-in von Mexiko-Stadt; manchmal mit Beiklang von »rüde, ungehobelt«
¿cómo está?	Wie geht es Ihnen?
¿cómo estás?	Wie geht es dir?
curandero [kuran<u>de</u>ro]	Heiler in der Volksmedizin
D.F. [de<u>efe</u>]	Distrito Federal; Bezirk der Hauptstadt Mexiko-Stadt
derecha [de<u>ret</u>scha]	Abk. dcha., rechts
día de los muertos [<u>di</u>a de los mu<u>er</u>tos]	Wörtlich: Tag der Toten; Feiertage Allerheiligen und Allerseelen am 1. und 2. November
EUA/EEUU	*Estados Unidos de América*, die USA; die Abkürzung EEUU entspricht der im spanischsprachigen Raum verbreiteten Sitte, Pluralwörter mit doppelten Anfangsbuchstaben abzukürzen
FMT	*Forma Migratoria para Turista*; die Touristenkarte benötigt man bei der Ein- und Ausreise; man muss die bei der Einreise abgestempelte Karte bei der Ausreise wieder vorlegen; ist meist nur für einen Monat gültig und berechtigt nur zum touristischen Aufenthalt, also nicht zum Arbeiten oder Studieren in Mexiko; Kartenformulare erhält man in mexikanischen Konsulaten, Touristinformationen, aber auch während des Fluges an Bord bzw. hinterher am Einreiseschalter des Flughafens.

frijoles [fricholes]	Bohnen, oft auch als Mus, das zu *tortillas* gereicht wird
gracias [grasias]	Danke; als Antwort: *de nada* – keine Ursache
gringo/-a	US-Amerikaner/-in; bisweilen mit negativem Beiklang verwendet
guacamole [guakamole]	Püree aus gehackten Avocados mit Zwiebeln, frischem Koriander und Limettensaft. Man entgeht ihm nicht und das ist gut so!
horchata [ortschata]	Erfrischungsgetränk aus zerstampften Früchten, Nüssen oder Samen, in Mexiko meist aus Reis bzw. Reismehl und Wasser unter Zusatz von Gewürzen hergestellt
indígena [indichena]	Angehörige(r) der indigenen Bevölkerung
IVA	*Impuesto sobre el Valor Agregado*; entspricht der deutschen Umsatzsteuer; Abgabe in Höhe von 16 Prozent (in den Bundesstaaten an den Grenzen zu den USA, Belize und Honduras 11 Prozent); Lebensmittel, Bücher und Medikamente sind von dieser Steuer befreit.
izquierda [iskjerda]	Abk. izda., links
mañana [manjana]	Morgen/der Morgen; auch gerne im Sinne von »irgendwann« verwendet
mariachi [mariatschi]	Musiker, die gegen ein Trinkgeld auf öffentlichen Plätzen oder in Gaststätten aufspielen
mezcal [meskal]	Agavenschnaps, der aus dem gegarten und anschließend gegorenen Herzfleisch der Agave gebrannt wird
mole [mole]	Aus verschiedenen Sorten von Chilischoten und Gewürzen hergestellte Soße; unzählige Varianten
muchacha [mutschatscha]	Mädchen/Dienstmädchen
MXN	Mexikanischer Neuer Peso; der mexikanische Peso (von span. *peso* »Gewicht«; ein Peso = 100 Centavos) hatte wegen der Inflation so sehr an Wert verloren, dass man zu Beginn

	des Jahres 1993 den »Neuen Peso« einführte, der zwei Nullen weniger als der alte hat bzw. der, anders ausgedrückt, hundertmal so viel wert ist wie der alte.
NAFTA	*North American Free Trade Agreement*; ab den 1990er-Jahren entstandenes und schrittweise ausgebautes Freihandelsabkommen zwischen den USA, Kanada und Mexiko, in dem sich die beteiligten Länder verpflichten, den Handel untereinander nicht durch Zölle und andere Einfuhrbeschränkungen zu behindern; in Mexiko sind Erfolg bzw. Misserfolg des NAFTA umstritten; dem Ausbau der Industrie stehen Probleme in der Landwirtschaft gegenüber, die nun nicht mehr durch Zölle geschützt wird.
ofrenda [ofrenda]	Geschenk, Opfergabe; in Mexiko auch der Besuch der Gräber am *día de los muertos*, bei dem man den Verstorbenen Geschenke mitbringt
PAN – Partido Acción Nacional [partido aksion nasional]	Partei der Nationalen Aktion; christdemokratisch-konservative Partei; eine der drei großen neben PRI und PRD
patrimonio nacional [patrimonio nasional]	Nationales Kulturerbe; besonders geschützte Kulturstätten wie z.B. die Pyramiden in Cholula oder Teotihuacán
¡por favor! [por fawor]	bitte!
postre [postre]	Nachtisch
PRD – Partido de la Revolución Democrática [partido de la revolusion demokratika]	Partei der demokratischen Revolution; gemäßigt linke Partei; eine der drei großen neben PRI und PAN
PRI – Partido de la Revolución Institucional [partido de la revolusion institusional]	Partei der Institutionalisierten Revolution; nach der mexikanischen Revolution jahrzehntelang die beherrschende Partei; heute eine der drei großen neben PAN und PRD
quesadilla [kesadija]	mit Käse gebackene oder frittierte *tortilla*

señor/-a/-ita [senjor, senjora, senjorita]	Anredeform mit dem Nachnamen: *señora Ortiz, señor Díaz, señorita Martinez; Señorita* ist durchaus üblich und nicht mit dem verstaubten Beigeschmack behaftet wie das deutsche »Fräulein«
siesta	Mittagsruhe/Mittagspause
tequila	>*mezcal*, der aus dem Fleisch der Blauen Agave gewonnen wird und aus den Bundesstaaten Guanajuato, Michoacán, Tamaulipas, Nayarit und Jalisco stammt, wo die Stadt Tequila liegt, nach der der Schnaps benannt ist
toque bandera [toke bandera]	Fahnenhymne, die beim Aufziehen der mexikanischen Flagge gesungen wird
tortilla [tortija]	In Mexiko versteht man darunter nicht wie in Spanien ein Kartoffelomelette, sondern einen dünnen Teigfladen, meist aus Mais-, seltener aus Weizenmehl gebacken, der als Beilage oder auch gefüllt gegessen wird; ist so weit verbreitet und es gibt derart viele Varianten der Zubereitung und der Verwendung, dass man sagen kann, Mexiko ist überwiegend aus *tortilla* erbaut.
usted [ustedh]	Abk.: Vd., Anredeform »Sie«; aus einer Verkürzung von *vuestra merced* (Euer Gnaden) entstanden
zócalo [sokalo]	Hauptplatz einer Stadt/Sockel

Stichwortverzeichnis

www.conbook-verlag.de

> *Alle Informationen zu unseren Büchern, Autoren und Themen*
> *Spannende Specials, Gewinnspiele und Zusatzinhalte*
> *Der CONBOOK Newsletter für das regelmäßige Update*

Folgen können Sie uns natürlich auch unter:

- www.facebook.com/conbook
- www.twitter.com/conbook
- www.pinterest.com/conbook

Schmausen und grausen Sie mit Julia Schoon einmal rund um den Globus. Dabei ist eines sicher: Am Ende wird Ihre Definition von »Delikatessen« nie wieder dieselbe sein ...

Julia Schoon

Delikatessen weltweit
99 Spezialitäten, die Sie
(lieber nicht) probieren sollten

Taschenbuch mit Farbfotos

ISBN 978-3-943176-45-2

»Vielleicht sind nicht alle Gerichte unbedingt zum Nachkochen empfohlen – den kulinarischen Horizont erweitert dieses humorvolle Buch aber ganz bestimmt.« (Rhein-Zeitung)

Reisen geht wie die Liebe durch den Magen – und hält dabei genauso viele Überraschungen bereit. Zum Beispiel mit salziger Yakbutter verfeinerten Tee in Tibet oder *Praerie Oysters,* die Meeresfrüchte vermuten lassen, sich aber als gekochte oder gegrillte Stierhoden entpuppen. Eine fiese Falle ist auch die womöglich köstlichste Frucht Südostasiens, die derart bestialisch stinkt, dass man aus dem Hotel geworfen wird, sollte man sie dort anschneiden.

Auf Reisen begeben sich aber auch immer Menschen, die bewusst das Abenteuer suchen. Sie wollen lebendigen Oktopus probieren? Auf nach Korea! Frisch aus der Palme gezapften Alkohol? Bekommen Sie in West- und Zentralafrika. Ameisenhonig? Im australischen Outback. Eine hübsche Mutprobe ist auch der Sourtoe-Cocktail, den Sie in Dawson City, Kanada bestellen können: Beim Trinken muss der mumifizierte Zeh darin Ihre Lippen berühren. Wenn Sie ihn allerdings versehentlich schlucken, müssen Sie nach Ihrem Tod einen neuen spenden.

»Ein interessantes, amüsant geschriebenes Buch. Es zeigt all jenen, die nicht die Gelegenheit haben, die ganze Welt zu bereisen, weltweit kulinarische Köstlichkeiten.« *(Rudolf Prasch, Alte Münze, Graz)*

CONBOOK
www.conbook-verlag.de

Ein bildgewaltiges Portrait Chinas in 151 Momentaufnahmen

China – das Land der Extreme: Nirgendwo sonst wohnen so viele Menschen, kein anderes Land hat in so kurzer Zeit eine so gewaltige Wegstrecke zurückgelegt. Schier über Nacht verschwinden ganze Stadtviertel, werden futuristische Skylines hochgezogen. Und dennoch hat sich China vieles bewahrt: Entdecken Sie eine Kultur, in der die Götter abgesetzt werden, wenn sie ihren Job nicht gut erledigen, das falsche Nummernschild Unglück bringt und ein Einkaufsbummel im Schlafanzug niemanden verwundert.

Begleiten Sie Francoise Hauser und Volker Häring auf ihrer Reise durch das riesige Reich der Mitte, seine uralten Tempel und brandneuen Wolkenkratzer. Schnuppern Sie Stinke-Tofu auf dem Nachtmarkt, schlendern Sie mit Senioren rückwärts durch den Park und tanzen Sie morgens Tango auf dem Bund. Am Ende werden Sie um 151 beeindruckende Einblicke in dieses wundersame Land reicher sein.

Françoise Hauser und Volker Häring

China 151
Das riesige Reich der Mitte
in 151 Momentaufnahmen

Bildgewaltige Länderdokumentation
in 151 Kapiteln mit über 160 Fotos,
komplett in Farbe

ISBN 978-3-943176-68-1

www.1-5-1.de/china

Auswahl weiterer Titel der Reihe 151:

CONBOOK
www.conbook-verlag.de

Fettnäpfchen and the City – unsere kurztrip-tauglichen Stadt-Editionen der beliebten Reiseknigges

Die Diva am Mittelmeer

Barcelona ist eine Stadt, die alles bietet, was man sich von einer mediterranen Metropole erträumen kann: enge Gassen und sonnendurchflutete Plätze, moderne Architektur und gotische Fassaden, Traditionsbewusstsein und multikulturelle Vielfalt, große Kultur und temperamentvollen Underground.

Jens Wiegand
Fettnäpfchenführer Barcelona
ISBN 978-3-943176-97-1

96 Kieze und ihre Spleens

In der deutschen Hauptstadt passt überhaupt nichts zusammen. Und gerade das passt perfekt. Berlin ist exzentrisch und ist bieder. Berlin macht sehnsüchtig und Berlin ist gefährlich. Berlin verführt, strapaziert, raubt einem den letzten Nerv und macht alles wieder gut. Berlin packt jeden und lässt keinen wieder los.

Rike Wolf
Fettnäpfchenführer Berlin
ISBN 978-3-943176-98-8

Das größte Dorf Englands

Der Fettnäpfchenführer London ist ein Leitfaden für eine der spannendsten Städte der Welt. Erfahren Sie, wo Londoner ihre Stadt erleben, und wie Sie sich ihnen anschließen können. Und was Sie vermeiden sollten, wenn Sie es sich dabei mit den Menschen an der Themse nicht verscherzen wollen.

Michael Pohl
Fettnäpfchenführer London
ISBN 978-3-943176-73-5

Die Stadt unterm Eiffelturm

Die Stadt zu Füßen des Eiffelturms gilt als Ort der ganz großen Gefühle. Jeder, der hierher kommt, merkt sofort: Paris ist in allem großartig. In Gastronomie, Kunst, Architektur und Mode – aber auch in ihren Eigenheiten. Selbst Kenner scheitern immer wieder an Restaurantregeln, am großen Selbstbewusstsein oder schlicht an der Auffahrt auf die Stadtautobahn.

Michael Neubauer
Fettnäpfchenführer Paris
ISBN 978-3-943176-94-0

Das sind die Stadt-Editionen: Die Stadt-Editionen der Fettnäpfchenführer bieten gewohnt unterhaltsame Episoden über die Eigenheiten der Städte und ihrer Bewohner – kombinieren dies aber mit vielen Do-it-yourself-Tipps, die Sie an die schönsten Ecken und in die hintersten Winkel führen. Und vor allem dahin, wo Sie die wahre Seele kennenlernen können.

CONBOOK
www.conbook-verlag.de

Die Fettnäpfchenführer: Unsere Buchreihe, die sich auf vergnügliche Art dem Minenfeld der kulturellen Eigenheiten widmet.

www.fettnaepfchenfuehrer.de

 ISBN 978-3-943176-88-9
 ISBN 978-3-934918-92-4
 ISBN 978-3-943176-26-1
 ISBN 978-3-943176-66-7

 ISBN 978-3-934918-74-0
 ISBN 978-3-934918-82-5
 ISBN 978-3-943176-31-5
 ISBN 978-3-934918-85-6

»Eigentlich wandern wir gar nicht aus. Eigentlich ziehen wir nur um.« Darin sind sich die Berliner Jo und Micha einig. Was soll schon groß anders sein beim Nachbarn auf der grünen Insel? Außer vielleicht, dass es dort locker und lässig zugeht ...

 ISBN 978-3-934918-47-4
 ISBN 978-3-943176-41-4
 ISBN 978-3-943176-24-7
 ISBN 978-3-934918-77-1

Irrtum. Irland ist ein Land für Mutige, die bereit sind, soziale und mentale Hürden zu überspringen, und voller Inbrunst in den »Schlimmer geht's immer«-Gesang mit einstimmen.

  ISBN 978-3-943176-38-4
 ISBN 978-3-943176-03-2
 ISBN 978-3-943176-89-6
 ISBN 978-3-943176-11-7

Trotzdem: Ganz falsch liegen Jo und Micha nicht. Irland ist locker und lässig, aber klar. Bis an die Grenze des Erträglichen. Doch jenseits dieser Grenze liegt die endlose Freiheit, das Leben mit Humor zu sehen.

 ISBN 978-3-934918-56-6
 ISBN 978-3-934918-76-4
 ISBN 978-3-934918-48-1
  ISBN 978-3-934918-43-6

Petra Dubilski
Fettnäpfchenführer Irland
ISBN 978-3-943176-41-4

 ISBN 978-3-934918-75-7
 ISBN 978-3-943176-54-4
 ISBN 978-3-943176-20-9
 ISBN 978-3-943176-50-6

CONBOOK
www.conbook-verlag.de